La experiencia akásica

LA CIENCIA Y EL CAMPO DE MEMORIA CÓSMICA

ERVIN LASZLO

La experiencia akásica

La ciencia y el campo de memoria cósmica

Con la colaboración de Stanislav Grof, Stanley Krippner,
Larry Dossey, Eric Pearl y otros.

EDICIONES OBELISCO

Si este libro le ha interesado y desea que le mantengamos informado
de nuestras publicaciones, escríbanos indicándonos qué temas son de su interés
(Astrología, Autoayuda, Ciencias Ocultas, Artes Marciales, Naturismo,
Espiritualidad, Tradición...) y gustosamente le complaceremos.

Puede consultar nuestro catálogo en www.edicionesobelisco.com

Colección Nueva Conciencia
LA EXPERIENCIA AKÁSICA
Ervin Laszlo

1.ª edición: febrero de 2014

Título original: *The Akashic Experience*

Traducción: *Antoni Cutanda*
Corrección: *Sara Moreno*
Diseño de cubierta: *Enrique Iborra*

© 2009, Ervin Laszlo

© 2014, Ediciones Obelisco, S. L.
(Reservados los derechos para la presente edición)

Edita: Ediciones Obelisco, S. L.
Pere IV, 78 (Edif. Pedro IV) 3.ª planta, 5.ª puerta
08005 Barcelona - España
Tel. 93 309 85 25 - Fax 93 309 85 23
E-mail: info@edicionesobelisco.com

Paracas, 59 C1275AFA Buenos Aires - Argentina
Tel. (541-14) 305 06 33 - Fax: (541-14) 304 78 20

ISBN: 978-84-9777-15968-45-0
Depósito Legal: B-28.906-2013

Printed in Spain

Impreso en España en los talleres gráficos de Romanyà/Valls, S.A.
Verdaguer, 1 - 08786 Capellades (Barcelona)

La experiencia akásica

QUÉ ES Y QUÉ SIGNIFICA

¿QUÉ ES UNA EXPERIENCIA AKÁSICA?

Este libro está dedicado a la exploración de un aspecto fundamental, aunque ampliamente relegado en el mundo moderno, de la vida y la consciencia: la «experiencia akásica». En él se ofrecen veinte informes de primera mano sobre esta experiencia escritos por personas serias, bien conocidas y, ciertamente, dignas de crédito. Estos relatos constituyen una fascinante lectura, si bien es posible que, antes de sumergirnos en ellos, el lector o la lectora se pregunte qué es una experiencia akásica. La pregunta es pertinente y merece una puntual respuesta.

A diferencia de lo que supondría dar una explicación científica, no es difícil dar una definición básica de la experiencia akásica. Una experiencia akásica es una experiencia real y vivida que trasmite un pensamiento, una imagen o una intuición que no ha sido –y muy probablemente no podría haber sido– trasmitida por los sentidos, ni en el momento en que ocurrió ni en ningún momento previo; al menos, no en nuestra actual vida. Desde una formulación popular, aunque demasiado manoseada y mal utilizada, la experiencia akásica es una experiencia vivida en modo extrasensorial o no-sensorial.

La experiencia akásica se ofrece en muchos tamaños, formas y sabores a todo tipo de personas, y en todas sus variedades trasmite información sobre el mundo real, el mundo que está más allá del cerebro y del cuerpo. La experiencia puede ir desde visualizaciones artísticas e intuiciones creativas hasta sanaciones no-locales, experiencias cercanas a la muerte, comunicaciones *post mortem* y recuerdos personales de vidas pasadas. A pesar de la gran variedad de formas en que puede darse, la experiencia akásica tiene unos rasgos sorprendentemente uniformes. Sea cual sea su contenido, la experiencia akásica trasmite la sensación de que el sujeto que la experimenta no está separado de los objetos de su experiencia; la sensación de que «Yo, el sujeto que experimenta, estoy vinculado, de una forma sutil pero real, al resto de las personas y a la naturaleza». En las experiencias más profundas de este tipo se da la sensación de que «el cosmos y yo somos uno».

En sus muchas variaciones, las experiencias de las que se da cuenta en este libro parecen proceder de alguna parte más allá del cerebro y del cuerpo, y que la información en la que se basan se conserva en algún lugar más allá del cerebro y del cuerpo. La experiencia akásica ofrece un claro testimonio de que estamos conectados a un campo de información y memoria objetivamente presente en la naturaleza. En mi libro *La ciencia y el campo akásico,** ofrecí una detallada fundamentación para denominar a esta asombrosa realidad, bien conocida en las culturas tradicionales, el *campo akásico*. Pero convendrá echar un vistazo preliminar aquí a la ciencia más vanguardista en lo relativo al redescubrimiento de este concepto de la antigua filosofía india, con el fin de explicar su nombre y la naturaleza de la experiencia a la cual hace referencia.

LA CIENCIA Y LA EXPERIENCIA AKÁSICA

La ciencia está pasando actualmente por un cambio de paradigma crucial. El paradigma dominante en nuestros tiempos, que ve el universo como un conjunto de cosas materiales conectadas mediante relaciones mecanicistas de causa y efecto, está viniéndose abajo; cada vez aparecen más elementos y más procesos a los que no puede dar explicación. La concepción del universo de la ciencia clásica tenía algunos errores importantes. El «material» principal del universo es la energía, y no la

---

* Publicado en castellano por Ediciones Nowtilus. Madrid, 2004.

materia; y el espacio ni está vacío ni es pasivo: está lleno de información y energías virtuales. El universo es un sistema integral en evolución, asombrosamente coherente e interconectado.

Los científicos más destacados están descubriendo una dimensión más profunda del universo, una dimensión a la que han dado en llamar *espacio-tiempo físico, hiperespacio, holocampo, orden implicado o nueter*. Esta dimensión está relacionada con el misterioso mar de energía virtual mal llamado «vacío cuántico» (mal llamado porque esta dimensión profunda no forma parte del mundo cuántico, sino que lo sustenta; no es un vacío, sino un pleno: es espacio lleno, no vacío). El vacío unificado –en realidad, un pleno cósmico– sustenta el famoso campo punto cero (CPC), y la gran teoría unificada y la super-gran teoría unificada le atribuyen todos los campos y fuerzas de la naturaleza. Es el campo unificado que buscaba Einstein poco antes del final de su vida.

Tal como han comprendido los científicos actualmente, el vacío unificado –ahora ampliamente conocido como campo unificado– es el terreno original, así como el destino último, de todas las cosas que surgen y evolucionan en el espacio y el tiempo. En el ígneo nacimiento cósmico del Big Bang, pares de partículas y antipartículas surgieron del campo unificado, y siguen surgiendo en los aceleradores de partículas y en los procesos estelares, y cada vez que se producen energías de un nivel extremadamente alto. En el colapso final de los agujeros negros, los restos degenerados de las partículas supervivientes mueren y vuelven a este campo, quizás para reemerger de nuevo como pares de partículas y antipartículas en el nacimiento de un nuevo universo.

El campo unificado puede que tenga un papel aún más fundamental. Nuestro universo no es el único universo que existe; los cosmólogos hablan de múltiples universos que emergen en un meta-universo más vasto y posiblemente infinito, un metaverso. Podría suponerse que el campo unificado persiste mientras los universos emergen y mueren; vendría a ser como el «escenario» sobre el cual tiene lugar el periódico drama del nacimiento y el renacimiento cósmico. Es la cuna y la tumba de todos los universos, incluido el nuestro.

En lo referente a su papel cósmico y a su englobadora realidad, el campo unificado es el redescubrimiento del antiguo concepto de Akasha. En la antigua India, la palabra sánscrita *Akasha* significaba «cielo cósmico», algo parecido a nuestro concepto de espacio. Pero Akasha no se refería exclusivamente al espacio en el sentido moderno de la palabra, sino también y por encima de todo a las supremas esferas de la vida y la existencia. Los videntes hindúes creían que todas las cosas surgían de, y descendían posteriormente a, la fuente cósmica que ellos denominaban Akasha. Akasha se tenía por el primero y más fundamental de los cinco elementos, siendo los otros cuatro *vata* (aire), *agni* (fuego), *ap* (agua) y *prithivi* (tierra). Se decía que Akasha abarcaba las propiedades de los cinco elementos en su totalidad, y se creía que conservaba los vestigios de todo cuanto había sucedido en el espacio y el tiempo. Akasha es la perdurable memoria del cosmos, los conocidos «Registros Akásicos».

En su clásico *Raja Yoga*, Swami Vivekananda describía el antiguo concepto de Akasha del siguiente modo:

> *Todo el universo está compuesto de dos materiales, uno de los cuales llaman Akasha [el otro es Prana, una fuerza energética]. Akasha es la existencia omnipresente que todo lo impregna. Todo lo que tiene forma, todo lo que es resultado de una combinación, se desarrolla a partir de este Akasha. Es el Akasha el que se convierte en aire, el que se convierte en líquidos, el que se convierte en sólidos; es el Akasha el que se convierte en el sol, la tierra, la luna, las estrellas, los cometas; es el Akasha el que se convierte en el cuerpo humano, el cuerpo de los animales, las plantas, cada forma que vemos, todo lo que se puede sentir, todo cuanto existe...*
>
> *Al principio de la creación sólo existe este Akasha. Al final del ciclo, lo sólido, los líquidos y los gases se funden en el Akasha de nuevo, y la siguiente creación surge igualmente de este Akasha.*

Vivekananda explica que el Akasha es en sí tan sutil que se encuentra más allá de la percepción ordinaria. Pero, cuando ha tomado forma, podemos percibirlo. Es el mundo «real» que nos rodea.

Hace alrededor de cien años, el genio inconformista Nikola Tesla recuperó esta idea. Él hablaba de un «medio original» que llena el espacio y lo comparó con el Akasha, el éter portador de luz. En un artículo no publicado de 1907, «Man's greatest achievement» («El mayor logro del hombre»), Tesla escribió que este medio original, esta especie de campo de fuerza, se convierte en materia cuando el Prana, o energía cósmica, actúa sobre él; y cuando la acción cesa, la materia se desvanece y regresa al Akasha. Y dado que este medio llena todo el espacio, todo cuanto ocurre en el espacio puede atribuírsele a él.

Esta idea no fue aceptada por la comunidad científica de la época en que fue articulada. En la primera década del siglo XX, los físicos adoptaron la teoría de la relatividad de Einstein, una teoría elaborada matemáticamente, en la cual un espacio-tiempo de cuatro dimensiones se constituía en el fundamento de la realidad; los físicos se negaron a aceptar la idea de un «éter» que llenara el espacio (la búsqueda de un campo unificado que, supuestamente, sustenta el espacio-tiempo vino después). En ausencia de materia, se consideraba que el espacio era un vacío. Las ideas de Tesla cayeron en el olvido, pero cien años después han sido redescubiertas.

En la actualidad, se acepta en términos generales el concepto de un sustrato o dimensión fundamental subyacente en el universo, y el materialismo estrecho de miras que reinó durante más de un siglo se va abandonando progresivamente. Se ha descubierto que la «materia» es una rareza en el cosmos: las partículas que reflejan la luz y que ejercen una fuerza gravitatoria son sólo el 4 por 100 de las sustancias que componen este universo. El resto es materia oscura y energía oscura. El espacio es un mar superdenso de energías fluctuantes; y no sólo de energías, sino también de información. Como remarcó el físico John Wheeler, el rasgo más fundamental del universo es la información; el resto de cantidades físicas son más bien un añadido. La información está presente en la totalidad del espacio y el tiempo, y está presente al mismo tiempo en todas partes.

El campo unificado es un medio que llena el espacio y que subyace a las cosas y a los procesos manifestados del universo. Es un medio complejo y fundamental. Porta en sí los campos fundamentales: el campo electromagnético, el gravitatorio y los campos nucleares fuertes y débiles. Porta el CPC, el campo de energías punto cero. Y es también el elemento del cosmos que registra, conserva y trasmite *información*. Bajo este último aspecto hablamos del campo akásico, el antiguo concepto del Akasha redescubierto. La conexión viva con este campo es el sello distintivo de la experiencia akásica.

EL AUGE ACTUAL DE LA EXPERIENCIA AKÁSICA

La experiencia humana es mucho más rica de lo que podríamos imaginar. El empirismo clásico, la filosofía del mundo anglosajón que lo domina todo desde hace tanto tiempo, proclamaba que no podía existir nada en la mente que no hubiera estado primero en el ojo. Pero el empirismo clásico estaba equivocado. Nuestra percepción no se limita sólo a propagaciones de ondas en el campo electromagnético y en el aire, ni a nuestras sensaciones corporales. Estamos conectados con un mundo de formas mucho más profundas y de mucho mayor alcance de lo que nuestros ojos y oídos pueden atestiguar. El reconocimiento de este hecho es importante, pues cambia todo cuanto sabemos acerca del mundo y de nosotros mismos. Nos proporciona una *Weltanschauung** completamente nueva.

Saber, o quizás simplemente sentir e intuir, que estamos interconectados entre nosotros y con el mundo de otras maneras aparte de los sentidos no es, ciertamente, algo nuevo: es tan antiguo como la cultura y la consciencia humana. Los pueblos tradicionales –algunos los llaman primitivos– sabían que estaban conectados entre sí y con el cosmos; vivían sus conexiones y hacían un uso activo de ellas. Los y las chamanes, los curanderos sintonizaban espontáneamente con una realidad más profunda a través de una iniciación y un entrenamiento rigurosos, y obtenían sus visiones de estas experiencias no sensoriales. Los fundadores de las grandes religiones del mundo obtenían sus vislumbres proféticas a partir de su conexión con una realidad más amplia; aunque, con el trascurso de los siglos, sus seguidores se aferraran a la letra de las intuiciones de sus fundadores y se olvidaran de su sustancia.

Los estados alterados de consciencia en los cuales estas conexiones se nos hacen trasparentes han sido conocidos y apreciados por la inmensa mayoría de las culturas de nuestro planeta. Se los conocía como *samadhi* en las disciplinas del yoga, como *moksha* en el hinduismo, *satori* en el zen, *fana* en el sufismo y *ruach hakodesh* en la cábala. Su homólogo en el misticismo cristiano fue la *unio mystica*, la unión mística de la persona con el universo.

---

* Término alemán que vendría a traducirse por «visión del mundo». (*N. del T.*)

Pero, hoy, el mundo occidental sólo toma como real aquello que tiene a la mano, aquello que es «manifiesto». La gente desecha las ideas de una esfera de realidad más amplia y considera las experiencias de esta esfera como mera fantasía. Y dado que lo que la gente actual ve queda limitado a lo que creen que *pueden* ver, todo lo que no se le trasmita a la mente a través de los ojos y los oídos desaparece de la visión moderna del mundo. Las experiencias de una esfera de realidad más profunda o más elevada se confinan a las regiones subconscientes de la mente y se reconocen sólo en la exaltación estética, mística o religiosa, en el amor y en la unión sexual. En el contexto cotidiano, las intuiciones que trasmiten estas experiencias se atribuyen a la insondable intuición de artistas, poetas, profetas y gurúes.

Sin embargo, las experiencias rechazadas y reprimidas de un dominio de la realidad más profundo o más elevado están volviendo a la superficie en nuestros días. Las culturas emergentes de la paz, la solidaridad y el respeto por la naturaleza ya no creen que todo cuanto podemos experimentar mutuamente y del cosmos llega a nosotros exclusivamente a través de «las cinco saeteras de la torre»; saben que podemos abrir el techo al cielo. Son conscientes de que la existencia humana no se ciñe exclusivamente a nuestro ego y a nuestra piel, que podemos establecer contacto y comunicarnos más allá del alcance de nuestros ojos y nuestros oídos. Cada vez más personas están teniendo experiencias akásicas.

El campo akásico –los componentes de información y memoria del campo unificado– no es una mera teoría: forma parte del mundo real. Y, como atestiguan los informes de este libro, es una parte *experimentable* del mundo real. El acceso al campo akásico –la experiencia akásica– es un elemento genuino y ciertamente fundamental de la experiencia humana: como Edgar Mitchell sugiere en este libro, no deberíamos verlo como un sexto sentido, sino como el *primer* sentido, pues en realidad es nuestro sentido más básico.

EL SIGNIFICADO DE LA EXPERIENCIA AKÁSICA EN NUESTRA VIDA

El reconocimiento de que la experiencia akásica es una parte real y fundamental de la experiencia humana tiene una importancia sin precedentes en nuestro tiempo. A medida que más y más gente asuma el hecho de que podemos tener, y de que quizás tengamos ya, experiencias akásicas, irán abriendo su mente a ellas y las experiencias tendrán lugar cada vez con mayor frecuencia, viviéndolas cada vez más y más personas. Una consciencia más evolucionada se difundirá por el mundo. La gente pasará de la consciencia de la era moderna, centrada en el ego y constreñida a la piel, a la consciencia traspersonal interconectada que anticiparon pensadores como Sri Aurobindo, Jean Gebser, Richard Bucke, Rudolf Steiner, Stanislav Grof, Don Beck, Ken Wilber y Eckhart Tolle, entre otros muchos.

La experiencia akásica atestigua que estamos conectados unos a otros, que estamos conectados con la naturaleza y con el cosmos de una manera sutil, aunque sumamente efectiva. Esta experiencia inspira solidaridad, amor, empatía y un sentido de responsabilidad por los demás y por el medio ambiente. Se trata de elementos ineludibles de esa mentalidad que tenemos que alcanzar a partir de la crisis global que amenaza a nuestro mundo, para crear paz y sostenibilidad en este maltrecho planeta.

UNA BREVE GUÍA A LOS CONTENIDOS DE ESTE LIBRO

La primera parte de este volumen ofrece informes de primera mano en los que se relata la experiencia akásica vivida por sus autores. Estos informes atestiguan que, con independencia de la forma que asuma, la experiencia akásica trasforma la mente y la vida de la persona. Algunas veces comienza a una temprana edad, desencadenada por un trauma o por un grave problema de salud. En otros casos aparece más tarde en la vida, marcando una nueva fase en el desarrollo de la persona. En esta parte del libro, el acento no se pone en la explicación teórica de la experiencia; los informes sirven, en primer lugar, para documentar que la experiencia ocurre y que trasforma el pensamiento, e incluso la vida, de aquellos y aquellas que la viven.

La segunda parte es más práctica: esboza cómo podemos dar un uso productivo a la experiencia akásica en la vida cotidiana, así como en la educación, los negocios, la sanación y el arte. Los informes nos dicen que esta experiencia es capaz de abrir nuevos horizontes en la educación, y puede proporcionar valiosas directrices en los negocios. Ofrece enfoques efectivos para la salud y la sanación, y se constituye en una fuente de inspiración para pintores, compositores y demás creadores.

En la tercera parte, en tanto los informes siguen describiendo las experiencias vividas o presenciadas por sus autores, éstas se someten a un escrutinio sistemático; es decir, se convierten en objeto de investigación científica. Las distintas variantes de la experiencia akásica que estos autores han estudiado engloban muchas modalidades de «psi» (fenómenos parapsicológicos), así como experiencias cercanas a la muerte, vivencias extracorporales, comunicaciones *post mortem* y experiencias de vidas pasadas. Entre las herramientas utilizadas para investigar estas experiencias se incluyen algunos métodos innovadores de la psicoterapia y de la parapsicología experimental, así como la observación clínica y el análisis estadístico. Estos esfuerzos abren nuevos horizontes porque, en su mayor parte, la experiencia akásica no se puede explicar según los conceptos y los métodos de la ciencia convencional, dado que no encaja en su paradigma materialista y reduccionista.

En la cuarta parte se lleva a cabo una revisión y una evaluación general del fenómeno akásico. Los autores de esta sección, que han tenido de por sí alguna experiencia akásica, saben que es una experiencia real con notables capacidades de sanación y con efectos capaces de trasformar la propia existencia. Estas personas han dedicado su vida a preguntarse de qué modo podemos aprovechar esta experiencia para nuestro propio bien y por el bien de todos los seres humanos.

El sendero recorrido a lo largo de las cuatro partes de este libro lleva al lector, a la lectora, desde los *relatos de primera mano* de experiencias que trasformaron la mente y la vida de las personas que las experimentaron hasta *la aplicación práctica* de estas experiencias, para continuar después con *el análisis de sus condiciones y sus efectos* y, finalmente, con la *valoración del significado y la importancia vital* de las experiencias. Toda esta trayectoria lleva, como es lógico, a un resumen o recapitulación. Aquí, quien ahora escribe intenta ofrecer una auténtica explicación científica de la experiencia akásica, con el fin de disolver la ya larga escisión entre estos profundos dominios de la experiencia humana y los campos reconocidos de la investigación científica.

Primera Parte

Vivir la experiencia

UNO

Volver a casa

LA EXPERIENCIA AKÁSICA QUE TRASFORMÓ MI VIDA

C. J. Martes

C. J. Martes es sanadora y escritora, y viene ayudando a personas de más de cuarenta países desde hace casi veinte años. En 2004 desarrolló la Terapia del Campo Akásico (TCA), un método integral de sanación cuántica que ayuda a las personas a identificar y, posteriormente, eliminar creencias y patrones subconscientes negativos en los niveles mental, físico y espiritual. Su trabajo combina la teoría del campo A (campo akásico), la psicología conductual e integral, la medicina vibratoria y la ciencia occidental.

Durante el trascurso de mi vida he tenido el privilegio de vivir algunas experiencias bastante sorprendentes, vivencias que han conformado mi vida, que me han hecho una persona mejor. Estas experiencias me llevaron hasta los límites de mi consciencia, me hicieron percatarme de que existe todo un mundo «ahí afuera» en el cual hay mucho más de lo que alcanza la vista.

Al parecer, vine a este mundo completamente despierta. Mi madre decía que su recuerdo más entrañable era el de tenerme entre sus brazos el día que nací. Decía que yo tenía el cabello castaño oscuro, y que la miraba con los ojos azules más grandes que ella hubiera visto nunca. Decía que tenía los ojos tan grandes como platos. Esa imagen de mi infancia se me antoja sumamente indicativa de cómo iba a experimentar el mundo. Yo era una niña curiosa que tenía que saberlo todo. Me pasaba las horas en el regazo de mi madre, preguntándole por esto o aquello; y ella me explicaba pacientemente las cosas del mundo.

Mi primera experiencia akásica la tuve alrededor de los siete años. Fue como si de pronto me hubiera hecho extraconsciente del mundo que me rodeaba. Recuerdo que miraba a la gente y que sabía de inmediato un montón de detalles acerca de ellas. Y veía cosas en mi mente antes de que sucedieran. Al principio, yo pensaba que todas las personas experimentaban el mundo de aquella manera. Sería posteriormente cuando descubriría que no era así.

Crecí en una pequeña población de Kansas, y asistí a una escuela católica. En el pueblo había una pequeña catedral a la que asistía tres días por semana. Esta catedral guarda para mí entrañables recuerdos de carácter espiritual. Recuerdo que me escabullía del colegio o del recreo para irme yo sola a la iglesia. Las monjas me regañaron duramente en un par de ocasiones por mis desapariciones, pero aquello no me disuadió de seguir escapándome.

Me acuerdo de lo pequeña que me sentía ante la gigantesca vidriera de la catedral, mientras el sol plasmaba sus irisados colores sobre el muro y el suelo. Recuerdo que mis ojos se quedaban como extasiados, mientras yo me desconectaba de todo cuanto sucedía a mi alrededor. Aquello era hermoso, imponente. Me sobrecogía.

Aquella iglesia era muy especial; era un espacio callado y expansivo. Me encantaba todo cuanto sentía cuando estaba allí sola. Yo entraba en silencio y me sentaba en el primer banco. Me concentraba en Dios y en los ángeles, y solía preguntarle a Dios por el significado de la vida. Charlaba largo y tendido con Dios, y escuchaba una poderosa voz que respondía de forma amorosa y comprensiva. A través de aquellos diálogos obtuve ciertas intuiciones sobre la esencia de la vida, como que no había nada que fuera realmente material. Crecí con el convencimiento de que la vida tenía el aspecto que tenía precisamente porque la percibimos de esa manera.

En aquella iglesia yo me sentía conectada con lo divino. Durante un tiempo, estuve deseando incluso hacerme monja, debido a la intensa fuerza que ejercía en mí aquella llamada. Creía que debía haber alguna razón para que Dios me susurrara aquellos mensajes directamente a mí, unos mensajes que nadie más podía oír. Tenía la sensación de que me llamaban para que volviera a casa, y hablaba con frecuencia de ello con algunos adultos que parecían estar dispuestos a escuchar. No estoy segura de que supieran realmente qué responderme, de modo que la mayoría me decían muy poco. Simplemente sonreían y asentían con la cabeza, o bien cambiaban de tema.

Me acuerdo mucho de aquellos primeros días. La vida era un misterio, un reto, y yo me afanaba por descifrarla. En la escuela, asistía a las preceptivas clases de catecismo, y me acuerdo de hacer todo tipo de preguntas incómodas al sacerdote, como: ¿dónde está Dios? ¿Por qué estamos aquí? ¿Soy como Dios? La mayor parte de aquellas preguntas eran rápidamente descartadas por aquél o aquélla a quien le preguntase, pero yo no dejaba de preguntar. Lo cierto es que sido bastante persistente cuestionándome la realidad de todo en mi vida.

UN MENSAJE DEL MÁS ALLÁ

Cuando tenía doce años tuve una experiencia ajena a este mundo. En mi familia acabábamos de hacer una súbita mudanza desde la pequeña población en la que yo había crecido. Lo que había sido mi vida hasta aquel momento entró en una profunda agitación. Echaba mucho de menos mi pueblo y mi antigua casa. Tenía que adaptarme a nuevos amigos y a una nueva escuela. Pero, por encima de todo, echaba de menos la catedral. Lo recuerdo como un tiempo de transición muy difícil. Todo me parecía complicado e incierto.

Una noche me fui a la cama muy cansada. Recuerdo que, hasta el momento de conciliar el sueño, estuve pensando en mi pueblo y en la vieja iglesia. Pero alrededor de la una de la madrugada me desperté súbitamente. Me senté en la cama medio adormecida y, cuando conseguí enfocar la vista, vi la figura traslúcida de una mujer a los pies de mi cama. La reconocí enseguida; era mi bisabuela. Por aquel entonces llevaba muerta más de cinco años. Mientras la miraba, tuve la sensación de que el tiempo se hubiese detenido.

Su presencia no me asustaba. De hecho, me sentí inundada por un gran amor y una inmensa paz. Aquello me recordó las sensaciones que yo tenía cuando me sentaba en aquel banco de la catedral para hablar con Dios.

Mi bisabuela comenzó a hablarme sin mover los labios. Me dijo que tenía un mensaje que darme sobre mi abuelo. Me dijo que estaba enfermo, pero que todavía no lo sabía nadie. Y me dijo que quería que supiera lo que iba a ocurrir porque mi abuelo y yo estábamos muy unidos.

Mi abuelo vivía en el pueblo del que nos acabábamos de mudar. Él y yo teníamos un vínculo muy especial, y yo apreciaba mucho los momentos que pasábamos juntos. Nos dábamos largos paseos por las tardes, y nos pasábamos las horas jugando a las cartas. Me ganó al Gin Rummy más veces de las que puedo recordar.

Claro está que la noticia que me había traído mi bisabuela me sobresaltó, provocándome una profunda tristeza. Después, y como en un intento por suavizar el golpe, ella me aseguró que mi abuelo no iba a sufrir, aunque terminaría falleciendo de aquella enfermedad. Y, tras quedarse conmigo unos instantes más, mi bisabuela desapareció.

Me quedé sentada en la cama durante un buen rato, intentando asimilar lo que había ocurrido. Luego, me volví a acostar, dándole vueltas a la cabeza sobre todo lo que ella me había dicho. Me preguntaba qué podía pasarle a mi abuelo, de qué estaba enfermo. Al día siguiente, le conté a mi madre lo que había pasado, y ella me dijo que aquel era un sueño muy extraño para una jovencita. Como solía ocurrir cada vez que sacaba alguno de estos temas, no conseguía establecer un diálogo fructífero con los adultos.

Yo sabía en el fondo de mi corazón que mi abuelo estaba enfermo y que la experiencia que había tenido no había sido un sueño. Pedí permiso a mis padres para que me dejaran llamar a mi abuelo aquella noche. Estuvimos hablando durante un rato y me quedé con la impresión de que mi abuelo estaba bien, de modo que intenté dejar aquella experiencia en el cuarto de los desvanes de mi mente. Aquello me funcionó durante algún tiempo.

Varios meses después me enteré de lo que le pasaba a mi abuelo. Fue una tarde, cuando volví a casa de la escuela y me encontré a mi madre con un semblante muy serio. Ella me pidió que me sentara y, a continuación, me dijo:

—El abuelo tiene la enfermedad de Alzheimer.

Yo le pregunté qué era aquello, pues no había oído hablar nunca de aquel trastorno. Y mi madre, que era enfermera, me lo explicó. Ella no se acordaba de lo que había ocurrido varios meses antes, pero yo sí. La experiencia de mi bisabuela en mi dormitorio se me hizo presente de nuevo. Sabía lo que mi bisabuela había estado intentando decirme. Mi abuelo había mostrado los primeros signos de la enfermedad de Alzheimer más o menos por aquella época, pero nadie los había relacionado con la enfermedad.

Mi abuelo murió pocos años después. Me hubiera gustado verle con más frecuencia en todo aquel tiempo, pero vivíamos muy lejos de allí. De todas formas, supe que había fallecido mucho antes de recibir la llamada telefónica de mi madre.

Yo estaba en la cama una noche, intentando conciliar el sueño. La casa estaba completamente en silencio. Me había tapado ya con la colcha, y me volví hacia la pared. Y, de pronto, sentí que una presencia entraba en mi dormitorio. Aquella presencia se cernía en el aire. Era tangible y vibrante. Miré por encima del hombro y me di la vuelta en la cama, y allí estaba mi abuelo, con su serena figura, sonriéndome. Le estuve mirando durante un buen rato. Se le veía tan feliz, tan bien, como si nunca hubiera estado enfermo.

Sin decir nada, se acercó a mi cama, se sentó a mi lado y tomó mi mano entre las suyas. Pude sentir cierta presión y una profunda sensación de hormigueo en la mano. En aquel momento pude ver y sentir cada instante que habíamos pasado juntos. Los recuerdos pasaron por mi mente como si fueran fotografías, de uno en uno.

En unos cuantos minutos experimenté intensamente cada uno de los hermosos instantes que yo había pasado con mi abuelo. Se me inundaron los ojos de lágrimas, y aún guardo el recuerdo de su hermosa sonrisa y del profundo amor que irradiaban sus ojos mientras todo esto sucedía.

Cuando terminó nuestro tiempo para el recuerdo, él se puso en pie y me dijo:

—Por favor, dile a la abuela que la quiero y que estoy bien.

Yo asentí con la cabeza y le dije que así lo haría, mientras veía una brillante luz a su alrededor. La luz se intensificó por un momento y, luego, desapareció. Me sentí profundamente agradecida por habérseme dado la oportunidad de despedirme de él aquella noche.

Casi un año más tarde fue cuando pude entregarle a mi abuela su mensaje. Fue por Acción de Gracias. Toda la familia estaba ocupada haciendo los preparativos. Mi abuela estaba en la ciudad, y se alojaba a dos manzanas de distancia, en casa de mi tía; de modo que decidí acercarme hasta allí, para verla antes de la cena.

Cuando llegué a casa de mi tía había mucho ruido en el interior. Mis tres primos entraban y salían de la casa, corriendo. Mi tía estaba ocupada, terminando con la cocina antes de dirigirse a mi casa con todos sus dulces. Mi abuela estaba sentada ante la mesa de la cocina. Me senté a su lado y la saludé. Pero, al cabo de unos cuantos minutos, fue como si la casa se hubiera quedado de pronto vacía, quedando en un completo silencio. Yo no tenía planeado hablarle a mi abuela aquel día de la experiencia con el abuelo. Pero de pronto me embargó una sensación bien conocida para mí, y tomé aquel súbito silencio como la oportunidad ideal para contarle a mi abuela todo aquello.

Recuerdo que me puse nerviosa. No estaba segura de cómo iba a encajar ella lo que yo tenía que contarle, pero me sobrepuse a mi ansiedad recordándome a mí misma que se lo había prometido a mi abuelo. Así pues, con mucho tacto, le conté lo que había sucedido tras la muerte del abuelo y, después, le trasmití el mensaje que él me había dado para ella. Mi abuela se echó a llorar. Me agarró de la mano y me la apretó en señal de sincero agradecimiento. Luego, me miró fijamente a los ojos y me preguntó si ya me habían dado el regalo. Asentí con la cabeza. Posteriormente me diría que yo le había dado el mejor regalo de Navidad que nadie le hubiera dado jamás. Su reacción me alegró muchísimo, y me sentí muy aliviada. Mi abuela me creía.

Poco después de aquello, mis experiencias infantiles de Dios y de la catedral cedieron el paso a las experiencias de la adolescencia. A medida que crecía, mis experiencias de infancia comenzaron a parecerme ecos distantes; ecos muy, muy lejanos. No hacía demasiadas preguntas sobre la vida. Me guardaba mis opiniones para mí misma. Ya no veía las cosas antes de que sucedieran. El mundo de las experiencias akásicas había desaparecido de mi vida. O, al menos, eso creía yo.

SANAR, NO SUFRIR

Todas aquellas experiencias de infancia no me prepararon lo suficiente para lo que ocurriría mediados los veintitantos. Pero para relatar esta experiencia tengo que remontarme unos cuantos meses atrás.

Conocí a mi marido por casualidad un día, mientras visitaba a una vieja amiga. Mi marido diría que fue amor a primera vista. Nuestra relación vino a reglón seguido de varias relaciones fracasadas, con maltrato emocional incluido. Yo había estado pasando por intensos momentos de confusión antes de conocerle a él, y tenía aún muchas heridas por sanar. Pero, aun así, entre nosotros tuvo lugar una conexión inmediata, y deposité mi confianza en él.

Lo que recuerdo muy bien tras llegar a conocerle es que nuestros corazones eran muy parecidos. Contemplábamos la vida a través de la misma mirada. Nos pasábamos juntos todo el tiempo. Éramos felices, sintiéndonos afortunados de habernos encontrado. En los primeros tiempos de nuestra relación charlábamos durante horas sobre cosas importantes, y descubrimos que teníamos unos puntos de vista muy similares. Había una potente conexión entre nosotros. Ambos habíamos salido de sendos fracasos matrimoniales, pero creíamos que el amor podría sacarnos del pasado para introducirnos en un futuro compartido.

Pasado el tiempo, nos decidimos a vivir juntos, y poco después de aquello comencé un proceso de deterioro personal. Al principio, casi no me di cuenta. Me sumía en la melancolía incluso cuando me estaban sucediendo cosas buenas. En un principio, fue todo muy sutil; apenas me percaté de ello.

Teníamos una buena relación. Cualquiera que nos hubiera visto desde fuera habría dicho que las cosas nos iban muy bien, pero yo me sumía cada vez más en la tristeza por las cosas más nimias. Poco a poco, los colores desaparecieron de mi vida. Sentía que mi corazón se alejaba lentamente. Y, al cabo de unos meses, aquella tristeza, que comenzó no siendo más que un bip en la pantalla del radar, me cubrió por completo.

Comencé a revivir hasta en sus más mínimos detalles todas las experiencias negativas que había tenido en mi vida. Era como revivir de una en una mis experiencias traumáticas. Cada recuerdo venía acompañado de una intensidad que, aún hoy, encuentro muy difícil describir. Me hundí totalmente, atascada en mi pasado. En mi vida estaban ocurriendo muchas cosas buenas y, sin embargo, no había nada que me consolase. No había nada capaz de darme algo de felicidad o esperanza.

La depresión no tardó en dominarme por completo y en consumir cada uno de mis instantes de vigilia. Hiciera lo que hiciera, cada vez me sentía peor. Mis días estaban llenos con todo el dolor del pasado, y nada más. Era un dolor intenso, como si cada acontecimiento fuera una imagen fija que mi mente reviviera una y otra vez. Yo hacía todo lo posible por salir de aquella situación. Era agotador.

Con el tiempo, mis energías se consumieron hasta el punto de no disponer de fuerza ni para las cosas más básicas de la vida. Me pasaba los días en la cama, sin ningún deseo ni motivación que me hiciera levantarme, ni siquiera para cuidar de mis necesidades más elementales. Poco podía hacer nadie en mi familia por ayudarme.

Echando la vista atrás, lo lamento mucho por mi marido, que se sentía impotente ante todo lo que me estaba ocurriendo a mí. Él intentaba animarme desesperadamente; me traía flores y tarjetas de ésas con frases de ánimo, y charlaba conmigo durante horas y horas. Estoy convencida de que, a su manera, él se sentía tan mal como yo.

Pero no sólo estaba deprimida; también estaba muy enfadada. No podía comprender por qué me estaba desmoronando cuando las cosas nos iban tan bien. Era una gran ironía. Tenía conmigo a alguien que me amaba por mí misma y, sin embargo, yo me sentía desdichada e incapaz de disfrutar de ello. Incluso llegué a pensar en un par de ocasiones que Dios debía de estar castigándome por algún pecado del que yo no era consciente.

Entre un ataque de ira y otro, me dedicaba a compadecerme de mí misma. Pasaron los meses, y yo seguía luchando conmigo misma. Era como si estuviera obsesionada en un mundo de desesperantes sombras. Mi lado sombrío se manifestaba plenamente día a día, denso e inquietante. Era lo único que podía ver. Estaba enferma en mi interior; enferma y cansada de sentirme así un día tras otro.

Y, entonces, un día, mientras continuaba con mi rutina habitual, metida en la cama, levantándome sólo de cuando en cuando para sentarme en un silloncito de nuestro dormitorio, revisando mis últimos meses en aquel oscuro olvido, sentí como si todo mi cuerpo, de los pies a la cabeza, estuviera magullado. Carecía de la voluntad suficiente para continuar con aquella situación. Estaba agotada, y pensaba que mi sufrimiento no terminaría jamás. Estaba sola en la habitación, pero me puse a hablar en voz alta, sin dirigirme a nadie en concreto.

—Estoy tan cansada de sufrir... Ya no puedo más. ¿Por qué me ocurre esto a mí?

La habitación estaba en silencio. Nadie respondió a mi pregunta.

—Me siento tan sola... Es como si nada importara. ¿Por qué me siento así?

No hubo respuestas.

—Que alguien me quite este dolor. Estoy cansada de sufrir.

Y entonces escuché una tenue voz. Un curioso pensamiento me llegó desde la nada.

—*No estás sufriendo.*

—¿Cómo que no estoy sufriendo? –respondí, molesta con la voz que había escuchado.

—*No estás sufriendo.*

Me quedé allí sentada, en silencio, durante un rato; y, luego, escuché la voz de nuevo, con mucha claridad. Era como si alguien se hubiera sentado a mi lado. Aunque la voz no venía de ninguna parte, no me alarmó.

—*No estás sufriendo. Estás sanando.*

Reflexioné sobre lo que acababa de escuchar. Hasta entonces, no se me había ocurrido la idea de la sanación, y me planteé esa posibilidad en mi caso. Pensé en lo que significaba estar sanando en lugar de estar sufriendo. ¿Y si la voz tenía razón?

—Pues, si estoy sanando, no puedo hacerlo yo sola –contesté.

Y en aquel mismo momento levanté los ojos hacia el techo, como invitando a quienquiera que fuese quien me hablara a que me ayudara. Me abrí a lo alto por primera vez en mucho tiempo. No tenía ni idea de que un único gesto pudiera dar lugar a los increíbles acontecimientos que tuvieron lugar a continuación.

Lo que sucedió después fue la más tangible experiencia akásica que haya tenido jamás; todo cuanto había sucedido en mi infancia palideció ante lo que ocurrió entonces. Fue como si una descarga eléctrica recorriera el aire a mi alrededor. Lo que se me trasmitió en escasos milisegundos no se parecía a nada que yo hubiera sentido con anterioridad; sentí un estremecimiento de la cabeza a los pies. Fue toda una experiencia espiritual en un gigantesco resplandor de luz.

Sentí que la habitación se llenaba por completo a mi alrededor. Sentí un intenso amor, puro e incondicional. También era una experiencia de no dualidad, una experiencia de perfecta unidad. Se me erizó el vello de los brazos, y una brillante luz me envolvió súbitamente. La pequeña habitación se llenó de seres angélicos. Había doce de ellos, cada uno con un color de luz diferente, formando un círculo a mi alrededor. Casi no podía creer lo que estaba viendo.

Mientras observaba lo que acontecía en mi habitación me di cuenta de que nunca, en todo cuanto había estado experimentando, había estado sola. Aquellos hermosos y amorosos seres habían estado allí, conmigo; habían estado intentando ayudarme. Pero mis emociones me habían impedido sentir su presencia.

Todo me quedó claro en un instante. Pude entender la diferencia entre sanar y sufrir. Yo conocía las sensaciones del sufrimiento, de modo que intenté imaginar cómo serían las sensaciones de la sanación. Y, cuando pude verlo todo como una experiencia de sanación, mis percepciones cambiaron sin ningún esfuerzo desde la percepción de un completo dolor hasta la de una esperanzada reflexión. Una sensación de calma inundó mi cuerpo, y sentí que me relajaba por vez primera en muchos meses. La sanación era factible; podía comprenderla como un proceso en el cual yo participaba. En vez de un sufrimiento interminable, constaté que había un fin a aquello que yo había estado experimentando emocionalmente. En aquel instante se desvaneció la lucha en la que había estado enzarzada conmigo misma. Ya no había nada contra lo que luchar. Mi conflicto interior había remitido.

Yo llamo a aquel día el día de mi despertar. Cosas que parecían estar dormidas recobraron la vida dentro de mí. Recuperé todos los dones que había recibido en mi infancia, y tomé conciencia de muchas cosas. Mis sentidos se agudizaron y recobraron la vida. Podía percibir la energía a mi alrededor. Hiciera lo que hiciera, los seres angélicos estaban siempre conmigo. Ya no me sentía sola. Durante mucho tiempo pude comunicarme con ellos. Era como si el velo entre los dos mundos se hubiera abierto y pudiera ver directamente a través de él.

Aprendí más sobre la vida en aquel momento que todo cuanto había aprendido en mis anteriores veinticinco años. Me habían liberado con una sola palabra de aquella prisión que yo misma había creado. Aprendí a sanarme a mí misma y a desprenderme del pasado. Aquel día entró en mi consciencia una idea diferente, y aquella idea me liberó. Me di cuenta de que mi percepción de la situación me había tenido atascada sin remedio; aquélla había sido la clave de todo. Mi terrible experiencia de tantos meses se había debido al modo en que yo había estado viendo lo que me sucedía.

EN CASA DE NUEVO

Después de aquel día, todo mi mundo cambió de una forma radical. Pude disfrutar de la vida de nuevo. Reanudé mis actividades diarias casi de inmediato. Aquel día se me hizo un gran regalo, y yo quería compartirlo con los demás. Le conté a todos cuantos pude lo que me había pasado. Supuse que algunos me creerían y que otros no lo harían, pero eso ya no me importaba. Aquella experiencia me había recordado mis días de infancia en la catedral. Por fin había vuelto al consuelo de mi infancia. Por fin había vuelto a casa.

La experiencia cambió mi vida de múltiples formas. Pude ver la riqueza y la belleza de la experiencia humana tal cual es. Volvía a creer en el poder de la divinidad, y pude retarme a mí misma para ser más de lo que había sido hasta entonces. Poco después de la experiencia, decidí utilizar mis dones para ayudar a los demás, del mismo modo que se me había ayudado a mí aquel día. Quería que los demás vieran lo que yo había visto, y quería ayudarles a superar sus propios problemas.

La vida puede ser un viaje lleno de acontecimientos inesperados. A veces puede ser difícil de afrontar, cuando la incertidumbre nos llena el corazón. Pero, ahora, la incertidumbre que había sentido ya no estaba. Y, día a día, afronto los problemas de la vida con más confianza, porque sé que nunca estoy sola.

Estas experiencias akásicas cambiaron mi vida para siempre. Alcancé a tocar lo divino, y lo divino me tocó a mí. En la vida siempre hay más cosas que las que el ojo puede ver; siempre hay mucho más que ver en cualquier situación. Pero lo más importante de todo es que ahora dispongo del reconfortante convencimiento de que, pase lo que pase en mi vida, siempre podré volver a casa.

DOS

Experiencias de la consciencia infinita

Swami Kriyananda (J. Donald Walters)

Swami Kriyananda (J. Donald Walters) es el fundador de Ananda Sangha, una organización comunitaria y cooperativa mundial de carácter espiritual consagrada a las enseñanzas de Paramahansa Yogananda, con ramificaciones en Asís, Italia, y en California, Estados Unidos. Swami Kriyananda es miembro del Club de Budapest, y ha dado conferencias en Estados Unidos, Europa, la India y en otros países. Kriyananda ha escrito 85 libros y ha compuesto más de 400 obras musicales. Vive en Gurgaon, en la India.

Podría dar la impresión de que los Registros Akásicos son algo así como una oficina celeste llena de archivos y ficheros. Sin embargo, *Akasha* significa «espacio». Los «registros», así pues, son intrínsecos a la unidad de la consciencia infinita. Se los llama así porque es posible acceder a cualquier parte específica de la omnisciencia que uno desee. La omnisciencia no es una cuestión de todo o nada, disponible sólo si la aceptas en su totalidad.

Permíteme que ponga un ejemplo. Yo estaba con mi gurú, Paramahansa Yogananda, cuando él terminó de escribir sus comentarios sobre el Bhagavad Gita. Él me comentó:

—Ahora entiendo por qué mi gurú [Swami Sri Yukteswar] nunca quiso que leyera otros comentarios sobre el Gita. Él no quería que me dejara influenciar por las opiniones de otros autores. Antes de escribir estos comentarios, sintonicé con Beda Byasa [el autor del Gita, Veda Vyasa; mi gurú utilizaba la pronunciación bengalí de su nombre], y le pedí que los escribiera a través de mí. Estos comentarios expresan la consciencia de Byasa, canalizada a través de mí.

¿Es posible? ¿Es siquiera concebible? Pido permiso para contar otra historia. Una vez en que Yogananda quiso relatar un episodio de la vida de un santo indio bengalí llamado Chaitanya, dijo:

—Dejaré que sea él quien cuente esta historia a través de mí.

Y la historia que emergió tuvo una hermosa inmediatez.

Muchas personas dirían que, en ambos casos, Yogananda hablaba en términos poéticos. Pero yo, que viví con él, creo por el contrario que él hablaba de forma literal.

En su poema «Samadhi», en el libro *Autobiografía de un yogui*,* que es una descripción de su experiencia de la consciencia cósmica, hay un verso que dice, «los pensamientos de todos los hombres, del pasado, del presente, del porvenir…». Todo esto existe en esos «Registros Akásicos»; y no están allí «clasificados», pero sí son accesibles mediante la simple sintonización con el «rayo» adecuado de la Consciencia Infinita.

Yo no me puedo comparar con mi gurú en cuanto al desarrollo espiritual, pero sí que puedo ofrecer una o dos de mis experiencias, mucho más ordinarias, de acceso a esos «registros». En la universidad pasé un examen de griego para el cual casi no había estudiado (¡en realidad, la asignatura era «chino» para mí!) diciéndome firmemente, «Soy un griego». De repente, me descubrí en sintonía con aquel rayo de la consciencia que da como resultado la lengua griega. Sólo dos personas de toda la clase pasaron aquel examen, que resultó ser extraordinariamente difícil, y yo fui una de esas personas.

Hablo varios idiomas y siempre me ha resultado más fácil aprender una lengua sintonizando primero con la vibración de la consciencia que la produjo. Desde el principio, intento *pensar* en ese idioma. Me entreno en el acento e intento captarlo del modo más preciso posible. Me digo a mí mismo, «Ahora es así como *quiero* pensar: en *este* idioma». De este modo, elimino de mi mente toda sensación de estar tratando con algo

---

* En Ananda Ediciones. Villarodrigo de las Regueras, León, 2010.

extranjero, algo extraño a mí, y nunca traduzco las frases mentalmente a partir del inglés, con las secuencias verbales correctas en inglés, sino que acepto esas nuevas secuencias como correctas y naturales.

LA MÚSICA DEL CAMPO AKÁSICO

Me he dado cuenta de que ocurre lo mismo en otros campos: cuando compongo música, por ejemplo. Yo no sabía casi nada sobre esta materia cuando me llegó la inspiración en la primera ocasión en que intenté componer algo. Hasta donde yo sabía, sólo había dos reglas: que las quintas paralelas (sea lo que sea eso) se supone que no quedan bien; y que, en términos generales, la línea base debe moverse en dirección opuesta a la melodía.

La inspiración para componer música me vino porque me pareció que la música era una buena forma de llegar a aquellas personas para quienes las verdades filosóficas pudieran resultar menos asequibles, al encontrarse con ellas en un libro o en una conferencia. Dicho de otra manera, no es que pensara que la música, por sí sola, dispusiera de la facultad de trasmitir estados de consciencia; pero sí que, cuando yo planteara un pensamiento filosófico acerca de la Consciencia Infinita, podría llegarme casi sin esfuerzo, en un instante, una melodía adecuada a ese pensamiento. Poco a poco, me di cuenta de que la música, por sí sola, sí que expresa estados de consciencia, que no es sólo una forma de expresión agradable (¡o desagradable, como ocurre a veces!). Me acordé, por ejemplo, de una canción popular de la década de 1920 cuya emisión había estado prohibida porque, después de escucharla, mucha gente se había suicidado. ¿Que cuál era el título de la canción? *Gloomy Sunday*, «Lúgubre domingo».

Siendo practicante de meditación, estar sereno era para mí algo natural. Y, mientras componía, me di cuenta de que, cuando no me identificaba personalmente con aquella emoción que quería expresar, la vibración *espiritual* subyacente de ese sentimiento llegaba hasta mí sin ningún esfuerzo, simplemente pidiéndola. Lo que me llegaba era una especie de «visión con el ojo del alma» de una emoción humana, que me proporcionaba una comprensión más clara sin tener que involucrarme en estado de ánimo alguno. De este modo, la que quizás pase por ser la más triste de mis canciones me llegó un día en que me sentía sereno y feliz. ¡La verdad es que me divertí mucho, pues no podía dejar de reír mientras surgían en mi interior la letra y la música!

Son muchos los libros que nos enseñan a afirmar nuestras capacidades personales a fin de destacar en cualquier cosa que queramos hacer: como vendedor, por ejemplo, o hablando en público, o como un prometedor ejecutivo en una gran empresa. Sin embargo, yo aprendí todo lo contrario de mi gurú; aprendí que el orgullo es «la muerte de la sabiduría». El secreto estriba en no dejar que el ego se entrometa. ¿Difícil? Por una parte, sí; pero, por otra, es sencillo en realidad. ¿Qué problema puede haber en someter la propia identidad al Infinito? Yo no aprendí a decir «¡Puedo hacerlo!», sino a decir «Se ha de hacer; permíteme a acceder a ese "rayo" particular de conocimiento que brilla desde el Infinito en el interior de aquello que debe hacerse».

En consecuencia, en la música, cuando pedía en meditación que se me inspirara con la letra y la melodía correctas, la inspiración me llegaba casi sin esfuerzo: la melodía al instante, y la letra con una fluidez que me sorprendía. Las canciones, tanto las letras como las melodías, me llegaban mientras paseaba por el Golden Gate Park de San Francisco, o mientras conducía mi auto por el puente de la bahía de Oakland.

Un día en que me dirigía con mi auto a una cita, con una lluvia intensa, estuve unos cuantos minutos quejándome mentalmente por las condiciones climáticas. De repente, me llegó un pensamiento, «No puedo hacer nada con la lluvia pero, ¿por qué no, al menos, tengo "buen tiempo" en mi interior?». Instantáneamente, me llegó la melodía y las primeras frases de una canción: «¡Hay alegría en los cielos, / una sonrisa en las montañas, / una melodía suena por doquier! / Las flores ríen / dando la bienvenida a la mañana. / ¡Tu alma es tan libre como el aire!». La canción continuaba resaltando lo importante que es elevarnos por encima de los deseos que nos encadenan. Incluso, mientras conducía, tomaba nota de lo que podía en un papelito, intentado conducir al mismo tiempo con relativa seguridad. Tan pronto como pude, tras llegar a mi destino, pasé por escrito la totalidad de la canción. En todas partes, la gente recibe esta canción con sonrisas, y la aprecian. ¡La llamé *Painless philosophy*, «Filosofía sin dolor»!

Con el tiempo, a medida que me fui familiarizando con la música, me di cuenta de que melodías, en sí, ofrecidas con los acordes y los ritmos adecuados, alcanzaban a la gente al instante, con verdades que no precisaban siquiera de las palabras para trasmitir su nítido mensaje.

Más tarde comprendí que podía también sintonizar con un país y recibir instantáneamente una melodía que encajaba con la consciencia esencial de ese país.

Un día comenté este extraño hecho con dos amigos.

—Si me permitís, me voy a poner al piano y voy a ver si puedo tocar algo japonés –les dije.

Yo no tenía ni la más mínima idea de música japonesa; pero, mientras ponía los dedos sobre las teclas, pedí una melodía acorde con ella. Las notas vinieron al instante, en el tiempo que me llevó ponerme a tocar. Una amiga mía, que había vivido muchos años en Japón, exclamó:

—¡Anda! ¡Encaja a la perfección con el título que le has puesto!

¿Que qué nombre le puse? *Cherry Blossoms in Kyoto*, «Flores de cerezo en Kyoto».

En otra ocasión, sin tener ni idea de música persa, pedí una melodía que encajara con el *Rubaiyat* de *Omar Jayam,* para el cual mi gurú había escrito un comentario profundamente espiritual. Una mañana, cuando me desperté de un profundo sueño, la melodía estaba ya en mi cabeza. Había soñado con ella. Años después la interpreté ante una persona de Irán, y dijo:

—¡Eh! ¡Eso es persa!

Lo cierto es que muchas melodías me han llegado mientras dormía.

Según dicen, la forma más sofisticada de composición es la del cuarteto de cuerda. Sé muy poco de este tipo de música, salvo que disfruto mucho escuchándola. Pero un día me decidí a escribir algo de este tipo. Apartando de mi mente cualquier idea que pudiera plantear el asunto como un reto, simplemente pedí una guía. La fórmula que utilizo siempre es la de decir: «¡Yo no puedo hacerlo, pero tú, Dios, sí que puedes!». También creo profundamente que todo cuanto hacemos debería de expresar nuestra propia filosofía de vida. Al componer esta música para cuarteto de cuerda, decidí que yo, como fundador de diversas comunidades cooperativas, debería dar a los cuatro instrumentos la oportunidad de expresarse, en vez de dejar que tres de ellos no hicieran otra cosa que acompañar la melodía del cuarto, interpretada por el primer violín. (Como se observará, sí que debo saber con claridad qué es lo que estoy pidiendo). Me resulta casi imposible explicar cómo sucedió pero, de repente, escuché los cuatro instrumentos sonando en mi cabeza con un alegre contrapunto entre ellos, ascendiendo y descendiendo en sus cadencias como si danzaran juntos.

Un violinista clásico profesional, que no hace mucho colaboró en la grabación de este cuarteto, me dijo:

—¡El segundo movimiento es tan bueno como cualquier obra de Beethoven!

No sé qué pensar. No soy yo quien compone ni quien puede atribuirse esa música. Me gusta ese cuarteto –de hecho, me encanta–, pero yo simplemente escribí lo que me llegó.

SINTONIZANDO CON LA CONSCIENCIA INFINITA

Me he dado cuenta de que todo conocimiento está a nuestra disposición. No tenemos necesidad de crearlo; no tenemos más que acceder a él. Simplemente, pide de la manera correcta, sin sentirte orgulloso por tu logro, sino con un corazón abierto. Ni siquiera digo que haya que pedir humildemente, como despreciándose uno mismo. No pienses en ti mismo, en ti misma, para nada; ni siquiera en si tienes o no capacidad para ello. Concéntrate, más bien, en sintonizar con la Consciencia Infinita, y pide orientación en lo que quieres hacer. Es delicioso, divertido y profundamente inspirador trabajar de este modo y dejar que se te utilice de este modo.

Yo trabajé con mi gurú en la edición de sus comentarios sobre el Bhagavad Gita. Él me dijo que parte de mi trabajo sería de edición. Pero resultó que tuve que recurrir a lo que sobre esto habían escrito mis condiscípulos. Es decir, no tuve acceso a los manuscritos de mi gurú. Sin embargo, yo no estaba satisfecho con lo que se había publicado de aquel trabajo, pues no reflejaba lo que yo sentía que era su verdadero espíritu. Ni tampoco expresaba del todo su contenido.

Un día pensé, «Me estoy haciendo viejo. Quién sabe si podré hacer siquiera este trabajo, pero hay que hacerlo como sea». De manera que le pedí a Yogananda en mi interior que dirigiera mis esfuerzos, y me sorprendí al descubrir que podía recordar punto por punto, tras más de cincuenta años, todo cuanto él había dicho acerca de cada estrofa.

Comencé a trabajar el 7 de octubre, y lo terminé el 5 de diciembre: menos de dos meses para una obra de casi 600 páginas. Finalmente, se ha publicado en forma de libro, y ha recibido muy buenas críticas. Sin embargo, lo más importante para mí es que siento que esta obra refleja fielmente el trabajo que mi gurú culminó en 1950.

También he descubierto que la Consciencia Infinita puede proporcionar necesidades materiales, y no sólo información o la inspiración necesaria. Un día, en nuestra Aldea Ananda cercana a Nevada City, California, llevamos a cabo una campaña de recaudación de fondos para el embellecimiento de lo que, por capricho, dimos en llamar «*downtown Ananda*», «centro de ciudad Ananda». Se hicieron peticiones para flores (10 dólares), arbustos (15 dólares) y otros elementos pequeños. Pero había una petición de 3.000 dólares (según creo recordar) para cubrir los costes de mejora de la calzada de entrada. Claro está que teníamos la esperanza de que alguna de las empresas Ananda apareciera con una donación por esta cantidad. Cuando vi aquella petición, pensé, «La verdad es que necesitamos mejorar la calzada de entrada pero, ¿quién va a donar tanto dinero?». Yo no tenía dinero pero, de todos modos, pensé, «Dios puede ocuparse de eso». Con esa idea en mente, puse mi nombre en el papel ofreciendo una donación por esa cantidad.

¿Imposible? ¡Por supuesto (al menos en cuanto a mis posibilidades)! Pero yo debí pedir de la manera correcta pues, una mañana, más o menos una semana después (el dinero había que donarlo en el plazo de dos semanas), me encontré con un sobre que alguien había introducido por debajo de la puerta de mi casa. Era de una antigua residente de la comunidad que había pasado a visitarme. La carta decía, «Mi madre falleció hace algunos meses y me dejó algún dinero. Hace mucho tiempo que estoy deseando expresaros mi gratitud por todo lo que me habéis dado. Ésta es mi humilde manera de hacerlo». En el sobre había un talón de 3.000 dólares.

Cosas como ésta me han ocurrido muchas veces en mi vida. Espero que quienquiera que lea estas páginas no piense que estoy reivindicando don o mérito personal alguno. Lo que quiero decir es que *todos* estamos rodeados por un océano de abundancia: de conocimiento, de sabiduría, de capacidad, de oportunidades, de plenitud material. Lo que es una pena es que la gente se cierre a ese entorno espiritual.

Manteniendo la mirada fija en el suelo, la gente recorre penosamente una vida cargada de preocupaciones, miedos y dudas de sí misma.

Podría seguir contando multitud de historias parecidas. Pero estas pocas serán suficientes para ilustrar lo que pretendo trasmitir. En la omnisciencia, dispones de todo el conocimiento y toda la inspiración que puedas necesitar; y, en la omnipotencia, dispones de todo el poder.

Sin embargo, existe un fenómeno tan extraordinario que he pensado que sería mejor dejarlo para el final.

ASOMBROSAS PREDICCIONES

Hace muchos años (1959), en Patiala (Punjab), India, un hijo del Maharaja de Patiala, estudiante del curso de Raja Yoga que yo estaba impartiendo, vino a buscarme un día a la casa de Balkishen Josla, donde yo estaba estudiando, y me preguntó:

—Swamiji, ¿has oído hablar alguna vez de Bhrigu?

Cuando vio que no conseguía localizar aquel nombre en mi memoria, añadió:

—Se habla de Bhrigu en el Bhagavad Gita, cuando Krishna (hablando con la voz de Dios) dice, «Entre los santos, yo soy Bhrigu».

Entonces fue cuando me acordé de aquel nombre. Bhrigu vivió en la India en la lejana antigüedad.

Mi visitante, Raja Mrigendra Singh, continuó:

—Bhrigu escribió una *sanhita* [un documento sagrado] prediciendo la vida de innumerables personas que aún no habían nacido, algunas de las cuales viven hoy en día.

Claro está que aquello se me antojó demasiado fantástico. No obstante, yo había encontrado ya ejemplos de cosas inusuales y extravagantes en aquellas místicas tierras. Como preámbulo a lo que sucedió después, me voy a permitir el lujo de relatar una antigua tradición india, tradición que mi «abuelo espiritual» (el gurú de mi gurú), Swami Sri Yukteswar, aclaró y, por decirlo de algún modo, «podó» de inexactitudes que, bajo las influencias desintegradoras de los siglos, se habían ido deslizando en su relato. Esta tradición guarda relación con cuatro eras que, según Swami Sri Yukteswar, tendrían lugar merced a movimientos siderales en la galaxia. Se trata de un sistema demasiado complejo como para explicarlo aquí, pero también está relacionado con las influencias akásicas.

Sri Yukteswar decía que la tierra había entrado recientemente en el *Dwapara Yuga*, la segunda de esas eras, en la cual los seres humanos llegarían poco a poco a comprender que la energía es la realidad básica de la materia. Por otra parte, en esta era de Dwapara, los seres humanos se percatarían de la naturaleza esencialmente ilusoria del espacio. Así, en los próximos siglos, aprenderemos a viajar a otros planetas y a derribar el sentido de la distancia espacial. Esto es algo que hemos conseguido ya hasta cierto punto, con la invención del teléfono, la radio, la televisión, Internet y los aviones.

Se dice que, en la tercera de estas eras, en el *Treta Yuga*, los seres humanos se percatarán de la naturaleza esencialmente ilusoria del tiempo. Comprenderemos que el tiempo y el espacio son mucho más elásticos de lo que nos parecían; poco a poco, percibiremos el tiempo como un continuo; algo parecido a un río que, si se observa desde un puente, vemos que no consiste sólo en lo que corre directamente bajo el puente, sino también en el agua que corriente arriba baja hasta el puente y en el agua que, pasando bajo el puente, fluye corriente abajo. Dicho de otro modo, el futuro existe ya, y es el resultado de las influencias del flujo del pasado, y no cambiará significativamente aunque arrojemos algo al agua, algo que quizás pudiéramos arrojar desde el puente.

Incluso hoy en día, nos encontramos con atisbos de esta realidad, pero se harán tan obvios en el tercer yuga como para ser aceptados universalmente. Concretamente, y más allá del negacionismo de los cínicos, las personas dotadas serán capaces de predecir acontecimientos específicos de un futuro más o menos lejano.

Aun hoy, se han hecho predicciones (en su mayor parte referentes a la vida de personas, pero también referentes a acontecimientos mundiales) que han resultado ser sorprendentemente precisas. Por otra parte, el conocimiento de los sabios iluminados ha demostrado ser bastante extraordinario a este respecto.

Una vez me relataron la experiencia personal de alguien que, según pude saber, había ido a visitar a un santo en Howrah, en el oeste de Bengala. Ese hombre le había preguntado al santo hasta qué punto podía ser precisa y específica una predicción, y el santo le había respondido prediciendo varios acontecimientos completamente inesperados que le ocurrirían a aquel hombre aquella misma tarde. Lo que le dijo (y aquí sólo puedo parafrasear) fue algo así: «Cuando te vayas, te verás obligado a dar un rodeo, porque habrá una multitud en la calle frente a un edificio en llamas. En ese rodeo, verás un accidente en la parte derecha de la calle; pero no te causará ningún trastorno, y volverás a casa sano y salvo». Los detalles no fueron exactamente como los he contado aquí, pero lo que ocurrió en realidad fue ciertamente comparable. Y me aseguraron que la predicción se había cumplido en todos sus aspectos.

En *Autobiografía de un yogui*, de Yogananda, hay muchas predicciones similares. Me gustaría resaltar que yo mismo viví con el autor de ese libro como discípulo muy cercano a él, y estoy plenamente convencido de su veracidad.

Volvamos pues a mi experiencia con Raja Mrigendra y el texto de Bhrigu, que fue ciertamente extraordinaria. Raja Mrigendra me dijo que, a no demasiados kilómetros de donde nos encontrábamos…

—…en la ciudad de Barnala, existe una copia parcial, en forma manuscrita, de ese antiguo documento. En él hay predicciones de la vida de distintas personas, muchas de las cuales viven hoy en día. Encontré allí una lectura para mí –continuó–. ¿Te gustaría ir allí para ver si la *sanhita* dice algo de ti?

—¿Se trata sólo de predicciones generales? –pregunté–. ¿Podría decir de mí, por ejemplo, que vengo de tierras lejanas y que estoy interesado en cuestiones espirituales?

—¡Nada de eso! –respondió confiado–. Si dice algo, será mucho más concreto.

Bueno, como es natural, aquello me intrigó. Fuimos al día siguiente en automóvil hasta Barnala, una ciudad que en modo alguno podría sugerir ninguna maravilla mística, habida cuenta del conglomerado de calles y edificios completamente ordinarios y hasta cierto punto sucios. No parecía haber nada interesante en ella. El edificio que albergaba el milagroso documento era tan anodino como todo lo de su alrededor. Fuimos los primeros en llegar. Me presentaron al custodio del documento, un *brahmin* cuyo nombre era (si la memoria no me falla) Pundit Bhagar Ram. Él nos dio la bienvenida, mostrando a mi amigo la deferencia debida a su posición social.

Pasando rápidamente por las formalidades de rigor, el pundit realizó un horóscopo del momento en que yo había solicitado la lectura y, luego, se metió en la habitación en la que almacenaba el documento, en una multitud de legajos sobre estanterías. Tomó un pequeño legajo (mis recuerdos son vagos) con el número 54. Después de abrirlo, el pundit lo dividió en tres montones, uno se lo quedó él, otro se lo pasó a Raja Mrigendra y el tercero me lo pasó a mí, diciéndonos que buscáramos una página en que la apareciera un horóscopo similar al que él había extraído. Los tres nos pusimos a buscar cuidadosamente entre las páginas, y fui yo quien dio con una página que me pareció similar al diseño del horóscopo. Era la página que buscábamos.

«Las lecturas —me había dicho previamente Raja Mrigendra— hablan normalmente de la última vida de una persona, de su actual vida y de su próxima vida». Mi lectura comenzaba, tal como había anticipado él, con mi vida anterior. Me decía que en aquella vida yo había nacido en la India, que mi nombre había sido Pujar Das, que había vivido en Karachi (identificada por la primera letra del nombre de la ciudad y por su situación geográfica), que había estado casado y que había llevado una vida acomodada. No habíamos tenido hijos. Después había una breve descripción de mi vida hasta el momento en que mi esposa y yo habíamos partido en peregrinación y habíamos llegado a un desierto (probablemente en Rajastán), llegando al lugar en el que el antiguo sabio Kapila (fundador del sistema de filosofía Sankhya) había tenido en otro tiempo su ashram. Allí me encontré con mi gurú. Decidí quedarme con él y buscar a Dios, enviando a mi mujer de vuelta a casa. Tras esto se ofrecía una buena cantidad de información, toda ella interesante e instructiva, pero demasiado personal para incluirla aquí. Nada de todo aquello era verificable, claro está, aunque era cierto que en mi actual vida me había sentido extrañamente atraído por la idea de vivir en el desierto.

«En su actual vida —continuaba la lectura—, nació en un país *mlecha* ["impuro", una antigua palabra que designaba a los países occidentales], es bien conocido como un vidente de *Ashtanga Yoga* [la enseñanza de Patanjali], y está viajando y enseñando por este país. Su nombre es Kriyananda».

Aquello me hizo dar un salto. Estaba sorprendido. Kriyananda es un nombre muy poco habitual, si bien dos o tres monjes *(sannyasis)* lo han adoptado desde que yo lo adopté. Para entonces, algunas personas más habían entrado en la sala, y yo les pasé la página para ver si ellas podían verificar si era aquél el nombre que aparecía allí escrito. Todos coincidieron en que, de hecho, así era. La «lectura» omitió mencionar mi próxima vida, pero hizo unas cuantas predicciones sobre ésta que me resultaron interesantes y esperanzadoras, si bien eran un poco vagas.

Sin embargo, el hecho de que la lectura mencionara mi nombre era, de por sí, asombroso. Lo que se decía de esta vida, por otra parte, era más o menos acertado, aunque bastante general. ¿Me hubiera gustado que fuera más concreto? No estoy seguro de ello. En ocasiones, resulta más útil tener una idea general de la dirección que llevas que sobrecargarte con demasiados detalles, tanto si son alarmantes como tranquilizadores.

¿Qué podía pensar de aquello? La lectura concluía diciendo, «No habrá más lecturas por hoy». Así pues, salimos todos de la sala.

Me quedé lo suficientemente fascinado con todo esto como para comentarlo con mis amigos. Pensaba, más que nada, que ofrecía evidencias de que en la antigua civilización india había muchas más cosas (como yo ya sabía por entonces) que pastores, agricultores y aldeas primitivas. Más bien, lo que sin duda indicaba era un legado de extraordinaria sabiduría, ofreciendo argumentos suficientes como para corroborar cualquier libro o conferencia sobre aquellas antiguas enseñanzas.

Pocas semanas después estaba yo dando conferencias y clases en Nueva Delhi, pero mi interés por lo sucedido me llevó a otra sección de la sanhita de Bhrigu, de donde recibí otra lectura. Decía, «Le he dado a él una lectura en mi *Yoga Valli*. Aquélla era acorde con la astrología. Ésta se conformará al poder del yoga». Y, en vez de hablarme de nuevo de mi última vida, se remontó a una vida aún anterior.

«En los tiempos de Kurukshetra [guerra histórica de la que se habla en la antigua epopeya del *Mahabharata*], fue el rey de un pequeño estado en Bharatavarsha [India]. Temiendo tener que dar su apoyo al bando equivocado en aquel conflicto, le entregó el reino a su hijo y se retiró al bosque para llevar una vida de aislamiento y meditación. Allí recibió la iniciación de un gurú». Luego, la lectura continuaba dando detalles de la vida de aquel hombre, diciendo que, al cabo de ella, y debido a sus buenas acciones, se pasó 700 años en el mundo astral.

¡Fascinante! En muchos aspectos, la sutil región astral siempre me ha parecido más real que el mundo físico, si bien lo que le queda a uno de ella son impresiones intensas, más que recuerdos claros y concretos. Una vez más, omito aquí intencionadamente detalles de esa vida pasada que son personales y no vienen al caso en estas páginas.

Pero lo que leí después fue aún más sorprendente que la lectura de Barnala. «Esta vida –continuaba– es la octava desde la vida en los tiempos de Kurukshetra. En su actual vida nació en Rumanía, vivió en Estados Unidos [ambas afirmaciones eran correctas] y su padre le puso por nombre James. [James es, de hecho, mi primer nombre, aunque siempre se me ha conocido por mi segundo nombre, Donald]. Tiene dos hermanos, pero no hermanas, aunque una morirá en el vientre de su madre. [Mi madre me reconoció que, tras su regreso a Estados Unidos, había tenido un aborto]. Después de encontrarse con su gurú, Yogananda, su nombre se convertirá en Kriyananda. Al cabo de dos meses desde el momento en que reciba esta lectura, él regresará a su propio país, donde será amorosamente recibido por sus hermanos y hermanas (espirituales), y se le dará [se le designará para] un elevado cargo».

Curiosamente, se me emplazó para volver a Estados Unidos al cabo de dos meses. Durante el viaje de regreso, mientras visitaba Japón, recibí la noticia de que el doctor M. W. Lewis, el anciano vicepresidente de la organización de mi gurú, acababa de abandonar su cuerpo. Poco después de mi llegada a California me designaron para sustituirle como miembro de la junta y como vicepresidente. Hasta aquel momento, la precisión de la lectura era extraordinaria. Hasta el fallecimiento del doctor Lewis, yo había alcanzado ya la más elevada posición en la organización que podía alcanzar. La lectura proseguía con varias predicciones agradables, todas las cuales se hicieron realidad.

Luego, continuaba diciendo, «Lo que le he dado a él hasta el momento son los frutos de su buen karma. Ahora relataré los frutos de su mal karma. Corre el peligro de una muerte súbita e inesperada. También existe la posibilidad de que aparezcan obstáculos en su misión, y en su *sannyas* [su devoción espiritual]».

No mucho después, en mi viaje de regreso a la India desde Estados Unidos, me compré un escúter de la marca Lambretta en Italia e hice que la enviasen a la India. En el gran patio amurallado de la casa en la que solía instalarme en la Vieja Delhi, desembalé la Lambretta, me subí en ella y di la vuelta a la llave para arrancarla, suponiendo que la moto esperaría «posteriores instrucciones». Para mi horror, el motor tenía una marcha puesta y, de repente, sin previo aviso, el escúter salió disparado a toda velocidad a través del patio, en dirección al alto muro. No tenía ni idea de qué hacer, y tenía que encontrar la solución en poco más de un segundo. De algún modo me las ingenié para sacar la marcha, encontrar y pulsar precipitadamente los frenos, y detenerme a unos escasos quince centímetros de lo que habría sido una muerte casi segura.

No mucho después de aquello, los «obstáculos en su misión» que Bhrigu había anticipado cayeron sobre mí: unos malentendidos completamente inesperados por parte de mis superiores, y la destitución sumaria de la organización a la cual había dedicado toda mi vida, sin esperanza de apelación ni indulto. Encontrándome de pronto y repentinamente arrojado de vuelta al «mundo», sin ningún tipo de apoyo ni preparación, estuve durante varios años sumergido en un remolino de confusión interior. Afortunadamente para mí, mi cordial consagración a la búsqueda de Dios a través del servicio a mi gurú nunca flaqueó, y salí sano y salvo de este período de graves pruebas.

La lectura continuaba hablando de un futuro de fama, éxito y buena fortuna. Pero esta lectura, una vez más, no decía nada de mi próxima vida. La mayor parte de las páginas estaban dedicadas a esta vida, dando detalles que, con el tiempo, resultaron ser ciertos. La lectura decía una cosa acerca de mi futuro que podría ser de interés para muchas personas. Lo que afirmaba era, «En el futuro, en su país, habrá llantos en todas las casas…» y hablaba de mi papel en esos difíciles tiempos. Puedo aceptar fácilmente esa predicción de «llantos en todas las casas» como una posibilidad, pues creo desde hace tiempo que va a haber una grave depresión, algo que ya predijo también mi gurú y que será, según decía él, «mucho peor que la depresión de la década de 1930». A otro de sus discípulos le dijo también, «El dólar no valdrá ni el papel en el que está impreso». Sólo con que te tomes en serio esto de cuanto he escrito, posiblemente te resulte útil y una sana advertencia. La solución que mi gurú sugería era que la gente se juntara, comprara tierras en el campo y formara pequeñas comunidades cooperativas autosuficientes.

Un indio a quien conozco y que vive en Los Ángeles me dijo que un amigo suyo, indio también, había ido a la sanhita de Bhrigu y que le había dicho, «Mientras se esté leyendo esto, llegará un trueno». Supuestamente, ésa debía ser la señal de la veracidad de la lectura. El cielo aquel día estaba completamente despejado de nubes pero, justo en aquel momento, se escuchó un potente trueno. (Las implicaciones filosóficas y científicas de este suceso son, simplemente, asombrosas).

Supongo que la ciencia no aceptará fácilmente la posible existencia de la Consciencia Infinita y de la toma de conciencia, dentro de aquélla, de cada pensamiento extraviado en la mente de cada científico. Krishna afirma en el Bhagavad Gita, «En el ateo, yo soy su ateísmo». Sin embargo, las investigaciones modernas tienden cada vez más a la intensa sospecha, si no a la decidida conclusión, de que hay más en todo ello de lo que nadie haya llegado a suponer o pueda siquiera imaginar en nuestros días.

SUSURROS DE LA ETERNIDAD

Pido se me permita concluir con otra historia real. Alguien le preguntó una vez a Paramhansa Yogananda:

—¿Puede la inspiración estar bajo el control de la propia voluntad?

—Sin duda –respondió el maestro, que estaba preparándose para salir en aquel momento, pero que, deteniéndose, se sentó en una silla y añadió–. Toma nota de lo que te voy a decir.

Y, entonces, le dictó:

—Oh, Padre, cuando estaba ciego no encontré ninguna puerta que me llevara hasta Ti, pero ahora que Tú me has abierto los ojos, encuentro puertas por todas partes: en el corazón de las flores, en la voz de los amigos, en los dulces recuerdos de mis hermosas experiencias. Cada ráfaga de mi oración abre una puerta insospechada en el inmenso templo de Tu presencia.

Esta oración-poe,ma se incluiría posteriormente en el libro de Yogananda, *Susurros de la eternidad.** Un crítico, alabando el libro, dijo, «Hay en él un poema que no me puedo resistir a citar», pasando después a trascribir este poema en concreto.

---

* Publicado en español por Self-Realization Fellowship, 2008.

Todo cuanto hayas querido saber, todo talento que hayas querido poseer, toda satisfacción que hayas querido alcanzar, todo eso te espera ya en el campo akásico (la Consciencia Infinita, más sutil que el mismo espacio), que envuelve cada uno de tus pensamientos, esperanzas, ambiciones y deseos.

Regreso a Amalfi
y al hogar akásico

David Loye

David Loye, psicólogo, científico de sistemas evolutivos y autor, es el fundador de la editorial Benjamin Franklin Press. El relato completo de sus investigaciones sobre vidas pasadas, seis libros del Ciclo del Aniversario de Darwin, seis libros del Ciclo de Transformación Moral y un Ciclo de Entretenimiento y Humor están entre los veinte nuevos libros publicados por Loye en la Benjamin Franklin Press.

Esto es algo que conocen bien todas aquellas personas que han experimentado de primera mano lo que se ha dado en llamar fenómenos paranormales. Los científicos del futuro se maravillarán al constatar cómo, con su dominante actitud ante estos temas, la ciencia del siglo xx imitó de forma tan ciega y desmesurada la arrogancia y la hostilidad que mostrara la religión de la Edad Media contra la misma ciencia.

En ambos casos vemos un intento por atajar la evolución cerrando las ventanas a las amplias esferas del conocimiento, que la audaz aventura de Laszlo por conectar la nueva sabiduría con la antigua se revela sin duda ahora, cada vez más, como un campo akásico.[1]

En mi caso concreto, mi primera ventana al campo akásico fue el de mi descubrimiento personal de la psicometría, ese fenómeno en el que, mientras sostienes el reloj o el anillo de otra persona, entras en un breve y ligero trance y recibes imágenes de su pasado, su presente o, a veces, quiero sospechar, de su futuro. Haciendo esto, normalmente con sorprendentes resultados, he entretenido a cientos de personas durante años, pensando mientras lo hacía, «¡Qué curioso que, disponiendo de un poder milagroso, no hayamos aprendido a usarlo en nuestro limitado estadio evolutivo más que como un trivial entretenimiento!». Esta primera ventana se había abierto a finales de los setenta, cuando me trasladé desde Princeton, en la seria y escéptica Costa Este, hasta ese país de las maravillas y de mente abierta que es California, con mi entrada en la Escuela de Medicina de la UCLA.* Poco después, mientras escribía *3.000 Years of Love (3.000 años de amor),* se abrió la ventana de la telepatía.

Una vez en la UCLA, me indigné al enterarme de que la psicóloga Thelma Moss había sido despedida de su puesto de profesora. Los dirigentes de la universidad tenían miedo de que la notoriedad de su vanguardista trabajo por llegar a las raíces de la sanación psíquica pudiera degradar la imagen de la universidad y poner en peligro su recaudación de fondos. Asistí a una triste exploración de telepatía dirigida por un pequeño grupo de investigación que ella había dejado tras de sí, y pronto me convertí en su patrocinador. Incluso, al cabo de unas semanas, me convertí en uno de los miembros del círculo interior de supersensitivos. Al cabo de un año de lo que para entonces ya era un éxito rutinario con la telepatía, me sumergí con el grupo en la precognición. Nuestro asombroso éxito se dejó entrever en mi libro *The Sphinx and the Rainbow (La esfinge y el arco iris),* publicado en 1984 y actualizado en 2000 según los términos de la teoría del caos con el nuevo título de *An Arrow Through Chaos (Una flecha a través del caos).*[3]

En la primera mitad de *The Sphinx and the Rainbow* jugué sobre seguro, escribiendo acerca de cómo utilizamos el cerebro y la mente para leer el futuro en los términos del canon científico aceptado. Sin embargo, en la segunda mitad, me aventuré audazmente en la precognición, hecho que trajo consigo dos importantes espaldarazos de aliento. En primer lugar, el del vanguardista científico cerebral Karl Pribram, que elogió mi teoría del funcionamiento de la precognición en términos de un «holosalto»; una teoría basada en la fundamental,

---

* UCLA son las siglas de «Universidad de California en Los Ángeles». *(N. del T.)*

aunque por entonces todavía controvertida, teoría del cerebro y la mente holográfica de Pribram. Por otra parte, después de leer mi trabajo, Ervin Laszlo me invitó a unirme a la exploración que terminaría convirtiéndose en el Grupo de Investigación de la Evolución General, y que le ha llevado a adentrarse, libro tras libro, en el campo akásico.

En aquellos años de penurias con el pan de cada día me esforzaba, no sin cierta cautela, por construirme una imagen seria, una reputación que pudiera granjearme los fondos de una fundación y un puesto de profesor en la universidad. Pero cuando leí el brillante trabajo de Russell Targ y Harold Puthoff sobre visión remota me di cuenta de que esta nueva y fascinante ventana al campo revelaba la posibilidad de diversos usos prácticos más allá del entretenimiento.[4] Llegué incluso a utilizar la visión remota en varias ocasiones, cuando mis hijos o los hijos de mi esposa, a cientos o miles de kilómetros de distancia, se hallaban en posible peligro y no había modo de contactar con ellos. A fin de comprobar su estado, me sumía simplemente en un trance ligero y constataba si se encontraban bien. Al mismo tiempo, pude confirmar el poder de esta nueva herramienta de la mente, pues veía lo que muy posiblemente no habría podido experimentar de otro modo. Nuestros hijos me confirmarían posteriormente algunos detalles de lo que había observado, demostrando que realmente «yo había estado allí mentalmente»; como el extraño sonido que yo había escuchado en una de estas ocasiones, y que resultó ser exactamente el dump, dump, dump de las cadenas de las ruedas de un autobús en el que iba la hija de mi mujer, ascendiendo una montaña en mitad de una ventisca de nieve.

Pero todas estas cosas no eran más que las ventanas de una escalera que me llevaba a una puerta, la puerta que se abrió ante mí al aventurarme en las vidas pasadas, de las que escribí en mi libro *Return to Amalfi (Regreso a Amalfi).*[5]

CRUZANDO LA PUERTA HACIA EL PASADO

Dado que las experiencias directas tienen una potente capacidad de convicción para todo el mundo, salvo los escépticos más recalcitrantes, intentaré ahora ofrecer el relato de algunos acontecimientos tal como tuvieron lugar.

Estoy en la agradable casa de invitados en la que Nadya Giusi, una colega psicóloga, trabaja con sus clientes, en mi ciudad natal, Carmel-by-the-Sea, en la península de Monterey, California. Nadya está sentada cerca de mí. Yo estoy tumbado en el estereotípico diván. Me he sumergido en un ligero trance con tres respiraciones profundas. Le doy la señal a Nadya, asintiendo con la cabeza.

En una sesión anterior, Nadya me había sugerido que me concentrara en alguna zona de mi cuerpo en la que sintiera un dolor persistente a fin de establecer contacto con el pasado. Otra de las anteriores sesiones había comenzado con la pregunta, «¿Qué ves cuando te miras a los pies?». Esta vez, no obstante, como yo había demostrado cierta facilidad para reentrar en otras «vidas» con una inducción mínima, Nadya se ha saltado los preliminares.

—¿Dónde estás? ¿Qué ves? –pregunta.

Casi de inmediato, me encuentro en la costa de lo que parece ser una ciudad portuaria. Estoy cerca del agua.

—Veo un muelle o un embarcadero, en el cual está amarrado un barco antiguo. Parece un barco de tres mástiles, de alta proa y popa, como los de la Edad Media. Veo a los marineros descargando el barco. Cerca de mí, a la izquierda, veo una mesa ante la cual hay sentados varios hombres. Uno tiene un libro abierto, un libro mayor, en el que parece estar apuntando o punteando algo.

—¿Quién eres?

—Soy… ¡eh! –me río entre dientes, sorprendido por la convicción de lo que siento–. Soy un comerciante de especias, y estoy aquí para recibir el envío de especias que han traído para mí en el barco, desde Oriente.

No puedo obviarlo. Es como si estuvieras en un cine, comiendo palomitas y viendo una película al mismo tiempo; sólo que no es como una película en el sentido de que las imágenes se proyecten sobre una pantalla. Simplemente, estoy allí, *en* la película, *dentro de ella*, mientras como palomitas.

Lo más extraño de todo esto es que, si lo comparas con lo que ves en una pantalla de cine, esta aparente vida pasada es de ciento ochenta grados y con todas sus dimensiones. Es algo de lo cual formo parte íntima, en tanto que «la vida actual de las palomitas» se parece a lo que los físicos nos dicen que es, un revoltijo de átomos corriendo en el tiempo.

Es como si el sueño se hubiera convertido en realidad y como si la realidad se hubiera convertido en sueño.

—¿Qué año es? –pregunta Nadya.

—1611 –digo sin ninguna duda.

En vez de un vago «algún momento de la Edad Media», aquí emerge, desde ninguna parte, un año en concreto.

—¿1611? –repite Nadya.

Esto sitúa mi experiencia en la época de finales del Renacimiento, lo cual plantea la pregunta de por qué he elegido *esta* vida y no otra. ¿Por qué este mugriento don nadie?

Si esto no es otra cosa que un invento mío, ¿por qué –en un período tan rico por su genio creativo y su colorida intriga– soy supuestamente sólo otra persona más entre esos miles de millones de personas que, siglo tras siglo, entran y salen de la vida sin dejar nada perdurable sobre este planeta o en el discurrir del tiempo?

Con todas las grandes figuras de finales del Renacimiento, así como con tantas ocupaciones pintorescas y significativas como habría para elegir sobre aquella época, ¿por qué iba a encontrarme supuestamente a mí mismo como a un humilde comerciante de especias en lo que parecería ser Italia? ¿Por qué no descubrirme siendo Miguel Ángel, puliendo cuidadosamente la piedra que daría vida a la Pietà de María sosteniendo el cadáver de Jesús entre sus brazos? ¿O bien Leonardo da Vinci, dándole el giro de ambigüedad permanente al rostro de la *Mona Lisa*? ¿O, al menos, un famoso poeta, o un explorador en aquella gran época de los descubrimientos?

¿A santo de qué iba la mente de una persona de nuestro tiempo a alejarse tanto del camino para elegir la vida aparentemente insignificante de un oscuro comerciante de especias como vida pasada?

—¿Y qué está pasando ahora? –me obliga Nadya a concentrarme.

—He terminado con mi trabajo. Ahora estoy subiendo a la ciudad. Y la experiencia es realmente la de estar subiendo. Hay una fuerte pendiente entre la costa y la ciudad. Y el ascenso resulta un tanto dificultoso debido a que las piedras del pavimento están a diferentes niveles.

Me pregunto por qué hay una pendiente tan pronunciada en una ciudad portuaria, con las dificultades que esto generaría para llevar las mercancías desde el puerto hasta la ciudad. Tampoco tenía mucho sentido que hubiera tan poca tierra nivelada entre la costa y la pendiente.

Lo lógico sería que un puerto tuviera una zona amplia de tierra nivelada para el almacenamiento. Sin embargo, esto no parece darse aquí.

—¿Adónde vas?

Nadya no puede hacer otra cosa que preguntar, y es como si yo fuera el protagonista de la película y el cámara al mismo tiempo, siguiéndome a mí mismo con un lento zum mientras la experiencia continúa desarrollándose.

Tomo conciencia de que voy hacia mi casa. Sigo ascendiendo por la pendiente, cada vez más arriba por el desigual pavimento, hasta llegar a un mosaico de calles que serpentean en varias direcciones.

Siguiendo una dirección a la derecha, llego a una zona de casas con un aspecto muy concreto. Parecen tener dos o más plantas de altura, de madera maciza y estuco o piedra en su construcción.

La madera es oscura, y forma un entramado para el estuco o la piedra. Los postes y travesaños de madera conforman la planta baja, en tanto que las vigas de madera se entrecruzan para la segunda planta y el resto de plantas donde las hay. La segunda planta se superpone también ligeramente sobre la planta baja.

Ahora me aproximo a lo que sé que es mi casa. Tiene la puerta dividida por la mitad, de manera que puede abrirse la mitad superior mientras la mitad inferior continúa cerrada. Tiene también un cerrojo de un tipo concreto que, hasta hace pocos años, todavía se podía encontrar en uso en las granjas antiguas. La puerta tiene un pestillo que encaja en una ranura, y que se levanta presionando con el pulgar en un saliente de hierro. Se sujeta mediante una clavija insertada en un agujero por el interior, lo cual impide abrir el cerrojo desde el exterior.

Abro el pestillo y entro. El techo está bastante bajo. Tengo la vaga sensación de tener una esposa, pero no se registra con la suficiente claridad como para dar cuenta de ello.

—¿Hay alguien importante para ti en esta vida a quien puedas describir? –pregunta Nadya.

Soy consciente de que tengo una hija que lo es todo para mí. Es nuestra única hija. Tiene dieciséis años, pero se pone enferma. Es terrible. Se trata de un problema de garganta. Tiene dificultades para respirar. Una sanadora a la que conozco y en la que tengo confianza parece darle alivio hasta cierto punto, pero mi esposa insiste en que venga un médico, un hombre que no me gusta y en quien no confío.

Mi hija empeora con rapidez, hasta que muere en una terrible agonía, mientras yo me sumo en la amargura y el odio más profundos.

Aquí, en Carmel –tanto dentro como fuera de la «película»–, tengo una respuesta emocional tan intensa que tengo la sensación de estar golpeando algo.

Sin embargo, estoy tumbado en el diván.

No puedo hacer nada, pero *siento* la abrumadora y repentina necesidad de golpear algo… y de estar frustrado.

Odio ardientemente a los médicos por su inútil charlatanería. Odio ardientemente a Dios por llevársela. Pero, por encima de todo, odio a la Iglesia, que está involucrada de algún modo. En una época y un lugar en los que Dios y la Iglesia constituyen una exigencia básica en lo social, lo político y lo económico, mis reacciones resultan cuando menos curiosas. Pero el comerciante de especias que, al parecer, soy yo mismo es un ferviente ateo. Sin embargo, parece que este hecho no perjudica a mi negocio, puesto que soy capaz de ocultar estos sentimientos tras una máscara de afabilidad y con los encantadores modales de un pequeño comerciante.

—¿Puedes encontrar algún acontecimiento significativo de cualquier tipo en esta vida? –inquiere Nadya.

El escenario cambia, y me veo en una elevada planicie por encima de la ciudad. Es una zona de meriendas campestres para la gente de mi clase social, pequeños comerciantes, tenderos y artesanos, la burguesía de la época. Es una zona verde que hay por encima de los rojos tejados de la ciudad. Estamos allí como de pícnic cuando, de pronto, se escucha un alboroto. Una niña se ha precipitado al abismo por el risco, sobre los tejados de la ciudad.

Siento que se me agita la respiración. Me humedezco los labios y miro alrededor.

—¿Quieres beber agua?

—No –respondo, pues no quiero arriesgarme a perder la conexión con la escena–. Sigamos.

Voy corriendo hasta el borde del precipicio y miro hacia abajo. La niña se ha agarrado a una raíz o una piedra, y está colgada de ella. No es probable que muera, si finalmente cae, pues sólo hay cuatro metros, o como mucho seis, hasta abajo del todo. Pero de todos modos podría herirse gravemente, podría fracturarse varios huesos.

Rápidamente, me preparo para rescatarla. Pido a la gente que está cerca que me entreguen sus chaquetas, camisas y blusas, las retuerzo de una en una y las ato entre sí formando una larga y gruesa soga de ropa. Luego, hago una lazada en un extremo y la bajo por la pared del barranco hasta la niña. Ella se agarra a la soga, se suelta de su asidero y luego la subimos. La hemos rescatado.

—¿Y qué pasa después? –pregunta Nadya.

Me encuentro en una gran sala iluminada. Parece un lugar relacionado con las autoridades, el palacio o la sala de recepciones del gobernador o la autoridad máxima del puerto en aquella época. Se me va a honrar por el rescate de la niña.

La sala es inmensa, con brillos dorados y muchas velas. El gobernador está sentado sobre un estrado, mientras que el vicegobernador está muy cerca de él. Mis amigos y yo estamos entre un corrillo de gente a la izquierda, a entre seis y nueve metros de distancia.

Soy consciente de que el reconocimiento que me van a dar no es más que un asunto menor en el orden del día, pero aún así es un gran acontecimiento para mí y para mis amigos. Esperamos mientras el vicegobernador lee esto y aquello, y el gobernador se levanta, declama y se sienta de nuevo, y al final llega mi turno. El vicegobernador lee un breve relato del rescate en un pergamino. El gobernador se levanta y me saluda, me entrega el pergamino, y termina el acto.

—¿Qué aspecto tiene el gobernador?

—Va vestido de rojo. Es un hombre apuesto, de gruesas cejas, con el bigote apuntado con cera y una barba puntiaguda al estilo Van Dyke. Se parece mucho a las imágenes del gran bajo de ópera Feodor Chaliapin en su papel de Mefistófeles, el demonio, en la ópera *Fausto*, de Gounod.

Después de fijarme en él, tengo la impresión de que aquel hombre es un tipo arbitrario al que hay que temer, con cierto encanto jovial que encubre un corazón muy frío. Tiene el aspecto de un conquistador español; el mismo aspecto, levemente despectivo, y el porte imperioso con el que se los ve en los libros de historia.

—¿Qué más?

Desde alguna parte ignota emerge también un fugaz recuerdo de mi infancia. Estoy en un barco. Es el barco de mi padre. Él es el propietario de éste y de otros barcos. Me encanta estar en el mar.

—Avancemos ahora hasta el día de tu muerte. ¿Qué ves?

Me sorprendo al encontrarme de nuevo en la misma planicie verde encima de la ciudad, donde rescaté a la niña. Mirando hacia abajo desde la planicie, contemplo extasiado la aglomeración de tejados rojos, con el mar al fondo, en la distancia.

Tengo ahora unos cincuenta años, y soy un respetable anciano entre la algarabía de la multitud de familias e hijos de pequeños comerciantes y artesanos que están pasando el día en aquel lugar. Todo va bien hasta que dos jóvenes se enzarzan en una fuerte discusión. Ambos sacan sendas pistolas y en la multitud se escucha un bullicio de alarma. Con un intenso sentido de la responsabilidad, como anciano que soy, pero también impulsado por la confianza que tengo en mí mismo, como persona capacitada para restablecer la paz («¡Ajá! –pienso en ese momento–. ¡Ahí está de nuevo el rescatador, como en otras vidas pasadas, y como tantas veces en mis fantasías!»), me dirijo hacia ellos reconviniéndoles su comportamiento.

Suavemente y con afecto, los insto a que guarden las pistolas y se calmen. Pero, para mi asombro, el joven que está a mi derecha, como a seis metros de distancia, se vuelve hacia mí enfurecido y me dispara. Y, para mayor asombro aún, me doy cuenta de que me ha alcanzado en el corazón. Pero no siento nada; tan sólo la sorpresa de que eso me esté sucediendo a mí. No siento dolor pero, siendo consciente de lo que supone un disparo en el corazón, llego a la conclusión de que estoy muerto. Y todo cuanto puedo sentir es una abrumadora sensación de sorpresa; incluso me doy cuenta de lo irónico y lo cómico (de humor negro) de la situación. No me hubiera costado mucho echarme a reír.

¿ASESINATO? ¿POR QUÉ, DÓNDE O CUÁNDO?

Realmente, ¿ocurrió esto?

Ésa es la primera pregunta que me vino a la cabeza tras la experiencia. ¿Era yo realmente en una vida pasada? Si así fuera, tendría que haber otras vidas por ahí. Entre tantas vidas posibles, ¿por qué había surgido ésta en particular? ¿Y por qué había respondido a la invitación de «entrar» en esta improbable ciudad costera en esa época en concreto?

Aquí, al menos, había un asesinato, planteando las viejas preguntas de quién lo había hecho y por qué, o de qué iba todo aquello.

El sentido práctico suele llegar rápidamente al rescate, amortiguando la confusión con la idea de que aquello quizás no sea más que fantasía. Pero el giro final de los acontecimientos impidió el portazo del más absoluto escepticismo.

Podría desecharlo todo como una simple invención; podría explicarlo todo fácilmente como otro ejemplo más de mera invención, de esa invención que exhibimos cuando soñamos, cuando fantaseamos o cuando escribimos ficciones. Pero, ¡¿que te disparen en el corazón, no sientas dolor, sepas que estás muerto y te den ganas de echarte a reír?!

Mis años como estudiante de éxito y como escritor sin éxito de cuentos, obras de teatro e incluso novelas, me dejaron claro que aquellas reacciones eran demasiado extrañas; había en ellas un toque de algo que no se podía desechar así como así. Un escritor, incluso un escritor genial, se habría recreado en la agonía, mostrando el proverbial desfile de las imágenes de toda una vida en un instante, o bien lo habría hecho en plan tipo duro, abreviándolo, como Hemingway. Pero recibir un disparo, no sentir dolor, saber que estás muerto y tener ganas de reír, tenía todo el aspecto de una extravagante realidad, lejos de cualquier invención.

Si había algo de realidad en mi experiencia, ¿dónde había tenido lugar supuestamente? Tenía una fecha y una descripción bastante detallada del lugar, pero no tenía ni idea de dónde podría estar aquello; sólo tenía la intensa sensación de que había sido en Italia. Pero no era en absoluto la Italia con la que yo estaba familiarizado.

Distaba mucho en aspecto y en sensaciones de la Italia que mi esposa y yo habíamos conocido en nuestro recorrido por los pueblos y las onduladas colinas de la Toscana, cuando Ervin nos alojó en su villa cercana a Pisa. No se parecía en nada a la zona de Roma ni la de Florencia, donde habíamos estado en el primer congreso de nuestro Grupo de Investigación de Evolución General. Desconcertado con la extraña configuración de una planicie verde sobre unos tejados rojos con el mar al fondo, le describí el lugar a un compañero de aventuras en los misterios del por entonces novedoso campo de la teoría del caos y la ciencia de los sistemas evolutivos, Monty Montuori.

—Amalfi –dijo Monty de inmediato–. Hay pueblos costeros con ese aspecto a lo largo de la costa de Amalfi. Puede que fuera incluso la misma Amalfi.

REGRESO A AMALFI

Pasaron cuatro años y, poco a poco, la experiencia se fue desvaneciendo en el día a día. Y, entonces, mi esposa y socia, Riane Eisler, vendió los derechos al italiano de dos de sus libros, el más antiguo y cada vez más popular, *The Chalice and the Blade*[6] (El cáliz y la espada),* y su nuevo libro, *Sacred Pleasure*[7] (Placer sagrado). Nuova Pratiche Editrice, de Milán, iba a publicar *Il Calice e la Spada*, y Frassinelli, también de Milán, iba a publicar *Il Piecere e Sacro*.

Una vez más, la puerta del campo akásico ejercía su atracción. Y por vez primera –o segunda– estuve en Amalfi. Cuando la vi me sentí sobrecogido pues, contemplándola desde la altura, en la carretera, en la realidad del aquí y ahora, estaba viendo precisamente lo que había visto en aquella realidad previa tan real.

Se estaba haciendo de noche, descendía una fría brisa desde las montañas, mientras las sombras grababan las laderas y la ciudad en un brillante claroscuro. Allí, bajo la inmensa pendiente de los montes Latari, se hallaba la misma secuencia escalonada de verdes planicies sobre tejados rojos. Allí, bajo la luz del crepúsculo, se hallaba el mismo punteado cálido de casas color marfil. Allí estaba el mismo mar, extendiéndose azul y sombrío, pero todavía en llamas, interminable, hasta el horizonte.

Sentí brotar en mi interior una oleada de gratitud, una sensación de vínculo afectivo y anhelo, de realización. Era tal la intensidad de aquellas emociones que me resultaba imposible ignorarlas. ¿Cómo iba a negarlas? Fue como volver a casa después de una guerra, o de la universidad cuando eres joven; como volver a ver a tus hijos después de una larga ausencia.

Pero, ¿se confirmaría también todo lo demás que había visto y experimentado en la sesión de Carmel? Yuxtapondré las preguntas con lo que descubrí.

---

* Publicado en español por H. F. Martínez de Murquía, Madrid, 1996.

PREGUNTAS Y RESPUESTAS AKÁSICAS

1. En lo relativo al paseo marítimo y al posible embarcadero de la ciudad, ¿era actualmente la zona del puerto la misma que yo había visto?

Sentí de inmediato que aquél podría haber sido, decididamente, el mismo lugar. La curva que hacía la estrecha franja de playa era la misma, así como la sensación de la ascendente presencia del pueblo detrás y, por encima de todo, del rompeolas. Pues allí, justo delante de mí, estaba el rompeolas, un estrecho embarcadero de rocas, precisamente donde había estado el muelle… ¡en mi experiencia del siglo XVII!

Pero, ¿no debería de haber desaparecido ya todo cuanto hubiera habido aquí hace 400 años?

Sí. Y, por supuesto, la ubicación más favorable para la entrada de barcos podría haberse desplazado a cualquier otra parte. Pero me impactó el hecho de que las construcciones posteriores, del tipo que fueran, siguieran en términos generales la misma línea en relación con la tierra o el agua que las construcciones anteriores.

Esto puede deberse en parte a una cuestión geográfica favorable; quizás el muelle estaba en el mejor emplazamiento posible en relación con las mareas o vientos predominantes; o quizás respondía a su mayor proximidad al lugar donde había que descargar las mercancías desde los barcos, o adonde hubiera que trasportarlas.

Pero, por otro lado, también podía deberse en parte a una cuestión de tradición; ese sentimiento conservador de que, dado que la antigua construcción estaba ahí, también debía estar ahí la nueva construcción. De otro modo, el paisaje se les habría antojado extraño. Quizás éste hubiera sido el motivo principal, sobre todo en Italia; donde, durante muchos siglos, y en claro contraste con la burda y destructora costumbre de los Estados Unidos, el aspecto de las cosas fue más importante que el hecho de que las cosas generaran dinero o se adaptaran a las conveniencias. Era ciertamente probable que las construcciones posteriores se hubieran ubicado en el mismo lugar que las antiguas debido al sentimiento italiano por la estética.

En cualquier caso, allí estaba el rompeolas, adentrándose entre sesenta y noventa metros en la bahía. Casi podía ubicar el barco que vi hace tanto tiempo junto a él, descargando sus mercancías.

2. ¿Encontraría las empinadas calles que vi? ¿Y aquellos duros y redondeados adoquines que hostigaban mis pies?

En la *piazza* del paseo marítimo de Amalfi encontré las mismas piedras, ásperas y negras, con formas raras y uniformes al mismo tiempo, unidas por la argamasa. Pero, ¿sería esto sólo un parche en la ciudad, un parche que no tardaría en dar paso al asfalto y al hormigón cuando ascendiera hacia el pueblo?

Mientras ascendía, calle tras calle, buscando lo que podría haber sido mi casa o cualquier otro detalle memorable, los adoquines seguían presentes, cubriendo el suelo por doquier. De hecho, cuanto más ascendía en la ciudad, más marcada era la presencia de aquellas piedras. Como había dicho John Steinbeck acerca de Positano, otra población similar de la costa amalfitana, pero aún más conocida: «Sus casas trepan por cuestas tan empinadas que casi sería más apropiado llamarlas acantilados, si no fuera por los tramos de peldaños que han construido en ellas».

3. ¿Fue Amalfi un emplazamiento importante en el comercio de especias?

Yo tenía la idea de que el comercio de especias debía de ser una profesión más bien sórdida y monótona, gris. En la actualidad, el expositor de especias de cualquier tienda de comestibles es pequeño en comparación con las demás secciones. Normalmente, utilizamos dos o tres tipos de especias, quizás canela, tomillo, eneldo, además de alguna combinación, como las especias italianas para la pizza. Pero cuando comencé a investigar la historia de Amalfi descubrí que, en los siglos anteriores al desarrollo de la refrigeración, las especias eran muy apreciadas para la conservación de los alimentos, especialmente en los países cálidos del Mediterráneo, donde la comida se echaba a perder con rapidez.

Con las especias adecuadas, podías hacer un delicioso plato de verduras que estuvieran a punto de convertirse en una apestosa papilla, o de carnes en un tris de ponerse de color verde. Por otra parte, las especias permitían preservar también por más tiempo los alimentos cocinados.

Históricamente, las especias, cuyas ventajas eran básicamente funcionales, trajeron consigo numerosos y placenteros descubrimientos, a medida que los cocineros iban experimentando con ellas, particularmente en Italia y en Francia. Pues cocineros y cocineras descubrieron que, con las especias, la cocina podía convertirse en un arte, con las mismas reivindicaciones y matices que podrían tener la pintura o la música.

Cuanto más profundizaba en el tema más me percataba de que el comerciante de especias de aquella época debía de haber tenido un carisma comercial similar al que pueda tener hoy en día el proveedor de servicios informáticos. En aquellos tiempos, un comerciante de especias bien surtido y entendido habría podido ofrecer todo tipo de alicientes y maravillas en las experiencias culinarias; algo parecido al atractivo que genera en la actualidad el país de las maravillas electrónico del *software*.

«Sus barcos navegaban por todos los mares, comerciando con los países del Cercano y Medio Oriente, trasportando especias, sedas y maderas preciosas muy buscadas en Occidente», escribió Steinbeck sobre Positano. Si Positano, con un puerto mucho más pequeño que el de Amalfi, había estado tan activo en el comercio de especias, es muy probable que este comercio fuera una industria importante en mi antigua «ciudad natal». Steinbeck identificó los siglos XVI y XVII, aquéllos en los que yo estaba interesado, como los siglos en los que el comercio de especias tuvo tan destacada importancia en la zona. En un librito titulado *A Short History of Amalfi (Una breve historia de Amalfi)*, que encontré en una tienda para turistas, pude hallar otra confirmación. En él se decía que los productos que Amalfi exportaba a Oriente «eran principalmente agua de rosas, hierro, madera, conservas y productos manufacturados, y los productos importados a Italia eran las especias, perfumes, condimentos, sedas, alfombras y gemas».

4. ¿Seguía operando Amalfi como puerto cuando, supuestamente, vivía yo allí, no como alguien cuya historia hubiera quedado registrada de algún modo, sino simplemente como un comerciante de especias normal y corriente?

Me lo pregunté cuando descubrí que, en el año 1073 d. e. c.,* la ciudad recibió el impacto de un tsunami tan potente que hundió todos

---

* «d. e. c.» significa «después de la era común». Esta abreviatura se utiliza cada vez más en nuestros tiempos para evitar la abreviatura y la expresión exclusivamente cristianas de «d. C.», «después de Cristo», como una forma de respeto por todos aquellos lectores que puedan tener otra afiliación religiosa distinta al cristianismo. *(N. del T.)*

los barcos amarrados en el puerto y arrasó la mitad de la ciudad, que se extendía entonces desde el puerto hasta el Duomo, obligando a los supervivientes a reconstruir la población más arriba. Esto explicaba la extraña configuración que había visto durante mi experiencia en la sesión de Carmel, la cual pude confirmar *in situ* en Amalfi; es decir, la empinada cuesta que había desde la orilla hasta el pueblo, y la ausencia de la habitual zona nivelada para la descarga y el almacenamiento.

El estudio que hice sobre la historia de esta región evidenció que la devastación que dejó aquel tsunami había llevado, decididamente, al declive de Amalfi como ciudad portuaria. ¿Pudo seguir teniendo Amalfi el activo comercio que, supuestamente, yo había presenciado en el año 1611?

Las láminas de cuadros de la zona que encontré en las tiendas de Amalfi evidenciaban que la respuesta en este caso era un inequívoco sí. Descubrí al menos una docena de vistas diferentes de Amalfi pintadas a lo largo de los siglos. Curiosamente, todas ellas eran radicalmente diferentes. El aspecto general era el mismo, pero diferían en los detalles de lo que había aquí y allá y de lo que ya no había. Otro problema fue que ninguna de aquellas láminas de cuadros antiguos estaba fechada, por lo que tuve que conjeturar sus épocas en función del estilo de los barcos y de las ropas que la gente parecía llevar. Sin embargo, en la mayoría de las láminas se veían barcos en el puerto.

Algunos barcos estaban en el mar, otros estaban anclados en las cercanías, o estaban amarrados en los muelles. Otras embarcaciones parecían haber sido arrastradas hasta la playa, presumiblemente con la marea alta. En cualquier caso, estaba claro que el puerto de Amalfi había continuado operativo, aunque con una actividad menor, desde más allá del siglo XVI hasta nuestros tiempos.

5. ¿Podría encontrar –por imposible que pareciera después de tanto tiempo– alguna estructura en pie que se asemejara a lo que había sido mi casa, una casa que yo había visto y a la que incluso había entrado?

Decididamente, no. Las actuales construcciones eran de piedra, de superficies lisas.

Pero lo cierto es que yo había visto en alguna parte, antes de ahora, el mismo tipo de casas de piedra o estuco con vigas y travesaños de madera que había contemplado durante mi «visita a Amalfi» en Carmel.

Rebuscando en mi memoria, me acordé de que las había visto años antes en Bolonia, en el norte de Italia. Aunque aquellas casas habían sido construidas en la Edad Media, muchas de ellas seguían en pie.

Quizás hubiera casas del mismo tipo, aunque sólo fuera en alguna zona, en la Amalfi de principios del siglo XVII, y fueron destruidas más tarde. O quizás mi mente consciente, buscando una imagen definida de lo que podría haber sido la imagen mental indefinida de una casa, había recurrido simplemente a una imagen «de archivo» de lo que podría ser «una casa de la Edad Media en Italia». Muchas investigaciones han demostrado que, frecuentemente, la mente humana reconstruye recuerdos de acontecimientos pasados de este modo.

6. ¿Encontraría un pestillo como el que vi en alguna otra puerta? ¿Encontraría puertas divididas por la mitad, o casas con el techo particularmente bajo?

Una vez más, no. En la actualidad, el estilo predominante es el de puertas divididas verticalmente, y tienen el aspecto de llevar allí bastante tiempo. También aquí caben las mismas posibilidades que en la anterior pregunta: o bien la división horizontal era un estilo más antiguo, o bien mi mente consciente había recurrido a imágenes de archivo en su banco de memoria.

7. Y vamos ahora con la muerte de mi querida hija. ¿Qué hay de la situación de que mi hija mejorara bajo los cuidados de la sanadora en la que yo creía, pero que muriera después con el tratamiento del médico al que llamó mi mujer? ¿Y qué hay de mi posterior odio a la Iglesia?

Aquí, el libro que nos había ayudado a pagarnos el viaje hasta Amalfi, el libro de mi esposa, *The Chalice and the Blade*, me proporcionó en gran parte la respuesta. Las investigaciones históricas han demostrado, tal como mi esposa detalla en el libro, que las brutales torturas, quemas y ahorcamientos de entre 100.000 y cerca de un millón de mujeres acusadas de brujería fue la punta del iceberg de un proceso mucho más complejo de degradación de las mujeres por parte de la Iglesia Católica en la Edad Media. Lejos de ser mujeres dementes o extrañas que, supuestamente, lanzaban hechizos a los demás y se unían sexualmente con el demonio, la mayoría de aquellas mujeres habían sido sanadoras tradicionales en sus sociedades.

Eran lo que, en tiempos más modernos (hasta hace poco), habrían llamado curanderas, o practicantes de medicina tradicional. Eran tiernas sanadoras que trabajaban con hierbas, educadas en una tradición que había venido acumulándose durante miles de años, hecho que ha sido confirmado hasta la saciedad en nuestros días. Eran también lo que hoy llamaríamos sanadoras energéticas, personas que trabajaban con técnicas que se están comprendiendo actualmente y se están poniendo de nuevo en boga.

En la Edad Media, la Iglesia intensificó sus campañas para erradicar todo aquello que consideraban una herejía o una competencia peligrosa para la lealtad que, según ellos, debía profesar la gente a la Iglesia y al papa. Un aspecto clave de estas campañas fue el de preparar médicos *varones*, reconocidos por la Iglesia, para reemplazar a las peligrosas sanadoras.

Esto no sólo significaba un cambio de género en aquellas personas que se encargaban de la salud de los demás, un cambio de género bendecido por la Iglesia y, de ahí, poco a poco, aceptado y bendecido por el resto de la sociedad. Significaba también, en contraste con los suaves y amables métodos de las sanadoras (y a pesar de la bien probada efectividad de su tradición curativa), que estos médicos de la Iglesia recurrían principalmente a dos métodos de curación radicalmente diferentes.

Una intervención santificada era la de la oración. La idea consistía en que, si el sacerdote o el médico de la Iglesia oraban por ti, vivirías si Dios así lo quería; si no, mala suerte: te morías.

El otro método estaba compuesto por lo que denominaban medidas «heroicas», medidas que iban desde el exorcismo de «demonios» hasta la amputación, o aserramiento, del miembro, pierna o mano ofensora, o bien la sangría a través de cortes y sanguijuelas. Este último método se llevó por delante la vida de innumerables personas, entre las que se encuentra el mismísimo George Washington, que se metió en la cama perfectamente sano, con un simple resfriado, y al cabo de pocos días estaba muerto, merced a una sucesión de sangradores aficionados y profesionales.

Pero, ¿era ésa realmente la situación en Italia a principios del siglo XVII? Las crónicas demuestran que, entre 1596 y 1785, en la región de Venecia, hubo 777 acusaciones de brujería, la mitad de ellas dirigidas contra mujeres que, en su mayor parte, estaban relacionadas con la sanación. «Después de la preocupación inicial con los herejes protestantes –nos dice una de las mejores fuentes sobre la caza de brujas–, la mayoría de los casos inquisitoriales italianos se dirigieron contra sanadoras tradicionales y adivinos».

8. ¿Habría alguna evidencia de comidas o meriendas campestres por parte de la clase de comerciantes y artesanos en las planicies que se extienden por encima de la ciudad? Por alguna increíble posibilidad remota, ¿ha podido quedar algún registro del supuesto rescate de la niña que se cayó por el precipicio?

El director de la biblioteca de Amalfi, Andrea Cerenza, así como un tal Giuseppe Cobalto, confirmaron que había grandes probabilidades de que se dieran este tipo de comidas campestres. Aunque no mencionaron ninguna cita en concreto sobre esta clase de reuniones sociales por parte de la clase de comerciantes de la época, ambos consideraban que este tipo de acontecimientos era ciertamente probable, «porque a la gente de Amalfi les encantan estas cosas».

Sobre la existencia de algún relato específico del rescate, claro está que, como sería de esperar, no había ningún registro ni nada que se le pareciera acerca de aquella época.

9. ¿Podría encontrar alguna imagen del potentado que, con gran indiferencia pero con grandilocuente ademán, había entregado mecánicamente a aquel villano el certificado que conmemoraba aquella hazaña?

Éste fue, quizás, el más fascinante de mis descubrimientos. «¿Qué aspecto tiene el gobernador?», había preguntado Nadya en Carmel. Y yo le había descrito así: «Va vestido de rojo. Es un hombre apuesto, de gruesas cejas, con el bigote apuntado con cera y una barba puntiaguda al estilo Van Dyke. Se parece mucho a las imágenes del gran bajo de ópera Feodor Chaliapin en su papel de Mefistófeles, el demonio, en la ópera *Fausto*, de Gounod… Tengo la impresión de que aquel hombre es un tipo arbitrario al que hay que temer, con cierto encanto jovial que encubre un corazón muy frío. Tiene el aspecto de un conquistador español; el mismo aspecto, levemente despectivo, y el porte imperioso con el que se los ve en los libros de historia».

Descubrí que Italia había estado gobernada por España en aquella época. Pero, más allá de esto, rebuscando incluso con la ayuda de una auxiliar, no pude encontrar nada. Pero, entonces, de pronto, la mujer llegó dando saltos de júbilo: había descubierto que, en el siglo XVII, dos virreyes de Nápoles habían visitado Amalfi. El primer virrey en llegar, en 1610, fue Juan Alfonso Pimentel de Herrera. El segundo, en 1615, fue Pedro Fernández de Castro; ambos *españoles*, obviamente, y designados por el rey de España.

Si el rescate de la niña había tenido lugar en 1611, el virrey Juan Alfonso Pimentel de Herrera, que había llegado un año antes a Nápoles, habría sido probablemente el máximo gobernante en la época en la que el comerciante de especias fue reconocido. Además, encontré lo más parecido a una foto de aquel hombre. No tardé en descubrir que los dos pintores más conocidos de la corte de los reyes de España en aquellos tiempos no habían sido otros que el famoso Peter Paul Rubens y el famosísimo Diego Rodríguez de Silva y Velázquez, conocido en nuestros días simplemente como Velázquez.

Al examinar las colecciones de sus obras, pronto se hizo evidente que la inmensa mayoría de los nobles españoles (y, de hecho, cualquier varón en un cargo de autoridad) exhibía la familiar combinación de barbas en punta y bigotes apuntados conocida actualmente como estilo «Van Dyke», por otro gran pintor de corte de la época, Anthony van Dyke. De hecho, aquellos rasgos parecían ser los principales indicadores del distintivo de autoridad masculina de la época. Estaban tan presentes en todos los retratos que terminé por referirme a ellos como «el *look*».*

Otras opciones en el aspecto eran la del rostro imberbe, que quedaba restringida a hombres más bien jóvenes, o la del bigote solo, que exhibía exclusivamente Felipe IV. Y esto, según sospeché, podría haberse debido bien a que no tenía vello facial suficiente como para dejarse crecer una poblada barba, o bien porque quería diferenciarse de sus súbditos de algún modo y prohibió que los demás copiaran su estilo.

Intentando ser lo más preciso posible, realicé una evaluación de la manera más científica. He aquí la cuenta exacta:

En *Rubens:* «el look», 4; imberbes, 1; bigote solo, 1.

En *Velázquez:* «el look», 11; imberbes, 2; bigote solo, 6.

---

* Utilizo el mismo término inglés que aparece en el original por ser una palabra ya aceptada en el Diccionario de la Real Academia de la Lengua Española. *(N. del T.)*

Si descartamos a aquellos hombres demasiado jóvenes como para ser designados virreyes de Nápoles (cuyo principal propósito habría sido, claro está, ofrecer un aspecto lo suficientemente fiero como para intimidar al pueblo), las probabilidades de que mi virrey, Juan Alfonso Pimentel de Herrera, exhibiera «el look», que es como yo lo había visto, ¡eran al menos del 95 por 100!*

10. ¿Y qué podemos decir de mi repentina e irónica muerte? ¿Se tramaba algo en aquella época que pudiera haber inflamado los ánimos de dos jóvenes de sangre caliente, que les hubiera llevado a sacar las pistolas y trasformar, súbitamente, la pacífica comida campestre en el sangriento asesinato de un anciano? ¿Pude haber sido presa de las violentas diferencias entre dos generaciones, dos clases sociales, dos ideologías, o entre ricos y pobres en aquella época?

La respuesta a esta pregunta me llevó a profundizar aún más en mi exploración de la historia de Amalfi. Con una inexpresable excitación, me encontré con que la búsqueda se abría súbitamente a la historia del mundo y a la dinámica de la interacción entre personalidad y evolución que sólo mi propio libro, *Return to Amalfi (Regreso a Amalfi)*, puede llegar a trasmitir.

¿Estuve allí realmente? ¿Fue éste un mensaje puntual en el tiempo captado por uno de esos inquietos millones de seres humanos, uno obsesionado con la sensación de ser un nómada, un desplazado, deambulando como la bola de un *flíper* entre las luces de colores, las exclamaciones emocionadas, los despreocupados empujones y las campanas de advertencia del mundo de hoy?

Yo creo que fue un viaje por el campo akásico que me llevó hasta más allá de toda posible negación; al menos, entre creyentes. Evidentemente, el escéptico seguirá encerrado en su actual prisión mental hasta que la ciencia y la sociedad hayan evolucionado lo suficiente como para que este tipo de pensamiento se tenga por algo similar a la idea que se tuvo en otro tiempo de que la Tierra era plana.

_____

* De hecho, existe un retrato de Juan Alfonso Pimentel de Herrera pintado por El Greco en el que, efectivamente, tiene «el look» del que habla el autor. En cuanto al otro virrey español citado aquí, Pedro Fernández de Castro y Andrade, también existe un retrato de él, conservado en la Biblioteca Nacional de España, donde muestra asimismo barba y bigote apuntados. *(N. del T.)*

Corriendo con Spotted Fawn en el campo akásico

Stanley Krippner

Stanley Krippner es profesor de Psicología en el Saybrook Graduate School and Research Center de San Francisco.[1] Recibió el Premio a las Aportaciones Distinguidas para el Avance Internacional de la Psicología de la prestigiosa American Psychological Association en 2002, y durante ese mismo año le fue otorgado el Premio Dr. J.B. Rhine a los logros de toda una vida en Parapsicología. Ha sido presidente de la Asociación Internacional para el Estudio de los Sueños, de la Asociación de Psicología Humanista y de la Asociación Parapsicológica. Krippner ha colaborado en la autoría de innumerables estudios científicos importantes y ha publicado numerosos artículos en revistas profesionales y populares.

En el año 1970, Mickey Hart, uno de los percusionistas de la banda de rock Grateful Dead, me presentó al curandero intertribal Rolling Thunder.* Este encuentro iba a desempeñar un papel determinante en la vida de Rolling Thunder porque, un año más tarde, yo mismo propiciaría una entrevista entre el curandero e Irving Oyle, un médico osteópata. Tras varias horas de espera en soledad en el rancho y estudio

---

* *Rolling Thunder* podría traducirse en castellano por «Trueno Retumbante». En esta traducción he optado por utilizar la expresión inglesa por ser la más utilizada en las traducciones existentes al castellano. *(N. del T.)*

de grabación de Hart en Novato, California, los dos sanadores aparecieron cogidos del brazo. Más tarde, Oyle comentaría:

—Hemos comparado nuestras prácticas médicas. Rolling Thunder me dijo que, cuando una persona enferma va en su busca, hace un diagnóstico, realiza un ritual y le da a la persona alguna medicina que restablezca su salud. Yo le respondí que, cuando un paciente viene a mi consulta, hago un diagnóstico y realizo el ritual de escribir una receta, que le permitirá al paciente obtener una medicina para restablecer su salud. En ambos casos hay una gran dosis de magia implicada: esa magia que se llama «fe en tu médico».

En 1971 fui director de programa de un congreso sobre autorregulación interna patrocinado por la Fundación Menninger en Kansas. En aquel congreso, Rolling Thunder se dirigió por primera vez a un grupo de médicos y científicos. Rolling Thunder describió el «otro mundo», del cual afirmaba derivar gran parte de su poder curativo, remarcando:

—Muchas veces, no sé qué medicina voy a utilizar hasta que el «tratamiento» está en marcha; en ocasiones, cuando todo ha terminado, ni siquiera puedo recordar lo que he utilizado. Eso es porque no soy yo quien realiza el «tratamiento». Es el Gran Espíritu trabajando a través de mí.

Más tarde, en 1974, visité por vez primera a Rolling Thunder en su casa de Carlin, Nevada. Cuando llegué con mis amigos, Rolling Thunder no estaba en casa; estaba en el ferrocarril, donde trabajaba como guardafrenos. Pero su esposa, Spotted Fawn,* nos acogió con una gran amabilidad e, incluso, a la mañana siguiente, nos preparó el desayuno. Rolling Thunder llegó a casa a tiempo para desayunar con nosotros, tras lo cual nos invitó a acomodarnos en la sala de estar. Sentándose bajo un águila disecada, Rolling Thunder comentó:

—Cuando encuentro una planta desconocida para mí, la sostengo entre mis manos y ella me dice los usos que tiene. La planta se comunica conmigo. Canta sus canciones y me revela sus secretos.

Durante aquella conversación, la siempre presente sonrisa de Spotted Fawn, su conmovedora hospitalidad y su interminable administración de refrescos mantuvieron la reunión bien lubricada.

---

* *Spotted Fawn* significa «Cervato Moteado». Lo he dejado en su formulación en inglés por no diferenciar con el caso de Rolling Thunder. *(N. del T.)*

John Rolling Thunder Pope nació cheroqui, pero posteriormente sería adoptado por los miembros de la tribu de los shoshones occidentales. Helen Spotted Fawn Pope era una shoshón occidental. Con el trascurso de los años llegué a conocer a varios de sus hijos: Mala Spotted Eagle, Buffalo Horse, Ozella Morning Star y Patty Mocking Bird. Cada uno de ellos elegiría con el tiempo su propio sendero individual, pero se mantendrían fieles a la sabiduría tradicional que sus padres les enseñaron.

Tras la jubilación, Rolling Thunder puso en marcha una pequeña comunidad espiritual llamada «Meta Tantay», o «Ve en Paz». Sus visitantes, normalmente de Europa Occidental y de América del Norte, realizaban estancias más o menos prolongadas en Meta Tantay para estudiar la medicina y los estilos de vida tradicionales de los nativos americanos. Sería allí donde Spotted Fawn asumiría su propio poder. Considerada como el «corazón» de Meta Tantay, se convertiría en la «madre del clan», ejerciendo la autoridad final sobre todo tipo de asuntos relacionados con las mujeres. El poder de veto sobre cualquier decisión de la comunidad forma parte de las prerrogativas de la madre del clan, pero Spotted Fawn prefería ejercer un papel mediador. Como consecuencia de ello, su opinión era muy valorada y ciertamente tomada en consideración en todos los niveles.[2] Ken Cohen, un maestro taoísta que solía ofrecer sus enseñanzas en Meta Tantay, decía maravillado, «Spotted Fawn era una gran organizadora; sin su trabajo, ni Rolling Thunder ni Meta Tantay habrían sido ni la mitad de efectivos».

EL PAPEL DE SPOTTED FAWN EN META TANTAY

Spotted Fawn asumía un papel maternal con fugitivos y excluidos, un papel instructivo con las mujeres que entraban en la «tienda de la luna» por primera vez durante sus menstruaciones, un papel supervisor con el personal de cocina que preparaba tres sabrosas comidas cada día, y un papel espiritual cuando relataba historias junto a la hoguera, cuando dirigía festivales de canciones y cuando daba consejo a aquellos miembros del campamento que pudieran tener problemas. Algunas de las más memorables aportaciones de Spotted Fawn eran sus espontáneos discursos sobre las relaciones entre géneros, que aclaraba con ejemplos gráficos, directrices prácticas e historias de casos espectaculares que resultaban tan cándidas como cómicas. ¡Las jóvenes que había en Meta Tantay no podrían haber tenido una directora más entendida, ni más escandalosa, en sus clases de educación sexual! La doctora Jean Millay, una artista que pasó una considerable cantidad de tiempo con Spotted Fawn durante las visitas de ésta a San Francisco, comentaba, «Esa mujer era el prototipo de Madre del Clan: dulce, cariñosa, amable, curativa y, sin embargo, imbuida de un poder muy especial».

Spotted Fawn era también muy ritualista, solía recordarle a su marido cuándo se hacía necesaria una ceremonia al amanecer y participaba activamente en muchos de los rituales sagrados que se celebraban en Meta Tantay. Ella creía que los rituales constituían una forma de «reconocer a los farsantes», porque los rituales que llevaban a cabo los farsantes carecían del adecuado contexto, de la organización y el respeto por la tradición que caracterizaban a los auténticos rituales.

En lo relativo a la preparación de comidas, Spotted Fawn le decía al personal de cocina que no sólo estaban preparando alimento para el cuerpo, sino también para el espíritu. Con referencia a las «costumbres de la luna», Spotted Fawn recordaba a las jóvenes que aquél era un tiempo sagrado en el cual podían purificarse y recuperar fuerzas.

—Cuando la Abuela Luna viene a visitarnos –decía Spotted Fawn–, es el momento de orar y renovarse.

Para ella, la menstruación era el momento en que el poder de las mujeres se hacía del todo evidente; y, para mantener el equilibrio necesario, tanto de Rolling Thunder como de Meta Tantay, las mujeres, durante las menstruaciones, se sentaban en la parte de detrás del público y mantenían un perfil bajo. Evitaban las ceremonias al amanecer y solían permanecer en la «tienda de la luna». Spotted Fawn me explicó que esto no era, en modo alguno, una discriminación contra las mujeres, sino el reconocimiento de su poder y de las necesidades especiales que tienen las mujeres durante sus «lunas».

Durante los años de Meta Tantay, Rolling Thunder era invitado frecuentemente para dar charlas y conferencias. Me acuerdo de una ocasión en que lo presenté ante miles de personas en Colonia, Alemania, en 1982, y ante audiencias más pequeñas en la Universidad

Estatal de Sonoma y en la Saybrook Graduate School. Mientras tanto, Spotted Fawn, ayudada frecuentemente por otros miembros de la familia y por los veteranos de Meta Tantay, proporcionaba la necesaria cohesión para mantener unida a la comunidad, sobre todo durante los turbulentos años setenta y a principios de los ochenta. En una ocasión, Spotted Fawn vino a San Francisco para visitar a algunos familiares. Yo improvisé una fiesta para ella, y ella se sintió profundamente conmovida porque, según sus propias palabras,

—Nunca antes nadie había celebrado una fiesta en mi honor.

—¡Bueno, pues ya era hora! –respondí yo.

EL SITIO MÁS ACTIVO EN RADIACIONES

En 1955, mientras trabajaba en Richmond, Virginia, vi una película, *The Conqueror,** una versión llena de recursos de ficción sobre las hazañas de Gengis Kan. Unos meses antes había tenido lugar un acontecimiento instrascendente para la historia del cine, pero de consecuencias nefastas para la industria cinematográfica. El 6 de julio de 1954, en St. George, Utah, el equipo local de sóftbol,** Elks Lodge, jugó un partido benéfico contra la compañía de la película *The Conqueror,* que se encontraba grabando en la zona. Susan Hayward se quitó las zapatillas, corrió las bases descalza e hizo una carrera. John Wayne (que sorprendentemente hizo el papel de Gengis Kan, el emperador mongol) y Dick Powell (el director de la película) hicieron varias carreras cada uno de ellos. Agnes Moorehead, otra de las estrellas de la película, los animaba desde la tribuna. Tres décadas después, los cuatro habían fallecido de cáncer; la mitad de los 200 actores, actrices y técnicos de la película murieron también afectados de cáncer.

La lluvia radiactiva del emplazamiento de pruebas nucleares de Nevada, que en el número de verano de 1992 de la revista *Shaman's Drum (El tambor del chamán)* se calificó como de «el sitio de pruebas

---

* En España se estrenó bajo el título de *El conquistador de Mongolia*, dirigida por Dick Powell, y protagonizada por John Wayne y Susan Hayward. *(N. del T.)*

** El sóftbol es una forma suave de béisbol, aunque con menos pausas y de juego más rápido. *(N. del T.)*

más activo del mundo», solía ser trasportada por los vientos hasta St. George y su región. La acumulación de lluvias radiactivas causadas por las pruebas nucleares de 1951, 1952 y 1953 había cubierto las tierras de Utah, Arizona y Nevada de manchas irregulares, más intensas en la zona y en los alrededores donde se tomaron las imágenes de la película. Muchos productos de la fisión, como el estroncio 90 y el cesio 137, se descomponían lentamente, mientras eran trasportados bajo la superficie del suelo por la lluvia y la nieve. Pero, cuando se remueve la tierra, los venenos enterrados vuelven a la superficie. Durante la filmación se realizaron escenas de batallas en las que se levantó mucho polvo, y los actores y los extras rodaban por el suelo en sus simulados combates. Se llevaron también grandes ventiladores eléctricos para simular ventiscas; de tal modo que, para quitar el polvo acumulado en el vestuario, los actores tenían que pasar por delante de las mangueras antes de quitarse las ropas.

Las tierras donde se realizaron las pruebas nucleares pertenecen legítimamente a la nación shoshón occidental, pero ni Estados Unidos ni Gran Bretaña pidieron permiso a los nativos americanos para hacer estallar allí sus armas nucleares. No lejos de los terrenos de pruebas de Nevada, Spotted Fawn disfrutó de su juventud entre los miembros de su familia. En 1984, tres décadas más tarde, fue hospitalizada a causa de un cáncer. Yo iba una o dos veces a la semana al Letterman Memorial Hospital, en Presidio, San Francisco, donde Spotted Fawn, como nativa americana que era, tenía acceso a atenciones médicas de bajo coste en las inmensas instalaciones militares. Allí, Spotted Fawn me pidió que la dirigiera en una serie de ejercicios de imaginación guiada con el fin de aliviarle el dolor. La imagen más efectiva parecía ser la de una calmante y serena luz azul. Cuando salía de su interior con esta luz en su imaginación, el malestar se había reducido; a veces, incluso, había desaparecido por completo.

Durante este tiempo, Rolling Thunder aceptó la oferta de Mickey Hart para que se hospedara en su rancho de Novato. Rolling Thunder y sus acompañantes iban en automóvil desde Novato hasta San Francisco todos los días para confortar a Spotted Fawn, y él se gastó sus escasos ahorros con destacados médicos, tanto de medicina alopática oficial como de medicinas alternativas y complementarias. Por otra parte, yo llevé al hospital de Presidio a amigas y amigos míos que le enseñaron a la Madre del Clan distintos tipos de autorregulación y de control del dolor en un intento por reducir su malestar. Se trataba de psicólogos, médicos y psicofisiólogos con formación en *biofeedback*, meditación, entrenamiento autógeno, respuesta relajante y otras técnicas de autorregulación. Spotted Fawn agradeció todas estas atenciones, se abrió a ellas y siguió las instrucciones al pie de la letra. Rolling Thunder acató también las indicaciones, afirmando que las utilizaba para mitigar el estrés que la enfermedad de su mujer le estaba generado.

Una tarde de julio pasé una hora con Spotted Fawn, dirigiéndola en una serie de ejercicios de relajación progresiva, y finalizando con la imagen de la luz azul que tanto alivio le había proporcionado en las sesiones anteriores. Spotted Fawn me dijo que aquella sesión había sido especialmente fascinante, y que había tenido dificultades para regresar de la luz. En aquel momento sentí que a Spotted Fawn no le quedaba mucho tiempo de vida, y que había hecho las paces con su situación. De hecho, ella me enseñó indirectamente que «sanación» es algo diferente de «curación». Quizás Spotted Fawn no fuera curada del cáncer, pero sí había conseguido una profunda «sanación», una experiencia que procede del amor, el respeto y la aceptación, más que de la comprensión intelectual.

SOÑANDO EN MÉXICO

En agosto de 1984 asistí a un congreso de parapsicología en México, y en la noche del 15 de agosto tuve un sueño muy singular. Soñé que acababa de llegar al rancho de Mickey Hart y, mientras yo entraba con el automóvil, Rolling Thunder y su grupo estaban saliendo. Rolling Thunder mostraba una expresión grave, al igual que el resto de las personas que le acompañaban.

—¿Dónde está Spotted Fawn? –pregunté.

Él ladeó ligeramente la cabeza hacia la parte de detrás de la camioneta, y entonces vi un ataúd de madera sujeto con unas bandas al fondo del vehículo. Sabía que en aquel ataúd se hallaban los restos mortales de mi querida amiga Spotted Fawn. A la mañana siguiente tuve lo que se llama una «imagen hipnopómpica». Aunque la mayoría de tales imágenes son visuales, ésta fue auditiva. Escuché la voz de

Spotted Fawn que me decía, de un modo muy poco pretencioso, «Ya sabes, no te volveré a ver más».

Cuando regresé a Estados Unidos me enteré de que Spotted Fawn había fallecido aquella misma noche. Retrospectivamente, el sueño y la voz fueron algo anecdótico, por lo que tienen poco valor como evidencias cuando el propósito es estrictamente científico. No obstante, se me ocurrió la posibilidad de que Spotted Fawn y yo hubiéramos estado «corriendo» por el campo akásico, y que yo hubiera podido obtener información a distancia sobre su estado. El término «campo akásico», acuñado por Ervin Laszlo,[3] es muy parecido a lo que muchos parapsicólogos, como Roll[4] y Stokes[5] y también Cheney,[6] han formulado hipotéticamente como un «campo psi», un campo de naturaleza trastemporal y trasespacial.

En parapsicología –una disciplina que llaman a veces «investigación psíquica»–, la palabra *psi* hace referencia a interacciones anómalas. Ejemplos de este tipo de interacciones se ofrecen en informes de acontecimientos tales como la telepatía, la clarividencia, la precognición y la psicocinesis. Algunos investigadores añaden a esta lista las sanaciones inexplicables, informes de vida después de la muerte y experiencias de vidas pasadas. Cada uno de estos ejemplos puede ser parte del «campo de información cósmico» del que habla Laszlo y al que denomina «campo akásico en homenaje al antiguo término sánscrito que identifica a un continuo espaciotemporal que lo interpenetra todo».

Cada una de estas experiencias se puede estudiar de diversas formas para determinar si realmente es trasespacial (como en la clarividencia, la supuesta obtención de información desde la distancia) o trastemporal (como cuando se traen a la consciencia acontecimientos del pasado, o en la precognición, que es el supuesto conocimiento acerca de acontecimientos futuros). Los parapsicólogos utilizan cuestionarios, entrevistas y observaciones de campo en sus estudios. En cada uno de estos casos existe la posibilidad de que las explicaciones científicas convencionales puedan dar cuenta de la experiencia de la cual se informa. Algunas de las posibles explicaciones son la de una actividad sensora o motriz sutil, malinterpretación, deficiente memoria de un acontecimiento y fraude deliberado. Si una investigación elimina sistemáticamente las explicaciones científicas convencionales, se dice que esa investigación se ha realizado bajo condiciones *«psi-task»* («tarea psi»).

El sueño que tuve la noche que murió Spotted Fawn y la voz que escuché al despertar no se obtuvieron bajo condiciones *«psi-task»*. Sin embargo, fueron muy significativos y sugieren que nuestras psiques se habían encontrado en el campo akásico. El concepto de Laszlo es uno de los que puede ofrecer una explicación para tal tipo de experiencias.

EL LEGADO DE SPOTTED FAWN

Poco después de la muerte de su mujer, Rolling Thunder interrumpió gran parte de sus prácticas de sanación. Él mantenía una activa agenda de charlas y conferencias, y nosotros le visitábamos frecuentemente, tanto en Nevada como en California. Pero Meta Tantay se desmoronó poco a poco. Sin el corazón de Meta Tantay, que reabastecía de amor y energía a la comunidad, la gente se dejó llevar por la corriente o, simplemente, comenzó a reducir el tiempo de sus estancias en aquel lugar. En 1997, Rolling Thunder se unió a Spotted Fawn en «el otro mundo», dejando tras de sí un impresionante legado que, desde mi punto de vista, estuvo dirigido a la activación del «sanador interior» de sus clientes, conectándolo con cualquier recurso espiritual, social, biológico, emocional y mental disponible.

Echando la vista atrás, considero que Spotted Fawn dejó también un legado. Ella me enseñó a mí y a muchas otras personas que no basta con planificar y ejecutar intelectualmente un proyecto. Para que un proyecto crezca y prospere tiene que arraigar sus raíces en el espíritu, en el cuerpo, en la comunidad, además de en la mente. Y en sus últimos meses de vida, Spotted Fawn llevó su adversidad con una gran dosis de dignidad y de buen humor. Nunca fue una mujer quejumbrosa ni lastimera. Ella agradeció la ayuda que mis colegas y yo le prestamos, bromeando frecuentemente sobre su situación. Por ejemplo, Spotted Fawn tuvo una crisis hepática que trajo como consecuencia una ascitis, una acumulación de fluidos en el peritoneo, la cual le provocó una considerable hinchazón del abdomen. Pues bien, Spotted Fawn hablaba con frecuencia de su «embarazo», ¡y decía que la gente se iba a sorprender cuando diera a luz! Desde mi punto de vista, aun en sus últimas semanas en la Tierra, Spotted Fawn dio a luz, pues nos trasmitió a todos aquéllos que estuvimos en contacto con ella una comprensión y un aprecio por la vida completamente distintos.

Spotted Fawn me trasmitió también el respeto por la tierra, por las tradiciones nativas americanas y por la importancia del servicio. Ella fue la madre del clan para más personas de las que nunca llegó a ser consciente. Nos enseñó a muchos los secretos del cuidado: el cuidado de la Madre Tierra, de nuestras familias inmediatas y extendidas, de nuestras tradiciones culturales y el cuidado de todos los demás.

Tanto Rolling Thunder como Spotted Fawn me enseñaron que la «sanación espiritual» comienza por el respeto al Gran Espíritu: la vida y el amor que puedes encontrar en todas las creaciones de la naturaleza. Cada elemento de la creación tiene su propia voluntad, su propio sendero y su propósito. Y estos senderos tienen que ser respetados, y no explotados, por los seres humanos.

CINCO

Mis «ordinarias» experiencias akásicas

Jude Currivan

Jude Currivan es una cosmóloga, sensitiva, sanadora y autora de cuatro libros (uno de ellos, CosMos, *escrito en colaboración con Ervin Laszlo) y educadora. Tiene un doctorado en Arqueología, en el que investigó las cosmologías de la antigüedad; y un máster en Física, donde se especializó en Cosmología y Física Cuántica. Tras su etapa como una enérgica mujer de negocios, su actual trabajo por todo el mundo es una fuente de energía para todo aquél con quien entra en contacto, al reconciliar la ciencia de vanguardia, las investigaciones fronterizas de la consciencia y la sabiduría espiritual para explicar y experimentar la conciencia emergente de la realidad integral.*

Yo tenía cuatro años cuando, mientras me acurrucaba en la cama para dormir, sentí, y después vi en la oscuridad de mi dormitorio, el tenue resplandor de una presencia desconocida. Con la innata curiosidad que me caracteriza, que mi madre ya detectó en mí al nacer, aquel ser desencarnado me resultó más interesante que atemorizador. Y ahí comenzaron las directrices y las enseñanzas.

Aunque no sentí en ningún momento que «no debiera» decir nada a nadie sobre aquella presencia, supe de algún modo que todo aquello debía mantenerlo en privado. Pero, durante los meses que siguieron, mis padres se percataron del increíble florecimiento de mi interés en cosas que incluso les resultaban del todo desconocidas a ellos; de hecho, resultaban desconocidas para todos los miembros de nuestra familia y de nuestro entorno.

A los cinco años, y bajo las directrices de mi guía desencarnado, yo estudiaba ya cuestiones científicas de vanguardia, así como las enseñanzas de las sabidurías antiguas. También tenía experiencia en lo que podríamos denominar ahora «consciencia no local», la consciencia akásica más allá de los límites del espacio y del tiempo. Para mí era normal, no paranormal; natural, no sobrenatural.

Yo había nacido en 1952 en una familia de clase obrera, en las industrializadas Midlands de Inglaterra. No llegué a conocer a mi padre biológico, de quien mi madre se divorció cuando yo aún no había cumplido los tres años. Cuando se volvió a casar, lo hizo con un amable gigante, minero del carbón, que nos adoptó a mí y a mi hermano pequeño, pero que por desgracia murió muy joven, cuando yo tenía diez años y mi hermano siete. Nuestra querida madre se convirtió en madre sin pareja, algo inusual en aquellos tiempos. Pero, además de enfrentarse a todos los retos materiales que suponía sacarnos adelante, no dejó en ningún momento de darnos su incondicional amor.

Su aceptación y su total apoyo a mi apasionada búsqueda de verdades universales (aunque se sumiera en el desconcierto frecuentemente) se convertirían en el lecho de roca de una demanda que continúa viva hoy en día.

Me acuerdo de una tarde, cuando debía de tener unos ocho años, en que mi madre invitó a nuestros vecinos para que me escucharan hablar de física cuántica. Yo estaba en mi elemento, explicando las interconexiones entre todo cuanto existe, dentro y más allá de nuestro universo. Mi madre le había servido té y galletas a mi cautiva audiencia; y, aunque no estoy segura de si alguien comprendió una palabra de cuanto dije, creo que al menos disfrutaron de la merienda.

Mis experiencias «desplazándome entre los mundos», así como mis estudios sobre sabiduría antigua, me llevaron a valorar desde muy pronto las experiencias akásicas. El despliegue de la consciencia, la mente cósmica, de la cual me percaté que formaba parte, se me fue revelando paso a paso, casi como un sendero de iniciación. Durante aquellos primeros años tomé conciencia también de la identidad de mi guía desencarnado. Mi fascinación por las enseñanzas de la sabiduría de los antiguos egipcios le reveló como al trasmisor arquetípico de la sabiduría, conocido por los egipcios como Thot. A medida que me fui habituando a su presencia, comencé a tomar conciencia de otros seres traspersonales que también me guiaban. Desde el principio, mis interacciones y mi acceso directo al campo akásico y a la conciencia superior, y la validación del conocimiento obtenido, han sido un imán en el centro de mi comprensión, todavía en desarrollo, de la irreductible totalidad de la realidad que Ervin Laszlo y yo denominamos *«whole-world»*. *

AGUJEROS NEGROS FÍSICOS Y EMOCIONALES

Mientras crecía, siempre tuve claro que la esfera cósmica del campo akásico generaba el mundo físico, y no al contrario. Con el fin de comprender cómo, me matriculé en la Universidad de Oxford para realizar un grado académico en Física, especializándome en el estudio de la Teoría Cuántica y la Cosmología. Aunque me encantaba la búsqueda del conocimiento que se lleva a cabo allí, el supuesto fundamental de mis profesores era que el mundo material es todo cuanto existe, y que la consciencia surge exclusivamente como resultado final de la evolución física. Las limitaciones de su reduccionista enfoque y sus premisas exclusivamente materialistas me resultaron frustrantes, pero no obstante me enseñaron el lenguaje cósmico de las matemáticas y me capacitaron para comprender los mecanismos de la manifestación física, todo ello crucial para mi viaje de descubrimiento.

Yo argumentaba que la teoría cuántica implicaba, y que la experimentación demostraba, que la consciencia era innata en el cosmos, aun cuando no estaba todavía preparada para revelar la fuente de mis conocimientos a través del campo akásico. Pero en la década de los setenta, como alumna del enclave académico que es la Universidad de Oxford, tuve pocas oportunidades para alterar los atrincherados puntos de vista que me rodeaban. Me desilusioné con las certidumbres inte-

---

* El término compuesto *whole-world* podría traducirse por «mundo entero» o «mundo integral». Quizás la fórmula que mejor expresaría la intención de sus autores, uniendo las dos palabras con un guión, sería la de «mundo-todo». *(N. del T.)*

lectuales de mis profesores universitarios, a pesar de que apreciaba su propia búsqueda por comprender el universo. Y, a pesar de mis dudas, yo siempre había querido ser una cosmóloga, y todavía quería serlo.

Tras las buenas notas obtenidas en mis primeros exámenes, y tras ganar un prestigioso premio por un ensayo sobre el entonces comentado descubrimiento de los agujeros negros, la combinación de un trauma emocional con una enfermedad propiciaron que mi último año en Oxford terminara con un decepcionante final, perdiendo así mis opciones para proseguir con mi carrera académica. En aquellos momentos, profundamente desilusionada y creyendo que todos mis sueños se habían quedado en nada, no me di cuenta de que todo en la vida tiene un sentido.

Ahora soy capaz de percibir la perfección de ese viaje de descubrimiento interno y externo al que llamamos vida. Me doy cuenta de que, si me hubiera convertido en una científica convencional, mi búsqueda de una comprensión más profunda del cosmos se habría limitado a lo aceptado y aceptable en el mundo científico convencional. En cambio, el viaje de mi vida me ha permitido ir, como científica, allá donde las evidencias llevaban, al paradigma emergente de la realidad integral.

Sin embargo, en aquella época, la guía de Thot, que me había sustentado y dirigido a lo largo de casi toda mi vida, se desvaneció también. Mi soledad, tras esta desconexión espiritual, se prolongó durante casi veinte años. Me cerré a lo emocional y a lo espiritual, y me embarqué en un sendero de materialidad, decidida a lograr el éxito en el mundo. Durante veinte años tuve mucho éxito a nivel internacional como empresaria. Llegué a ser directora financiera de la distribuidora musical HMV en todo el mundo. Posteriormente, a principios de 1991, fui designada como directora financiera de la empresa de cuidados del pie Scholl, un cargo que me convirtió en aquella época en la mujer de negocios de mayor rango en el Reino Unido. Las operaciones de Scholl en casi cuarenta países en todo el mundo no sólo implicaban la gestión de todas las operaciones financieras de la empresa, sino también el desarrollo y la implementación de la estrategia de negocio y de la dirección de cambio.

Estas maravillosas experiencias me dieron una visión verdaderamente global, y me enseñaron a valorar la diversidad, y a apreciar y optimizar las aportaciones de todos. De lo que no me di cuenta entonces fue que esa parte de mi sendero en la vida me conectó con la tierra de un modo tal que me permitió integrar mis posteriores experiencias con la mismísima sustancia de mi vida, hasta convertirse en experiencias ordinarias, casi cotidianas.

CREER ES VER

Cuando me aproximaba ya a los cuarenta sentí que se desvanecía mi entusiasmo por aquella vida basada en lo material, en tanto se me hacía cada vez más evidente mi vacío interior. Desde mis tiempos en Oxford, mi conexión espiritual con Thot había sido distante. ¡Pero eso estaba a punto de cambiar! Comencé a «despertar» de nuevo, como si se hubiera encendido una bombilla en mi interior. Poco a poco, redescubrí mi conexión espiritual infantil y descubrí que las experiencias tenidas en mi vida me habían preparado para conectar con Thot, con mis otros guías y con el cosmos de una manera mucho más profunda.

Durante varios años me preparé espiritualmente para dar un salto de fe a lo desconocido. A finales de 1996, habiendo conseguido todo cuanto me había propuesto, dejé el mundo de los negocios. Vivía en una hermosa casa, en el paisaje sagrado de Avebury, en el sur de Inglaterra, y allí comencé a conectar con la tierra y con sus monumentos antiguos. El arcángel Miguel se convirtió en mi guía en lo relativo a las energías y la consciencia de la Tierra y todos sus reinos.

En el mundo de los negocios me había acostumbrado a «hacer que las cosas ocurrieran» y a centrarme en los resultados. Me pasaba el tiempo empujando o estirando las circunstancias y los resultados de los acontecimientos, en vez de centrarme en mi más elevada intención y dejar después que se desplegara el mejor resultado. Siempre estaba «ocupada». Mi dietario estaba lleno con un año de antelación, y planificaba y gestionaba meticulosamente mi propio trabajo y las actividades de los negocios que ayudaba a dirigir. Y hace falta tiempo para liberarse de veinticinco años de esta manera de ser, por lo que al principio seguía intentando planificar y controlar del mismo modo mi viaje espiritual recién redescubierto.

El paisaje en los alrededores de mi casa era ciertamente numinoso, de modo que aprendí a comunicarme con los guardianes desencarnados de sus antiguos monumentos. Hubo un guardián en concreto que estaba poderosamente cargado de energía, y hacía que mi cuerpo vibrase a tal nivel que me resultaba imposible conciliar el sueño. Una noche, cuando volvía a casa en mi automóvil después de pasar un buen rato con mis amigos, escuché de repente un sonoro mensaje clariaudiente de aquel guardián, diciéndome que fuera hasta su monumento, un túmulo de corredor con cámara construido hace unos 6.000 años.

La noche era oscura, sin luna, y en aquel entorno rural no había alumbrado eléctrico. Dudé, puesto que no llevaba linterna en mi auto y el monumento estaba a cierta distancia de la carretera. Como en un intento por calmar mis temores, escuché un segundo mensaje interior que me decía: «¡Podrás ver!». Y así fue. Mientras ascendía la colina desde mi automóvil hasta el monumento en la más impenetrable oscuridad, sólo podía ver, literalmente, el próximo paso que iba a dar. Pero ese único paso era todo cuanto necesitaba. Allí, sola, con la única compañía del desencarnado guardián, él me mostró, a través de la clarividencia, cómo conseguir que las poderosas energías telúricas fluyeran a través de mi cuerpo. Después, mientras regresaba hasta mi automóvil, escuché, «Lo único que necesitas ver es el siguiente paso. Simplemente, da ese paso». Cuando volví a casa, dormí profundamente como no lo había hecho desde hacía varias noches.

Esta clase de guía espiritual, cualquiera que sea la forma que tome, me ha resultado siempre muy útil. De hecho, las cosas sólo se han torcido cuando he oído esas directrices pero me he negado a «escucharlas» y actuar en consecuencia. Como científica, siempre he necesitado asegurarme de que esa conciencia y sus directrices surgían de un nivel de consciencia y de benevolencia que estuviera más allá de mi percepción egoica. Después de tantos años, desde que Thot se me apareciera en la infancia y tras innumerables e increíbles experiencias, la confianza acumulada me ha permitido expandir mi propio sentido del yo hasta más allá de las ilusorias limitaciones de mi imagen humana.

Una vez nos abrimos a la posibilidad de la conciencia no local, las cosas comienzan a suceder. El viejo adagio de «ver es creer» se vuelve literalmente del revés. Cuando desaparecen de nuestra percepción los velos culturales, «creer es ver». Sin embargo, cada persona experimenta la conciencia «a distancia» de diferentes maneras. En tanto que algunas se hacen clarividentes (ver), otras desarrollan la clariaudiencia (escuchar), y unas pocas desarrollan el sentido no local del olfato, la clarialiencia. Pero, para la mayoría de las personas, parece que las habilidades que se expanden son las clarisintientes (sentir). A lo largo de tantos años de exploración en las esferas multidimensionales, yo he experimentado una combinación de estos cuatro sentidos, si bien los aspectos clarisintientes son los que han destacado más.

Sin embargo, hace unos cuantos años tuve una experiencia en la cual la clariaudiencia fue dominante. Había fallecido un viejo amigo y, en la mañana de su funeral, fui a una floristería con el fin de encargar un ramo de flores. Cuando entré en la tienda escuché su desencarnada voz casi gritando en mis oídos, «¡Rosa!». Miré a mi alrededor y, entonces, me llegó un segundo mensaje, «Rosa amarilla». Había unas hermosas rosas de un amarillo intenso delante de mí, pero tuve la sensación de que no era aquel tono de amarillo, de modo que seguí buscando hasta que descubrí unas rosas de un amarillo pálido, cremoso, en el fondo de la tienda. Sentí su aprobación, y «supe» que aquellas rosas eran las idóneas. La voz de mi amigo fallecido me dejó claro, no obstante, que lo que él deseaba era que comprara una única rosa. Aquello me resultaba embarazoso; ¿qué pensaría su mujer cuando nos viera llegar a mi marido y a mí sólo con una rosa amarilla, cuando el resto de la gente llevaría, sin duda, ramos y coronas? No obstante, la voz era insistente, y me fui de la tienda sólo con una rosa.

Cuando llegamos al funeral, vimos que la esposa de nuestro amigo estaba apartada, sola, profundamente apesadumbrada, y no quisimos molestarla. Pero, una vez más, la voz se dejó escuchar, «Dale la rosa ya». Me acerqué hasta ella y le di la hermosa rosa, pero le dije, por hacer honor a la verdad, que la rosa no era nuestra, sino de su marido. Sus ojos se iluminaron, pero no hubo tiempo de hablar nada más, puesto que el funeral estaba a punto de comenzar. Pudimos conversar más tarde. La mujer nos dijo que, durante su largo matrimonio, su marido le había estado llevando todas las semanas un ramo de flores compuesto por una docena de rosas rojas y una única rosa de un amarillo cremoso. Desde su fallecimiento, ella se había sentido desesperadamente sola, y sentía pavor sólo de pensar en el funeral. Pero, cuando le di la rosa y le dije quién se la enviaba, la mujer se dio cuenta de que su adorado marido estaba en aquel momento con ella, y supo que él estaría con ella todo el tiempo que lo necesitara.

UNA BÚSQUEDA GLOBAL

Algunas de mis experiencias más significativas con las esferas multidimensionales del campo akásico me han llevado literalmente por todo el mundo, en una búsqueda global para comprender nuestro legado espiritual y nuestro destino cósmico. Entre esas experiencias ha habido multitud de sincronicidades (de «coincidencias plenas de sentido», como habría dicho Carl Jung), inexplicables dentro de las limitaciones del espacio físico y el tiempo. Prestar atención a esas sincronicidades y «ocurrencias», teniendo en cuenta los senderos de descubrimiento internos y externos de los cuales son señales indicadoras, ha sido y sigue siendo crucial en ese aspecto de mi trabajo con el que intento comprender nuestra misión humana en la Tierra. En muchos casos han sido puertas abiertas para entender cómo, a medida que el cambio de consciencia va cobrando impulso, podemos sanar los cismas que han desmembrado nuestra psique colectiva.

Mi búsqueda global comenzó el 4 de mayo de 1998, cuando fui a Silbury Hill, un antiquísimo montículo artificial de la región de Avebury, en respuesta a un mensaje clariaudiente que había recibido el día anterior. Perfectamente visible desde la cima del montículo había un enorme círculo de las cosechas,* que formaba un glorioso disco dorado de unos sesenta metros de diámetro en el campo de colza que se extendía a un lado. Aquella mañana, a primera hora, había descubierto aquel círculo, que el día anterior no estaba. Me senté en el suelo, intentando sintonizar mi conciencia con la del montículo y con la del círculo de las cosechas, y sentí una paz muy profunda, como si todas las preguntas que albergaba en mi interior hubieran recibido respuesta. A partir de aquel humilde instante, las señales y las sincronicidades comenzaron a desplegarse de una manera inconcebible, orientando una búsqueda de seis años en la cual viajé por todo el mundo, junto con otras muchas personas que viajaron conmigo. Un total de trece viajes –a Egipto, Sudáfrica, China, Alaska, Perú, Australia, Nueva Zelanda, Chile, Isla de Pascua, Hawái, el océano Índico, Inglaterra y, finalmente, Jerusalén–, revelaron nuestro legado

---

* *Crop circle*. La autora se refiere a los diseños circulares que aparecen misteriosamente en los campos de cereales del sur de Gran Bretaña. *(N. del T.)*

oculto y se convirtieron en trece hitos de nuestra propia trasformación interior.

Durante aquellos años, entre mis experiencias y las de mis compañeros y compañeras de viaje hubo profundas percepciones internas y sanaciones emocionales a nivel personal. Pero también vimos de qué modo la creatividad conjunta causativa del campo akásico se manifestaba en los aún no revelados flujos y procesos de reconciliación y resolución que vivimos y de los que fuimos testigos en los niveles traspersonales, arquetípicos y colectivos por todo el mundo.

Personalmente, experimenté un aspecto fundamental del actual cambio de consciencia en un incremento de la frecuencia de sincronicidades, grandes y pequeñas, que son un recordatorio permanente del omnipresente campo akásico y de la mente cósmica de la cual nosotros, y todo cuanto llamamos realidad, formamos parte integral. Pero recientemente tuvo lugar una sincronicidad especialmente destacada, después de haber llevado a un grupo de personas a Egipto.

Nuestro viaje, planificado desde muchos meses antes, nos había llevado el 9 de octubre de 2007 a Giza, con una visita de acceso especial a la Gran Pirámide. Aquella mañana, yo había encendido la televisión en mi dormitorio para escuchar las noticias y, en aquel preciso momento, el presentador de las noticias comentaba que aquel día se celebraba el nacimiento de John Lennon. Inmediatamente, comencé a recordar la letra de esa gran canción que es *Imagine*, inflamándose mi corazón con su sencilla sabiduría. Con el tiempo justo para encontrarnos con el resto del grupo y desplazarnos hasta la pirámide, me metí en el ordenador del hotel y me descargué una copia de la letra de la canción, para salir a toda prisa inmediatamente después en dirección al autobús. Más tarde, cuando nos congregamos todos en la Cámara del Rey de aquel prodigioso monumento, y como tributo a John Lennon y a tantos y tantos pacifistas que se han esforzado, y se siguen esforzando, por la sanación y la reconciliación, cantamos todos juntos *Imagine*, mientras la acústica de la cámara nos inspiraba y enardecía nuestras voces.

Pocas semanas después, mientras hacía la maleta para irme a Vermont, en Estados Unidos, donde tenía que dar la conferencia de clausura en un congreso sobre paisajes sagrados, tuve la intensa sensación de que debía llevar conmigo la letra de *Imagine*. Tras recogerme en el aeropuerto la organizadora del congreso, le pregunté vacilante si sería correcto que, al acabar mi charla, invitara a todo el mundo a cantar conmigo la canción. Ella me dijo:

—¡Por supuesto! ¡Nosotros siempre cantamos *Imagine* al final de nuestros congresos!

Al término del encuentro compartí la historia de esta sincronicidad, mientras varios cientos de personas se tomaban de las manos en un enorme círculo que ocupó toda la sala. Unidos en esta canción de esperanza y de paz, un maravilloso sentimiento de alegría nos envolvió a todos y fluyó a través de nosotros.

La ciencia convencional descartaría una sincronicidad así, libre de las aparentes limitaciones del espacio y el tiempo, como una mera coincidencia. De hecho, el punto de vista convencional sostiene que el universo es aleatorio y sin ningún propósito. Pero yo creo que este enfoque, limitado y limitador, está a punto de cambiar radicalmente. Una nueva y revolucionaria visión del universo está emergiendo, y nos está revelando un cosmos fundamentalmente interconectado y pleno de sentido; un cosmos que yo he tenido el privilegio de explorar toda mi vida. Esta poderosa visión del mundo fomenta nuestras capacidades innatas de consciencia e influye en nuestra realidad más allá de las limitaciones del espacio y el tiempo.

Esta comprensión expandida de todo lo que llamamos realidad está demostrando que las coincidencias con sentido ¡son reales! A medida que tomamos conciencia de la importancia de tales sincronicidades en nuestra vida, éstas se convierten en señales indicadoras que nos ayudan en nuestro sendero espiritual y en claves para descubrimientos más profundos. Así, cuando pensemos en esos amigos de los que no hemos sabido nada en meses y, de repente, nos llaman por teléfono, o cuando una serie de acontecimientos vengan a coincidir de una forma mágica, convendrá que miremos más de cerca la sincronicidad, pues bien puede suceder que nuestro yo espiritual nos esté mostrando cómo ir más allá de las limitaciones que percibimos para que podamos jugar con la realidad.

UNA NUEVA FORMA DE SER

La visión emergente del campo akásico y el carácter integral del mundo-todo nos exige que reconozcamos que somos tanto una creación del cosmos como creadores conjuntos de nuestra realidad. En mis experiencias akásicas, esta cocreatividad abarca muchos niveles de conciencia, desde los impulsos sumergidos, las respuestas de nuestro subconsciente y las percepciones «normales» de vigilia, pasando por la consciencia traspersonal, colectiva y arquetípica, hasta la reunión final con la mente.

Tanto en el nivel personal como en el colectivo, nuestra conciencia se expande rápidamente hasta más allá de las limitaciones del pasado. El cambio de consciencia nos está ofreciendo vislumbres más profundas y potenciadoras de nuestra propia naturaleza y de la del mundo-todo. A medida que nos abrimos a la experiencia akásica y a la conciencia superior, que son nuestro legado y destino innatos, yo creo que trascendemos nuestro ego; no para quedarnos sin ego, sino para liberarnos de él. Y, cuando lo hacemos, sintonizamos aún mejor con el flujo del cosmos y nos hacemos cocreadores cada vez más conscientes.

Y cuanto mejor sintonizamos, nuestras decisiones se ven investidas de un mayor poder y se hacen más altruistas. Reconociendo todo lo que somos –tanto luz como sombra–, trascendemos el juicio de la percepción fundamentada en polaridades y comenzamos a incorporar la conciencia de amor incondicional de la unidad que, en última instancia, es el mundo-todo del campo akásico y de la mente cósmica.

Se trata de una nueva forma de ser. Hace dos mil años, Jesús dijo, «Cosas más grandes de las que yo he hecho las haréis vosotros». Y, como sostienen los ancianos de los pueblos indígenas que todavía caminan por la Tierra, nosotros somos aquéllos a los que estábamos esperando. El cambio de consciencia es nuestro siguiente salto evolutivo, y nos está permitiendo recordar quiénes somos *realmente* e incorporar plenamente en nuestras propias experiencias humanas nuestra naturaleza espiritual y nuestra conectividad no local innata.

A lo largo de mi propia búsqueda y de mis experiencias, se me ha venido recordando una y otra vez lo importante que es combinar lo ordinario de la vida cotidiana con la extraordinaria exploración del mundo-todo. Pero el sentido más profundo de esta combinación lo comprendí una preciosa mañana en los campos de Avebury. Aquel día, mientras contemplaba extasiada la belleza del entorno natural, mientras mi corazón cantaba en el silencioso gozo de la mañana, escuché estas palabras: «En lo que tenemos en común de nuestra humanidad, todos somos ordinarios. En lo que tenemos en común de nuestra divinidad, todos somos extraordinarios».

Por entonces, yo estaba viajando por todo el mundo en esa búsqueda espiritual que relataría posteriormente en *The 13th Step (El decimotercer paso)*, y también estaba inmersa en el estudio de las cosmologías de la antigüedad para mi doctorado en Arqueología, de modo que estaba «colmada» (¡no abrumada, pero casi!) de experiencias extraordinarias. Y corría el riesgo de ignorar, incluso de desdeñar, mis responsabilidades y mis relaciones «ordinarias». Las sencillas pero profundas palabras de mi guía desencarnado aquella mañana provocaron un cambio en mi interior. De repente me di cuenta de lo que me estaba perdiendo por no estar plenamente presente en *todos y cada uno de* los aspectos de mi vida. En vez de llevar una actitud de alegría, creatividad y santidad a aquellas partes de mi vida que yo consideraba ordinarias, había estado juzgándolas como ocurrencias carentes de importancia. En aquel momento me di cuenta de que sólo podría encarnar el equilibrio y la totalidad que estaba buscando cuando percibiera lo extraordinario en lo ordinario, y lo ordinario en lo extraordinario, de un modo parecido a lo que representa el símbolo chino del yin y el yang.

Aquella sencilla toma de conciencia cambió mi vida. Empecé a percibir una felicidad cada vez más profunda en mi interior. Ya no buscaba nada más, sino que me sentía dichosa y agradecida por el modo en que florecía cada nuevo día. Me di cuenta de que estando verdaderamente presente en cada instante, con cualquier cosa que estuviera haciendo en ese momento, me permitía sintonizar mejor con mi guía superior y con el flujo de conciencia a través de mí.

El hecho de haber estado en los campos de Avebury aquella mañana se debió a los trabajos de campo arqueológicos que estaba llevando a cabo en mi investigación de doctorado. Ese aspecto de mi investigación era ciertamente «ordinario». Día tras día, a veces acompañada de algunos ayudantes, a veces yo sola, recorría los campos de cereales de un paisaje que había estado habitado permanentemente desde el Neolítico, con la intención de encontrar objetos de sílex que pudieran demostrar esa temprana habitación humana de la zona. Después de recorrer los campos durante meses y a lo largo de kilómetros y kilómetros, y después de analizar varios miles de trozos de sílex, había llegado (¡por fin!) mi último paseo. Me habían estado ayudando bastantes voluntarios y voluntarias, que siempre parecían hacer los hallazgos más interesantes, mientras yo no hacía otra cosa que recoger cantidades enormes de piedras fragmentadas.

Mientras recorría el último tramo del camino en aquel último día, pedí al cosmos algo, ¡cualquier cosa! Y cuando llegué al último metro de mi larguísimo proyecto, cuando di literalmente mi último paso, miré al suelo y, allí, delante de mí, me encontré con una punta de flecha de sílex perfecta, exquisitamente tallada por un desconocido cazador de hace cuatro mil años. Después de tan duro trabajo, durante tantos meses, me quedé sobrecogida con aquel pequeño, aunque extraordinariamente síncrono, regalo.

Cuatro años después, mientras escribía *CosMos* junto a Ervin Laszlo, me puse a redactar un capítulo sobre la entropía y la flecha del tiempo en el universo físico. Mientras me esforzaba por encontrar las palabras adecuadas para explicar cómo el extraordinario orden del principio del universo permitió que la flecha del tiempo emprendiera el vuelo, levanté la vista en mi despacho hasta encontrarme con aquella antiquísima punta de flecha, y las palabras que buscaba emprendieron también el vuelo.

Durante más de cincuenta años, mis experiencias y mi exploración del mundo-todo me han llevado a comprender que, en cada instante, creamos conjuntamente nuestra realidad de nuevo. Con cada aliento, con cada latido y cada pensamiento, podemos tomar nuevas y diferentes decisiones. Una vez escribí que

> *Si entonces elegimos el temor, ahora podemos elegir el amor.*
> *Si entonces elegimos las lágrimas, ahora podemos elegir la risa.*
> *Si entonces elegimos la muerte, ahora podemos elegir la vida.*

Ahora, más que nunca, creo que el cambio de consciencia nos está permitiendo a todos tomar decisiones individuales y colectivas que determinarán nuestro destino común a lo largo de los próximos años. A medida que se expande nuestra conciencia nos capacitamos para trascender nuestros miedos, unos miedos que nacen de nuestro ego; en vez de vivir ese amenazador colapso global, podemos más bien crear, conjuntamente, un nuevo mundo. Después de ceder durante tanto tiempo nuestro sentido del yo a autoridades externas y gurús, ha llegado el momento de que nos emancipemos.

Los encuentros de un periodista con la experiencia akásica

Guido Ferrari

Guido Ferrari es periodista y director de televisión. Ha hecho numerosos documentales en el campo de las artes y ha hecho programas y entrevistas biográficas a un buen número de conocidas personalidades. En estos programas ha entrevistado, entre otros, al Dalai-lama, Erich Fromm, Karl Popper, Eugene Ionesco, Ervin Laszlo, Elisabeth Kübler-Ross y Marie-Louise von Franz. Recientemente, ha producido dos DVD sobre el budismo en colaboración con Matthieu Ricard.

Soy periodista y director de televisión, vinculado durante muchos años a la Televisión Suiza Italiana. Durante el trascurso de mi trabajo he tenido muchas experiencias sorprendentes; experiencias que confirman que somos algo más que carne y sangre, que estamos vinculados entre nosotros y con todo lo demás, experiencias que atestiguan que podemos tener percepciones extrasensoriales; percepciones plenas de sentido y que ofrecen respuestas a preguntas fundamentales.

EL REGALO MÁS PRECIOSO

En 1982 produje y dirigí un documental sobre experiencias cercanas a la muerte. Busqué a un monje tibetano que pudiera describir las experiencias del *bardo* (en el budismo tibetano, un estado de existencia entre la muerte y el renacimiento). Lo encontré, y el contacto con él resultó ser una de las cosas más importantes de mi vida.

Yo no sabía casi nada acerca del budismo; quizás por eso Lama S. me sugirió que escuchara algunas de sus enseñanzas antes de comenzar. Éramos seis o siete personas. De un modo muy sencillo, Lama S. se puso a hablar del amor y de la compasión, de los venenos de la mente, de cómo todo cambia y del error del apego. Recuerdo que mi corazón empezó a abrirse a una especie de calor que colmaba todo mi cuerpo, mientras mi mente se mantenía tranquila, lúcida, espaciosa. Escuché sus palabras como el eco de una verdad que había llegado a tocar alguna vez, pero que había quedado enterrada bajo emociones negativas. Era una especie de «vuelta a casa», una experiencia de unión directa, de comunicación sin palabras, de paz y armonía. Podía sentir que el corazón humano es bueno y perfecto, y que todos somos uno. Fue un descubrimiento extraordinario para alguien como yo, que había sido educado en una rigurosa tradición científica que dejaba poco espacio para el corazón o las emociones. Lama S. me había dado el regalo más precioso que pudiera existir.

A partir de aquel momento consagré mi vida a conservar y desarrollar ese sentimiento de unidad. Lama S. me sugirió que hiciera un corto período de meditación.

Era la primera vez para mí, pero resultó ser una extraordinaria experiencia, misteriosa, que me llenó de confusión en aquel momento, pero que me ayudaría a lo largo de los años a comprender muchas cosas. Me encontré de pronto volando sobre las montañas, y más tarde por el espacio, que se hizo más oscuro que la boca de un lobo. En el cielo, unas líneas blancas formaron un cuadrado con dos diagonales. Volé hasta el centro de la luz blanca y, después, crucé a través de un vórtice blanco; de pronto, me encontré en un monasterio budista tibetano, como comprendería más tarde. Allí me encontré con viejos amigos y condiscípulos, y grité de alegría cuando los reconocí. Ellos me urgieron a que guardara silencio: había un maestro en un estado de profunda meditación, un hombre cuya fuerza me impresionó profundamente.

Después vino el viaje de regreso. Vi mi vida por segunda vez, comprendí mis errores, sentí que mi ira se disolvía en una calidez sanadora, y luego me encontré en el templo donde Lama S. estaba «cantando» una oración, con una suave voz que aún me evoca profundos sentimientos cuando la recuerdo. Mi experiencia en el estado de meditación fue parecida a la experiencia de la muerte. Durante las siguientes semanas, viví en un estado de apertura y de consciencia empática.

Me pasé años intentando comprender lo que me había ocurrido. Fue una experiencia absolutamente real, aunque yo no sabía nada previamente de ningún monasterio tibetano ni de condiscípulos de ningún tipo...

Mientras escribo esto me llega el recuerdo de otra experiencia akásica. Ésta tuvo lugar también durante una meditación con Lama S., pero fue algún tiempo después. Me encontré a mí mismo en la entrada de un estrecho valle alpino a través del cual discurría un río; las montañas estaban cubiertas de pinos. Entonces, la escena cambió y vi a un niño en el momento de nacer; los laterales del valle eran las piernas de la madre, y el río su vagina. La madre tomó al niño de inmediato entre sus brazos, y luego vi a mi propia madre y a mi padre; pero eran muy jóvenes, no como yo los recordaba, sino como eran antes de nacer yo. Sin embargo, eran reales, y estaban haciendo el amor suavemente, con mucho afecto. Recuerdo la sensación de amor puro y de gozo que henchía mi corazón: sensualidad llena de respeto, experimentada a través de una relación real, en la cual no había apegos. Fue una experiencia muy conmovedora. Había vivido el amor puro, el intercambio, el don. Se me había estado mostrando algo hermoso, y se me había mostrado el estado de consciencia asociado con ello. Esta visión llegó de forma sorprendente; llegó de forma completamente inesperada.[1]

Tuve otra experiencia relacionada con este tema del nacimiento, la maternidad y la sexualidad durante un seminario de respiración holotrópica que impartieron dos discípulos de Stanislav Grof. De repente me encontré en un bosque, sentado a los pies de un enorme poste pintado de blanco, en medio de una multitud de gente que lloraba y rezaba. Todos teníamos el cuerpo pintado, también de blanco. Estábamos participando en un ritual funerario. Me miré a mí mismo: era una anciana de pechos flácidos. Sentí en mi interior todo el dolor de la pérdida de mi hijo, algo que había sucedido años atrás. Comprendí que la vida era también la pérdida de lo que nos resulta más precioso. Mi corazón estaba en calma; estaba inmerso en los más tiernos de mis recuerdos. Viví una vez más el intercambio de afecto con un joven, que debía de haber sido el padre de mi hijo. Esto también pertenecía a mi juventud; el dulce recuerdo de un tiempo pasado. Me acuerdo de que, en mi visión, percibía el olor del bosque y escuchaba los cantos del funeral: yo estaba allí; era real.

Algún tiempo después, estaba oyendo la radio cuando escuché una melodía, cantada por una tribu de pigmeos, y me eché a llorar. A pesar de lo real que fue aquel episodio, no había ninguna conexión histórica evidente en todo aquello. Lo sentía como un antiguo recuerdo, o como el recuerdo de una vida paralela.

MI SENDERO A TRAVÉS DEL SONIDO HASTA LOS ESTADOS SUPERIORES DE LA CONSCIENCIA

En la siguiente experiencia akásica tuvo que ver el mundo del sonido, y vino a confirmar la importancia de los descubrimientos de Robert Monroe. Monroe había creado sonidos –los llamados sonidos Hemi-sync–* que facilitaban la sincronización de los dos hemisferios cerebrales. Contenían frecuencias correspondientes a diferentes estados de consciencia. Uno puede armonizarse con ese sonido y, así, acceder a estados superiores de la consciencia. (Se trata de la versión de la era electrónica del tambor del chamán, el mantra, el canto de salmos y los cantos gregorianos y sufíes). Fui a ver a Monroe a Virginia, le hice una larga entrevista y, posteriormente, mantuvimos algunas largas conversaciones. Por vez primera desde que conociera a Lama S., me encontré con alguien que comprendía mis experiencias y que estaba dispuesto a hablar de todo ello.

Monroe había sido un ingeniero e investigador muy pegado a la tierra, una persona pragmática que en modo alguno se dejaba llevar

---

* *Hemi-sync* sería, así pues, una expresión compuesta de las primeras sílabas de las palabras inglesas *hemisphere*, «hemisferio», y *synchronization*, «sincronización». *(N. del T.)*

por especulaciones. Había tenido varias experiencias extracorporales, que le habían llevado a reflexionar sobre la naturaleza de la realidad y de la consciencia. Había construido un laboratorio en una cabaña, donde conseguía experiencias extracorporales a través del sonido. Gracias a sus propias experiencias y a las de varios «exploradores» más, se había dado cuenta de que es posible entrar plenamente consciente en esta y en otras dimensiones fuera de los límites del tiempo y el espacio.[2]

Durante mi estancia en el Instituto Monroe tuve algunas experiencias akásicas más. La exposición a los sonidos Hemi-sync me abrieron al mundo de la experiencia interior, llevándome a mí y a otras personas hasta elevados estados de la consciencia. El proceso comienza en un estado de profunda relajación en el cual el cuerpo duerme y la mente se mantiene alerta; luego, llega una expansión de la consciencia que se profundiza cada vez más hasta que se entra en otras dimensiones, más allá del espacio y el tiempo.

La experiencia que más me impresionó fue una que me devolvió, con un tremendo impacto emocional, a un momento crítico de mi infancia. Yo tenía tres o cuatro años de edad cuando, tras un ataque de difteria, en una época en la que no había penicilina ni antibióticos, me llevaron al hospital en estado crítico. Recuerdo la impotencia de mi madre, que yo tomé como que ella me abandonaba. Me acuerdo de haberme encontrado en un jardín con mis abuelos, que por entonces ya estaban muertos, y recuerdo que me dijeron que volviera a mi cama en el hospital. Posteriormente, comprendería que había tenido una experiencia cercana a la muerte.

Mi experiencia comenzó en el Instituto Monroe por la mañana temprano, mientras me arreglaba. Se inició con la sensación de que mi madre me tocaba. Me tocó como me tocaba ella cuando yo era niño; me tocaba con mucho cariño, (mi madre había fallecido pocos años antes de esta experiencia). Aquella sensación continuó durante el desayuno, cuando recordé que me había negado a comer tras salir del hospital, rebelándome de algún modo contra mi madre. El trauma de haberme sentido abandonado y la experiencia de haber estado tan cerca de la muerte, incluso con un notable descenso de la temperatura corporal, me habían generado la sensación de que el calor de la vida estaba fuera de mí, que todo el calor estaba dentro de mi madre, que se había apoderado de él.

Luego, durante una sesión en el instituto, en la cual me aventuré por el espacio, tuve la sensación de estar muy lejos, en mitad de una noche llena de estrellas en la que podía ver hermosas galaxias. Tuve la sensación de ser inmenso, de albergar todo el universo en mi interior: las estrellas, las galaxias, el sol… todo estaba dentro de mí. Tuve la nítida sensación de que la tierra era mi corazón, y que el calor del sol estaba dentro de ella. El calor de la vida había vuelto a mí, física y emocionalmente. Estaba dentro de mí, y comprendí que podía cuidar de él, que podía hacerlo crecer y dárselo a los demás.

En una sesión posterior, pregunté qué podía hacer para incrementar el calor del corazón. La respuesta que recibí fue, «Perdona», porque «el universo responde». De hecho, si lo analizamos con detenimiento, todas las experiencias que he descrito aquí son respuestas. Hay veces en que llegan mensajes reales, tangibles, que soy capaz de escuchar en mi interior, y a veces los mensajes llegan de la forma más sorprendente, como cuando se me apareció un místico indio; estaba cocinando, y me dijo que no le molestara con preguntas para las cuales yo ya sabía la respuesta.

Estas y otras experiencias akásicas que he tenido durante mi vida como periodista y director de televisión me han enseñado mucho. Le han dado un significado insospechado a mi vida.

Segunda Parte

El trabajo con la experiencia

El aula viva

Christopher Bache

Christopher Bache ha sido profesor de Estudios Religiosos durante treinta años en la Universidad Estatal de Youngstown y, más recientemente, ha sido profesor adjunto del Instituto de Estudios Integrales de California. También fue director de Aprendizaje Trasformador en el Instituto de Ciencias Noéticas. Su enseñanza se centra en las religiones orientales, la psicología de la religión y la psicología traspersonal. Bache es autor de tres libros.

Fue un día normal en el aula, muy parecido a otros días en la universidad, en Ohio, donde enseño, en el Departamento de Filosofía y Estudios Religiosos. La clase había terminado y los alumnos estaban saliendo del aula cuando uno de ellos se acercó y me dijo:

—¿Sabe? Resulta curioso que haya utilizado el ejemplo que utilizó en clase, porque eso es exactamente lo que me ha ocurrido esta semana.

Luego, me describió su reciente experiencia y, efectivamente, se ajustaba a la perfección.

Yo había estado buscando un ejemplo para ilustrar un concepto que intentaba trasmitir a los alumnos. Recorriendo rápidamente posibilidades en mi cabeza, mi corriente de consciencia había hecho una pausa y, en la quietud, había surgido desde algún lugar más profundo un ejemplo que nunca antes había utilizado. «Prueba con esto...», decía, y funcionó. Mis alumnos parecieron captar la idea, y la clase continuó. Pero lo que había sido un ejemplo elegido al azar para el resto de los alumnos de la clase dio de lleno con este alumno en concreto. A través de mis palabras, una experiencia reciente de su vida había vuelto hasta él llamándole la atención. Fue como si le hubieran entregado una invitación personal para que se involucrara más en el curso, y así lo hizo.

La primera vez que me ocurrió esto, hace veinticinco años, lo descarté como una mera coincidencia, que es lo que se le enseña a hacer a todo buen académico. Se nos enseña que nuestras mentes son básicamente entidades separadas y discretas; una mente por cada cerebro. Cualquier suposición de dilución o superposición entre mentes se tiene por imposible; es una ilusión, una ficción de las circunstancias. Pero volvió a suceder unos cuantos meses después, y sucedió otra vez más después de ésta. En los años que siguieron se convertiría en una ocurrencia bastante común en mis clases, sucediendo con tanta frecuencia que ya no podía desestimar más aquel hecho. Mis alumnos y alumnas estaban encontrando en mis clases elementos y piezas de sus experiencias vitales recientes, o bien de las experiencias de un familiar cercano. Sin yo pretenderlo, sin siquiera ser consciente de ello cuando sucedía, mi consciencia parecía estar interceptando datos en una especie de campo de información en el que se hallaban las experiencias vitales de mis alumnos. Pero, ¿cómo y por qué ocurría esto? Tanto como filósofo interesado en la consciencia como en mi calidad de educador, yo tenía que comprender lo que generaba esos acontecimientos.

Éste fue el principio de una larga odisea con mis alumnos, un viaje de descubrimiento que se prolongó durante décadas. Con el tiempo, me llevó a comprender la dinámica de los campos de consciencia colectivos, y a reconocer las operaciones de una verdadera *inteligencia colectiva* en el aula.[1]

No hace falta decir que la mayor parte de mis colegas en la universidad me habría aconsejado no continuar por esta línea de investigación. Siendo como eran tan buenos académicos, sabían que el paradigma materialista imperante nos dice que estas cosas no son más que coincidencias aleatorias. Cuando piensas en todas las experiencias vitales acumuladas en el interior de tus alumnos, no cabe duda de que, en un momento u otro, terminarás por encontrarte con alguna de esas experiencias. Si das clases a un centenar de personas semana tras semana, terminarás por dar en el blanco más pronto o más tarde, aun con los ojos cerrados. Haz los cálculos y verás que tiene menos importancia de lo que parece. Pero el ajuste entre la experiencia vivida y lo dicho en la clase era tan exacto, y se repetía con tanta frecuencia, que llegó un momento en que me convencí de que allí estaba operando algo más que la casualidad.

RESONANCIA EN EL AULA

Una noche estaba dando clase en el curso nocturno sobre Religiones Orientales. Había alrededor de treinta alumnos y alumnas en la clase. En mitad de mi discurso, me encontré de pronto dando un pequeño e inesperado rodeo, en el cual relaté la historia de un maestro zen que había tenido la percepción precognitiva precisa de su inminente fallecimiento, algo parecido a lo que contaría posteriormente Sushila Blackman en su libro *Graceful Exits*.[2] Yo nunca había hablado de este asunto en esa clase en concreto. Fue simplemente un inciso, algo que dejé caer para dar un poco de interés anecdótico a la discusión que estábamos teniendo sobre las capacidades de la mente desde una perspectiva oriental.

Al terminar la clase, una dama de cabellos plateados vino a hablar conmigo. Nunca antes la había visto en clase. No formaba parte del curso, pero había venido con una amiga, otra mujer mayor que sí estaba matriculada en el curso. Su amiga la había arrastrado hasta nuestra clase aquella noche porque estaba preocupada por ella. Su marido había fallecido tres meses atrás, y su amiga pensaba que estaba languideciendo en casa y que necesitaba que le diera el aire.

Durante la conversación que vino a continuación, la mujer me contó la siguiente historia. Su marido había sido un consumado vendedor de automóviles, y había disfrutado de buena salud; pero, poco antes de su inesperada muerte, se había deshecho de la mayor parte de los autos de su lote sin dar explicación alguna y había puesto en orden todos sus asuntos financieros. Pocos días después, estando ambos en casa, delante del televisor, el hombre dejó a un lado el periódico y, de un modo nada típico en él, se volvió a su mujer y le dijo:

—Cariño, sólo quiero que sepas que, si muero mañana, tú has hecho que mi vida valiera la pena.

Una semana más tarde murió mientras dormía.

Lo que la mujer quería saber era si su marido podría haber sabido inconscientemente que iba a morir, como el maestro zen del que había hablado en clase. Le dije que parecía posible, y esto la confortó. Esto nos llevó a una conversación más larga, en la cual me habló de los retos y de las oportunidades que el fallecimiento de su marido había traído consigo para ella. En su dolor, se había dado cuenta de lo sobreprotector que él había sido con ella y de que ahora se le estaban dando oportunidades para desarrollarse; oportunidades que su marido, con la mejor de las intenciones, le había cerrado. Durante la conversación, la mujer decidió de pronto volver a la universidad. Así lo hizo, y aquí estuvo durante varios años.

Cuando comenzaron a ocurrir cosas como éstas en mis clases, yo me encontraba en las primeras fases de mi carrera. También estaba en mis primeras fases de mi práctica espiritual, y aquí la cosa se complica. Por acortar esta historia, que en realidad es larga, diré que, a medida que fui profundizando en mi práctica espiritual a través de los años, estas sincronicidades se fueron haciendo cada vez más frecuentes en mi aula. Era como si, al profundizar en comunión consciente con el tejido más profundo de la vida, los tendones de ese tejido se fueran activando a mi alrededor. No sólo ocurrían con más frecuencia estas resonancias cognitivas, sino que también comenzaron a tocar zonas sensibles de la vida de mis alumnos, como indica el ejemplo anterior.

Era como si se hubiera activado un radar que estuviera operando por debajo del umbral de mi consciencia, un radar que apuntara a alguna parte herida o constreñida de sus vidas. A veces tocaba una pregunta que habían estado formulándose durante años, o bien desencadenaba una respuesta que habían estado buscando, algo que necesitaban encontrar antes de poder dar el siguiente paso en sus vidas. A veces abría como con bisturí un dolor íntimo que se había enconado en su interior. En esta misteriosa comunión que se abrió entre mis alumnos y yo, era como si sus almas me estuvieran pasando mensajes a mí, dándome pistas sobre cómo podría alcanzarlos, diciéndome dónde se estaban ocultando, dónde les dolía y, lo más importante, qué ideas necesitaban para dar el siguiente paso en su desarrollo.

Con el trascurso de los años y con la profundización del proceso, mis alumnos comenzaron a tener también experiencias inusualmente profundas en torno a algunos de los conceptos que yo les presentaba en clase. Era como si sus vidas se vieran activadas por algo más que las meras ideas, como si fueran alcanzados por la *experiencia* auténtica de estas realidades que ahora vivían en mí hasta cierto punto debido a mi práctica.

Como profesor de Estudios Religiosos, he enseñado más secciones de «Introducción a las Religiones del Mundo» de lo que pueda recordar; es un clásico en nuestro departamento. Mi enfoque en este curso se ha visto profundamente influenciado por Huston Smith y la erudición existente en torno a la tradición perenne; ideas tan esenciales que no dejan de emerger en múltiples culturas a través de la historia, como flores perennes que volvieran a brotar cada primavera. Cuando mis alumnos y alumnas escuchan las verdades perennes de las tradiciones espirituales del mundo explicadas de forma sencilla, cuando se les recuerdan cosas hace tiempo olvidadas pero siempre presentes en los límites de su conciencia, hay veces en que una chispa de reconocimiento puede estallar en una llama. Esta llama es contagiosa y, en ocasiones, estimula resonancias de compasión con otros alumnos de la clase. Los alumnos pueden sentir colectivamente su propio cambio de energía hacia los centros superiores de la conciencia, aunque quizás no comprendan lo que les está ocurriendo en ese momento. Pueden manifestarse síntomas de apertura de chakras o de excitación del tipo kundalini. La energía corre, los corazones se abren y surgen las percepciones internas.

Para los alumnos, las experiencias pueden llegar a ser muy poderosas. Una alumna de segundo año describió una experiencia así en un ensayo que escribió a final de curso. Le sucedió un día, cuando estaba describiendo la idea budista de la relación entre la mente individual y la consciencia no dual. Para comunicar esta idea, a veces utilizo la analogía de un árbol, contrastando la consciencia de hoja (la mente personal) con la consciencia de árbol (la consciencia no dual). En este ejercicio, les pido a los alumnos que imaginen que las hojas son individualmente conscientes, pero que aún no son conscientes de la vida del árbol del cual forman parte, hasta el momento del salto. Es un poderoso ejercicio que me reservo hasta el momento en que creo que la clase está preparada para absorberlo en toda su trascendencia. Aquel día en concreto, la joven experimentó lo siguiente:

Lo que más me impactó de todo cuanto hablamos en la clase fue lo de la cons-
ciencia de árbol y la consciencia de hoja. Fue lo que lo reconcilió todo para
mí. Lo que me hizo comprender la interdependencia de todos y cada uno, y lo
que erradicó de mí el miedo a vivir. Me conmovió tanto que tuve que hacer
enormes esfuerzos por no echarme a llorar en clase; no porque estuviera triste,
sino por el impacto que me generó darme cuenta de algo capaz de cambiar
tu vida. Hizo surgir en mí una emoción que nunca antes había sentido, y no
estaba muy segura de cómo reaccionar ante ella.

Otra alumna, una mujer de treinta y tantos años, resumió una experiencia similar del siguiente modo:

Allí, en la clase, tuve la sensación de estar dentro de una de esas bolas de
cristal con escenas invernales que la gente utiliza como pisapapeles. Sacudes
la bola y reina la confusión, con pequeños copitos de nieve dando vueltas por
todas partes. [...] No pude seguir atenta a la clase. Intentaba concentrarme y
escuchar lo que usted decía, pero no podía.

Después, [...] ya en casa, [...] sola. Todo lo ocurrido en la clase volvió a mí.
En su mayor parte eran sentimientos. Lágrimas. Revelación. Comprensión...
después de dejarlo hervir a fuego lento. Me di cuenta de que, si no lo captaba
bien, estaría ahí esperando; me refiero a ese conocimiento, a esos minúsculos pun-
tos brillantes de revelación interior. Escribía en mi diario. Lloraba. A veces con
un llanto suave y delicado, cálido, que me hacía sentir bien. A veces eran sollozos,
desgarradores y extenuantes. VARIAS VECES PENSÉ QUE ESTABA PERDIENDO EL JUICIO.

En vez de escuchar sus clases con el intelecto, la mente, el cerebro, le escu-
chaba desde algún otro lugar. ¿Desde el corazón, o el alma, tal vez? Oídos de
un tipo que nunca había utilizado. Se habían atrofiado. Usted hizo que los
ejercitara. O quizás es que el campo de la clase era tan intenso que atravesaba
mi cerebro-mente, controlador y dominante, y hacía vibrar mi corazón-alma,
como si le diera un electrochoque cardíaco para devolverle la vida.

¿Que cuál fue el resultado? Pues que me estoy convirtiendo en quien fui
hace mucho tiempo. El campo dio un rodeo para evitar mi intelecto y se fue
directamente a mi corazón para abrirlo y curiosear en él. [...] Ahora sé que
estuve profundamente enterrada en mí misma durante años, y que el milagro
de este trabajoso proceso que sigo experimentando procede del hecho de haber
estado inmersa en el campo de energía de toda la gente que estábamos en el
aula. No venía de mí sola.

Debo decir que no era mi intención desencadenar tan profundas reacciones existenciales entre mis alumnas y alumnos. De hecho, temiendo que todo aquello estuviera fuera de lugar en un entorno universitario, yo intentaba sofocarlo de algún modo. Pero me di cuenta de que aquello resultaba imposible sin perjudicar al mismo tiempo el proceso de enseñanza. Cada vez que mis alumnos y yo nos reuníamos y tratábamos simplemente del material asignado, ocurrían estas cosas de manera espontánea, sin yo pretenderlo conscientemente. Era como si el fuego estuviera encendiendo más fuego. Cuando nos centrábamos simplemente en la tarea de compartir lo que habíamos comprendido, estas *resonancias de experiencia viva* emergían de forma impredecible (no siempre, pero con frecuencia), llevando a mis alumnos a estados acrecentados de conciencia.

Como profesor universitario, yo estaba tan condicionado por el paradigma atomista, newtoniano-cartesiano, que me llevó varios años hasta que pude admitir lo que ahora se me antoja una interpretación obvia y natural de estos sucesos: que, por debajo de la apariencia de separación, nuestra vida está profundamente entrelazada con las vidas de las personas que nos rodean, y que mi práctica espiritual fuera de clase estaba desencadenando de algún modo estos incidentes de resonancia en el aula. Esto no ocurría a través de mi dirección consciente, sino de forma involuntaria, a través de alguna forma de resonancia energética. Los estados traspersonales de consciencia que se abrían en mi práctica en casa parecían estar activando los meridianos de un campo latente de consciencia que incluía a mis alumnos.

Estas conexiones sincrónicas se hicieron especialmente pronunciadas durante un período de varios años, cuando yo estaba pasando por una serie de poderosas y trasformadoras experiencias en mi práctica que me derrumbaban y me sumergían en niveles muy profundos. Los detalles de esas experiencias no son importantes aquí, pero se detallan en mi libro *Dark Night, Early Dawn (Noche oscura, amanecer prematuro)*.[3] Todas las tradiciones espirituales hablan de una fase del trabajo interior que implica la disolución de la frontera entre el yo y el otro. La describen como una membrana que marca los límites entre el campo mental individual de la persona y los campos de conciencia que la rodean. En la parte más cercana de esta membrana, el mundo parece estar compuesto de seres separados, cada uno con una existencia aparentemente privada. En la parte más lejana de la membrana, el mundo aparece como un todo integrado, un continuo de energía que es insondablemente complejo y abrumadoramente hermoso. De ahí que a esta membrana se la describa frecuentemente como los dominios de la muerte y el renacimiento, la muerte a la prisión del yo privado y el renacimiento a un orden mayor de totalidad que subyace y satura la diversidad de la vida. Cuando un practicante espiritual transita por este territorio, en mitad de las interconexiones de estas dos realidades, paradójicamente compatibles, a veces se manifiestan potentes sincronicidades con las personas que nos rodean.

Cuando mi trabajo interior vino a centrarse en esta frontera, algunos de mis alumnos comenzaron a transitar simultáneamente por trances particularmente difíciles en sus vidas. La mayoría de mis alumnos no entraron en estas aguas, claro está, y pasaron por mis cursos sin verse alcanzados por estas dinámicas; pero algunos sí entraron. Aquellos que lo hicieron se sintieron como si llegaran a un punto de ruptura en sus vidas o a un momento crucial en el que tenían que asumir riesgos. Era como si ellos y yo estuviéramos siendo atraídos, todos juntos, hacia un vórtice colectivo de muerte-renacimiento, un vórtice que nos estaba desmoronando a todos de diferentes maneras, sacando a la luz heridas profundamente enterradas y aplastando las restrictivas barreras de nuestras existencias.

Arrastrados hacia una profunda trasformación personal, algunos alumnos optaron por dar por concluido un mal matrimonio o por sanar un matrimonio dañado. Algunos comenzaron a enfrentarse a sus adicciones, y otros se volvieron a aproximar a personas de las que habían estado distanciadas durante mucho tiempo. Una mujer de cuarenta y tantos años insinuó la profunda alteración de su mundo interior y su mundo exterior, que tuvo lugar durante este período, cuando comenzó a recobrar espontáneamente dolorosos recuerdos de maltrato en su infancia, en un curso sobre el budismo:

Durante y después de haber estado en sus clases, mi mundo interior se hizo cada vez más caótico, cuando los demonios de mis dolorosas configuraciones psicológicas comenzaron a emerger, coloreando con el tiempo mi mundo exterior, poniendo en cuestión todo lo que yo pensaba que era, y disolviendo los puntos de referencia con los que estaba familiarizada. [...] Mientras me esforzaba por atravesar aquellas potentes configuraciones de dolor, usted le habló a mi alma y la alimentó, ayudándome a profundizar en mi viaje espiritual.

Aunque este tipo de respuestas son de esperar en determinadas clases de cursos, como en un curso de orientación psicológica, no era éste el caso con el tipo de cursos que yo impartía. Más bien, estos sucesos parecían ser el *efecto indirecto* del mero hecho de habernos juntado todos para estudiar aquella asignatura. No era el contenido del curso lo que parecía estar trayendo estos efectos, sino algo más profundo. Yo creo que tenía algo que ver con la yuxtaposición y la interacción de nuestra energía vital en algún nivel fundamental.

Sea cual sea la explicación que los físicos lleguen a dar algún día a este nivel fundamental, estas experiencias me convencieron de un simple hecho: *que los estados acrecentados de consciencia son contagiosos.* Da la impresión de que mis esfuerzos por alcanzar estados más profundos del ser provocaron que mi simple presencia actuara como una especie de pararrayos, desencadenando chispas de un despertar similar entre aquellos alumnos que eran receptivos a esta influencia. Se trata de un fenómeno completamente natural con efectos incontenibles. Simplemente, nuestra ecología espiritual no permite un despertar privado.

CAMPOS DE APRENDIZAJE Y MENTES GRUPALES

Además de las experiencias ya mencionadas, en mi aula tuvieron lugar otras anomalías que me empujaron a mirar más allá de la relación alumno/a-profesor y a considerar la dinámica colectiva de la *clase como un todo.*

Quizás la observación más importante que me impulsó hacia una lectura colectiva de estos acontecimientos fue la pura magnitud de las fuerzas que parecían estar implicadas. Yo estaba afectando profundamente la vida de demasiadas personas como para conceptualizar lo que estaba sucediendo sólo en términos de resonancia con mi energía individual. Si mi persona era de algún modo un catalizador para que estas experiencias emergieran entre mis alumnos, lo que salía a la superficie era en realidad más grande que lo que yo pudiera estar generando.

Y cuando comencé a ver ese «algo» más grande como un campo de consciencia colectivo fue cuando comenzaron a encajar en su sitio una gran variedad de conceptos y de experiencias.

Mis alumnas y alumnos se estaban haciendo más porosos, no sólo a mí, sino también entre ellos. A veces, unos se aparecían en los sueños de los otros de formas muy significativas. Las sincronicidades entre ellos iban en aumento, y las coincidencias trascendentales se hacían cada vez más comunes en mis cursos. Como me dijo un alumno, que volvió a la universidad después de veinte años de ausencia:

Cada trimestre parecía traer nuevos e inesperados cambios y sincronicidades. Entré en una red de relaciones personales y de encuentros con gente que tenía una influencia profunda en mi vida. Me «encontraba» con personas cuyas circunstancias eran misteriosamente similares a las mías; personas que conocían a amigos míos de recónditos lugares del mundo; personas que parecían estar leyendo los mismos libros en los mismos momentos y que tenían experiencias que las trasformaban de las mismas sorprendentes y estimulantes maneras.

Una alumna me envió la siguiente descripción de la conexión que sintió con otros alumnos durante el mismo período:

Toda la gente que hemos estado en sus clases sentimos una profunda conexión entre nosotros. No sabemos a qué se debe. Lo único que sabemos es que nos pasa eso. Y lo único que yo sé es que siento algo que nos une a todos. Recuerdo que había cosas que me daban vueltas en clase con el resto de alumnos. Éramos sensibles a los pensamientos y a los sentimientos de los demás. [...] ¡Siempre me pregunté si usted sabía lo que estaba pasando, porque usted nunca decía nada en clase!

En ocasiones, parecía como si de pronto comprendiéramos todos algo en el aula, algo que no parecía venir de mí ni de ningún estudiante, sino de la fuerza de nuestra *conciencia colectiva combinada*.

Se trata de una experiencia muy sutil, pero inconfundible. A veces, cuando simplemente estoy haciendo mi trabajo, llevando a cabo las tareas previstas, es como si sucediera algo súbitamente. La atmósfera en el aula parece sobrecargarse, y todos los presentes parecemos entrar en un estado unificado. Mi mente se vuelve inusualmente espaciosa y clara, y los ojos de mis alumnos me dicen que han entrado en un estado especialmente receptivo. Es como si nuestros corazones se fundieran, y como si de ese campo de compasión recién abierto emergiera una lenta corriente de pensamientos que yo, como portavoz del grupo, expongo y elaboro.

En estos instantes transitorios de consciencia acrecentada hay veces en que tengo la intensa sensación de sólo hay una mente en la sala. Es como si las paredes que normalmente nos separan se hubieran convertido en cortinas de gasa. Los individuos se funden en un campo de energía que resplandece suavemente, y esta energía unificada piensa, siente y se muere por expresarse. Dado que en este campo de energía se incorporan las experiencias vitales de todos los presentes, es normal que en ocasiones nos encontremos con que emergen espontáneamente algunos detalles de nuestras historias por separado. Y dado que en este campo se incorporan nuestras esperanzas y nuestros temores privados, es normal que a veces nos sintamos profundamente conmovidos por lo que sale de ahí.

Pero, además, de forma periódica y sumamente extraña, mis alumnos parecían dar un repentino «salto adelante» en su aprendizaje colectivo. Me percaté de que, cada cierto tiempo, yo tenía que reajustar los materiales de mi asignatura porque mis alumnos parecían haber dado un salto cuántico hacia adelante en su receptividad a las ideas que les iban presentando. Después de años utilizando un mapa de carreteras cuidadosamente diseñado para alcanzar unos resultados intelectuales concretos, una nueva hornada de alumnos venía de pronto a hacerme ver que estaban ya unas cuantas semanas por delante de mí en el programa de estudios. Era como si aquellos alumnos hubieran encontrado un atajo hacia determinadas conclusiones y ya no necesitaran hacer todo el recorrido. Claro está que son muchos los factores que podrían haber propiciado este avance, entre los que habría que incluir los cambios generalizados en la percepción cultural, una población estudiantil autoseleccionada o, simplemente, una mejora en la presentación pedagógica de materiales. Pero, después de ver cómo se repetía este ciclo numerosas veces a través de los años, llegué a convencerme de que ahí pasaba algo más. Los cambios tenían lugar de forma demasiado súbita y con demasiada frecuencia como para poder explicarlos con esos argumentos.

Poco a poco, comencé a comprender que había un *meta-aprendizaje* entre bastidores, un patrón de aprendizaje que discurría a un nivel más profundo que el aprendizaje de los alumnos a nivel individual. Comencé a reconocer la existencia de *campos de aprendizaje* que se extendían en torno a mis cursos, campos de consciencia que registraban el aprendizaje realizado semestre a semestre, campos de influencia que hacían más fácil el aprendizaje de aquel mismo material a los alumnos de las posteriores generaciones.

Los que hayan leído algo del trabajo vanguardista de Rupert Sheldrake sobre campos mórficos reconocerán su influencia aquí.[4] Sheldrake me permitió encontrar un sentido a este fenómeno al permitirme verlos como síntomas de una mente colectiva emergente. Su trabajo me dio el permiso para dar un paso radical: el de reconocer que no sólo los individuos con un sistema nervioso completo tienen mente, sino que *los grupos también tienen mente*. Y mi experiencia de trabajo con los alumnos año tras año me empujó a llevar esta revolucionaria hipótesis un paso más allá. Incluso los *grupos transitorios* pueden manifestar una especie de consciencia grupal bajo determinadas condiciones. Estas condiciones son: (1) una intención colectiva centrada en un proyecto grupal emocionalmente atractivo, (2) un proyecto de duración prolongada, y (3) la repetición del proyecto en una forma aproximadamente similar en múltiples ocasiones.

El reconocimiento del carácter de campo de la mente abre la puerta a una nueva generación de ideas en la dinámica colectiva de la consciencia, así como a una nueva serie de estrategias pedagógicas para los profesores y para cualquier otra persona que trabaje con grupos. Debido a que la consciencia es un campo y los campos son porosos por naturaleza, la trasformación del individuo no puede aislarse de la trasformación del resto de individuos que están en el entorno. Cuando una persona se abre a la *profundidad* de la consciencia, ella misma activa al mismo tiempo la *amplitud* innata de la consciencia.

Pero el reconocimiento del carácter de campo de la mente permite comprender también el modo en que las mentes se vinculan entre sí, incluso la «sincronización en fase» con otras mentes para formar conjuntos operativos más grandes. Esta tendencia a sincronizarse con los sistemas cercanos no es exclusiva de la consciencia, sino que es una característica de la naturaleza en su conjunto, y probablemente está respaldada por el campo akásico en sí, que trasciende el tiempo y el espacio.[5] Como dice Steven Strogatz en su libro *Sync,* «Por motivos que aún no comprendemos, la tendencia a la sincronía es uno de los dinamismos más generalizados del universo, extendiéndose desde los átomos hasta los animales, desde las personas hasta los planetas».[6]

Por último, estos atisbos en la dinámica colectiva de la consciencia no cancelan ni niegan la individualidad, eso que tanto apreciamos en Occidente. Cada vez más evidencias sugieren que lo que hacemos afecta a los demás, y que lo que los demás hacen nos afecta a nosotros; y, sin embargo, dentro de esta matriz, la individualidad no queda sofocada sino que, paradójicamente, se libera en formas más profundas de expresión de sí misma. El yo que ve y que participa conscientemente en la porosidad del ser se convierte en mucho más que el yo que no la ve. La apertura experimental al campo akásico que nos envuelve funde los límites del ego privado, trayendo consigo la «muerte del yo» de la que tanto se habla en la literatura espiritual; pero, cuando el ego muere, nace una nueva forma de individualidad, no una individualidad aislada, sino una individualidad que prospera en este dar y recibir más profundo. Al final, creo que veremos que la expansión en la amplitud de nuestra participación consciente en la matriz de vida que nos envuelve traerá consigo una presencia personal más profunda en la historia.

OCHO

Sanar más allá del espacio y el tiempo

Maria Sági

Maria Sági tiene un doctorado en Psicología por la Universidad Oetvös Ló-ránd de Budapest y es miembro asociada («candidata») de la Academia Hún-gara de las Ciencias. Fue colaboradora científica del Instituto de Sociología de la academia y es directora científica de la Fundación del Club de Budapest. Es la fundadora y directora del Instituto Körbler de Hungría, y tiene una activa práctica en la Nueva Homeopatía y en la medicina de la información.

Hace ya veinticinco años que descubrí que puedo sanar a la gente de maneras diferentes a las de los métodos de la medicina convencional. Este descubrimiento fue sorprendente: cuando era niña, quería ser pianista; pero luego estudié para ser psicóloga.

A los quince años, siendo estudiante de piano, sufrí una lesión nerviosa en la clase de gimnasia que me impidió tocar el piano durante todo un año.

No podía escribir, ni levantar peso ni hacer las faenas de la casa con el brazo derecho. Aquello decidiría el resto de mi carrera. En un principio me resultó difícil aceptar que tendría que alterar mis planes profesionales, pero finalmente opté por la psicología y me matriculé en la universidad. Mi objetivo era comprender las motivaciones subyacentes al comportamiento humano.

En aquella época, durante los primeros cuatro años de estudio, los estudiantes de Psicología recibían clases de Medicina junto con los alumnos de Medicina. Yo disfrutaba muchísimo de las clases, pues creía que quienquiera que pretendiera estudiar la mente debería familiarizarse también con la fisiología del cuerpo.

En mi quinto curso en la universidad volvió a emerger mi pasión por la música. Empecé a investigar los efectos de la música en la mente, trabajando con alumnos de la universidad, con músicos, pintores y demás, poniendo a prueba diversos métodos, como los tests proyectivos, el análisis por asociación y la pintura musical. Durante diez años investigué en psicología de la música, psicología del arte y psicología social, y obtuve un doctorado en la Universidad ELTE de Budapest. Posteriormente, obtuve un segundo doctorado que me calificaba como miembro asociada («candidata») de la Academia Húngara de las Ciencias. Mis intereses de investigación marcaron el resto de mi vida.

MI PRIMER ENCUENTRO CON LAS FORMAS DE SANACIÓN ALTERNATIVA

Desde mi adolescencia, y durante muchos años después, estuve padeciendo pequeños pero molestos problemas digestivos, tanto en la cafetería del instituto como, posteriormente, en mi lugar de trabajo. Tenía la sensación de soportar una piedra en el estómago durante horas, seguida por un dolor repentino y la abrasión del ácido quemándome en el estómago. Esto me sucedía cada vez que comía en estos lugares. Me hicieron un chequeo médico, pero no salió nada extraño, y las pastillas que me recetaban para neutralizar el exceso de ácido sólo me proporcionaban un alivio temporal. Lo intenté con las medicinas que me recetaban los médicos, pero no servía de nada. Después, consulté con un anciano y sabio sacerdote, del cual se decía que era capaz de curar con un método bastante especial. El «padre Lajos», como se le conocía, utilizaba la radiestesia médica para diagnosticar los problemas de aquellas personas que acudían a su consulta. Él seleccionaba una dieta en concreto y una combinación de remedios a base de hierbas para sus pacientes; pero lo hacía con la ayuda de un péndulo. Y su terapia funcionó.

Mi vida cambió espectacularmente cuando comencé a seguir su método. Adopté la dieta prescrita, en la que se eliminaba la carne, la leche, el pan y el azúcar. Al tiempo que llevaba a cabo mi investigación científica, estudié fitoterapia y radiestesia médica, y más tarde descubrí la macrobiótica. Tras mis estudios de macrobiótica en el Instituto Kushi de Ámsterdam, emprendí una doble carrera profesional: la investigación científica y la sanación alternativa. Yo prescribía una combinación de dietas y de fitoterapia para aquellas personas que venían a mi consulta. Al cabo de un tiempo, tras la primera consulta, yo era capaz de tratar a pacientes que vivían lejos sin necesidad de volverles a ver personalmente, utilizando el péndulo, como había aprendido del padre Lajos. Me proporcionaba una gran alegría ver lo rápido que se recuperaban, de modo que fui dedicando cada vez más tiempo a la sanación.

Después, tuve la fortuna de conocer a un innovador técnico y sanador austríaco, Erich Körbler, en Viena. Había desarrollado un método de sanación llamado Nueva Homeopatía. Körbler diagnosticaba los trastornos de sus pacientes según los principios de la medicina china, utilizando una varilla de radiestesista con un diseño especial que oscila e indica la condición del paciente. Esto le permitía a Körbler obtener una imagen precisa y detallada del estado energético del cuerpo del paciente, lo cual le indicaba hasta qué punto se desviaba su estado del estado normal de salud.

Erich Körbler murió en 1994, pero yo, junto con mi hermano István, he seguido enseñando, aplicando y desarrollando su método. He estado impartiendo seminarios sobre el método Körbler y sobre medicina de la información, que es un desarrollo posterior del método, en Alemania, Suiza y Austria. («Información», en «medicina de la información», hace referencia al modo en que tanto el diagnóstico como la terapia se llevan a cabo: no sólo por medios físicos y bioquímicos ordinarios, sino leyendo, y afectando, la información intrínseca del cuerpo). Utilizando la información en el diagnóstico y en el tratamiento, también puedo practicar a distancia mi método de sanación. Normalmente, examino primero en persona a los participantes en los seminarios que desean consultarme, y luego continúo tratándolos a distancia.

A mediados de los años noventa, estudié homeopatía clásica y entré en contacto con la Sociedad Médica Psiónica de Inglaterra. Esta sociedad, compuesta por reputados y acreditados doctores en medicina, trabaja exclusivamente a través de la sanación remota, combinando la medicina occidental y la homeopatía clásica con la radiestesia médica. Colaboré con esta sociedad durante nueve años. La combinación del método psiónico con el método Körbler ha conformado la base de mi trabajo de sanación desde entonces, me ha abierto a nuevas posibilidades y me ha proporcionado perspectivas increíbles.

HISTORIAS DE CASOS DE MI EXPERIENCIA CON LA SANACIÓN QUE TRASCIENDE EL ESPACIO Y EL TIEMPO

Llevo practicando este tipo de sanación que trasciende los límites del espacio y el tiempo durante muchos años, y durante este tiempo he tenido muchas experiencias extraordinarias. Citaré aquí algunos casos.

Desde hace muchos años, me vengo despertando cada mañana, o al romper el alba, con el pensamiento de cuál debe de ser el próximo paso en el tratamiento de alguno o alguna de mis pacientes. De pronto, aparece el nombre del paciente junto con el del remedio o el tratamiento que necesita. Si lo que se indica es un tratamiento homeopático, me viene a la mente de inmediato el remedio apropiado, normalmente con la potencia requerida. Normalmente puedo identificar el remedio correcto para un paciente aunque no me haya consultado a mí directamente, aunque haya ido a consulta con otro sanador que, posteriormente, me ha pedido consejo, dándome simplemente el nombre del paciente y la naturaleza de su problema.

Pero esta facultad tiene otras variantes. Erzsébet –que ha estudiado en el Tíbet y es maestra de sanación mediante el uso de los símbolos tradicionales tibetanos (una disciplina que he estudiado con ella)– me llamaba con frecuencia por teléfono. (Tengo que añadir que estos símbolos vienen demostrando desde hace siglos que tienen un efecto sutil, pero notablemente constante, sobre el funcionamiento del cuerpo. Parecen interactuar con la información del biocampo que gobierna los procesos corporales). Pues bien, Erzsébet me llamó una mañana cuando estaba yo a punto de salir de casa para decirme qué símbolo sanador tibetano debía aplicar aquel mismo día. Me pasé el día preguntándome por qué me habría dicho aquello y, al llegar la noche, tomé mi varilla de radiestesia y me puse a buscar una respuesta. Un familiar cercano, que vive a 200 kilómetros de mi casa, se me apareció en la mente. No se encontraba bien, y pedía ayuda. Pues bien, el símbolo que Erzsébet me había dado era el remedio para este familiar.

A la mañana siguiente le di las gracias a Erzsébet por su orientación. En esta ocasión era ella la que tenía prisa pero, no obstante, sacó a colación otro símbolo. Aquella noche busqué a la persona que pudiera estar necesitando aquel símbolo en particular y me di cuenta de que se trataba de la misma persona. Tanto el primer símbolo como el segundo demostraron ser de vital ayuda, dado que aquel familiar mío se encontraba en un estado bastante lamentable en aquel momento.

Una noche, el mes pasado, un viejo amigo mío me llamó alrededor de las nueve para decirme que tenía un intenso dolor de encías por detrás de la última muela. Había probado ya con un gel antiséptico, pero no le había proporcionado ningún alivio. Le examiné a través del método de radiestesia remota y le envié información curativa con una validez específica de siete horas. Al día siguiente, por la tarde, mi amigo me dijo que el dolor persistió durante la primera parte de la noche, pero que poco después había remitido y había podido dormir. Después del desayuno, el dolor volvió, probablemente debido a la tostada que se había comido para desayunar. Entonces le envié una forma modificada de información curativa, y le pedí que me tuviera al tanto de si había algún cambio. Hablamos de nuevo por teléfono al día siguiente, dado que teníamos otros asuntos de los que tratar. Cuando terminamos nuestra conversación, le pregunté por el dolor de encías:

—Oh, casi me había olvidado –respondió–. Anoche desapareció el dolor por completo.

Otro caso fue el de Veronica, una dentista de treinta y dos años, amiga desde hace mucho tiempo. Veronica le pidió a su padre que me llamara, dado que ella estaba en Ginebra en una reunión profesional. Tenía los ojos hinchados y enrojecidos, y le habían salido unos abscesos que le escocían intensamente. Tenía el aspecto de una persona que hubiese estado llorando toda la noche, y no quería que la vieran en aquel estado. La examiné a través de radiestesia remota y le envié información curativa, y también le dije a su padre que le explicara el modo de prepararse ella misma un remedio. El remedio, consistente en información codificada en un vaso de agua, debía prepararlo dos veces durante un período de cinco horas, y en cada ocasión debía utilizarse junto con diferentes informaciones curativas. A la mañana siguiente, su padre me llamó de nuevo para decirme que a su hija le habían seguido picando los ojos hasta la noche, pero que se había despertado a la mañana siguiente completamente recuperada. En este caso, aunque la dolencia era una inflamación de ojos, yo no le traté los ojos, sino que lo que hice fue fortalecer su sistema inmunitario. La inflamación era un síntoma del funcionamiento irregular de los intestinos grueso y delgado; de modo que, cuando fortaleció su sistema inmunitario, el problema remitió por sí mismo.

Un caso interesante es el de un niño que había nacido con un defecto congénito. Me trajeron a Balázs cuando tenía dos años, con un grave problema de metabolismo (hiperamonemia). El pequeño no había respondido al tratamiento convencional y el médico de familia había recomendado a los padres el ingreso del niño en una institución para niños enfermos. Pero los padres no aceptaron la sugerencia y optaron por traerme el niño a mí. Su problema metabólico respondió ante una dieta macrobiótica, remedios homeopáticos e información curativa.

Sin embargo, Balázs tenía también ataques periódicos de ira en los cuales se daba golpes en la cabeza contra las paredes y se mordía los nudillos y los dedos hasta hacerse sangre. Estas crisis duraban alrededor de media hora. En esas situaciones, la madre me llamaba y yo abordaba el problema a través de tratamiento remoto. Y el niño se calmaba, aunque se encontraba a 150 kilómetros de mi casa. A lo largo de varios años, este tratamiento comenzó a dar notables resultados. Balázs comenzó a hablar cuando tenía seis años. Su primera frase fue «Las nubes flotan bellamente en el cielo». En la actualidad tiene dieciséis años y asiste a una escuela de niños con deficiencias. No hace mucho terminó tercero en una carrera de caballos para chicos sanos de entre catorce y dieciséis años de edad.

DOS CASOS CON UN GIRO PECULIAR

En los siguientes casos, el remedio específico que resultó ser el correcto me llegó de manera espontánea, aun cuando no estaba haciendo ninguna prueba específica.

Uno de los casos fue el de la madre de Balázs. La mujer desarrolló un problema emocional debido a las crisis constantes de su hijo, y me llamó un día para pedirme ayuda. En aquellos momentos yo me estaba mudando de casa, por lo que no podía dedicarle el tiempo suficiente. Así que la derivé a un médico homeópata que trabaja con una máquina de biorresonancia. Pero, estando yo en la ducha la noche antes de que la mujer fuera a la consulta del homeópata, brotó de pronto en mi cabeza el nombre del remedio homeopático: la *Staphysagria*. En aquel mismo instante supe que aquél era su remedio, y también que debía tomarlo con una potencia M (1.000). Pensé en llamarla para decirle que ya no hacía falta que fuera al médico, pero finalmente decidí no interferir. Al día siguiente, por la noche, después de haber ido a la consulta, la mujer me llamó y me dijo que la máquina de biorresonancia había dado un remedio que, después, el médico le había recetado: era *Staphysagria* con una potencia M.

El siguiente caso es el de Sándor, que tenía cincuenta y nueve años cuando se convirtió en paciente mío; de eso hace ya nueve años. Durante los veinte años anteriores habíamos sido vecinos en un pueblo de las montañas de Mátra, donde Sándor vive con su familia y nosotros tenemos una casita de campo. Sándor cultivaba frutales por afición en un huerto que tenía en la falda de una colina. Oyó hablar de mi trabajo con la varilla de radiestesista y me pidió que averiguara qué minerales debía dar a sus frutales. Comentó que, durante los últimos dieciocho años, había estado padeciendo una inflamación crónica de las articulaciones. El dolor se le declaraba de forma inesperada, en diferentes articulaciones. Concretamos una fecha para hacer la prueba con sus árboles y, en lo referente a su problema, le sugerí que me lo hiciera saber cuando el dolor se le declarara de nuevo.

Pocas semanas después acompañé a Sándor a inspeccionar sus frutales. Aquella misma mañana había comenzado a sentir dolor en el brazo, y la muñeca se le agarrotó poco a poco hasta el punto de resultarle difícil conducir a lo largo de los dos kilómetros que había entre su casa y el huerto. No se le veía inflamada la muñeca, por lo que Sándor no habló de ello. Pero, mientras estábamos inspeccionando los árboles, Sándor dio un grito de repente e hizo gestos señalándose la muñeca izquierda. Poco a poco se le empezó a hinchar y, al cabo de diez minutos, tenía un bulto rojo del tamaño de una nuez. Mientras examinaba aquel extraño fenómeno, me vino a la cabeza *Phosphorus M.* Estaba convencida de que aquél era el remedio correcto. Pero, dado que no lo llevaba conmigo, empecé a enviar la energía correspondiente al bulto rojo y duro que Sándor tenía en la muñeca. Me acuerdo que me sentí completamente escurrida cuando la energía pasó a través de mí.

Al día siguiente tuve que partir del pueblo. Cuando nos volvimos a ver, en otoño, Sándor me dijo con regocijo que estaba completamente curado. No volvió a tener molestias hasta tres años después, cuando se excedió trabajando con la pala mientras ayudaba a construir su casa. La muñeca volvió a dolerle, y recurrió de inmediato a mí en busca de consejo. Esta vez, sin embargo, el dolor respondió a la información curativa y al resto de recomendaciones que le di.

A la vista de su extraordinaria curación, decidí elaborar una detallada historia de caso. Sándor tenía alrededor de cuarenta años cuando, súbitamente, todas sus articulaciones, salvo las de la columna vertebral, se le inflamaron. El dolor en dedos, muñecas, codos, hombros, dedos de los pies, tobillos, rodillas y cadera se le hizo casi insoportable. Los pies se le debilitaron tanto que casi no podía caminar. Por otra parte, había veces en que se le hacía rápidamente un bulto rojo y duro en las muñecas que le causaba un intenso dolor y que no respondía de una forma fiable al tratamiento médico; a veces se reducía la inflamación, y a veces no.

Al cabo de un año y medio, el médico de Sándor decidió interrumpir el tratamiento mediante medicinas convencionales para darle en su lugar inyecciones de *Auredan* (oro) una vez a la semana. Le aconsejó que dejara de fumar, y así lo hizo. Después, Sándor recibió un tratamiento de hidroterapia durante tres semanas. Los dolores remitieron. La fase aguda de la enfermedad vino seguida por una fase crónica, en la cual se le inflamaba sólo una articulación cada diez días más o menos; algo bastante aleatorio. Gracias a que la inflamación sólo le afectaba a una articulación cada vez, Sándor pudo seguir trabajando. Pero era imposible saber qué estaba causando aquellas inflamaciones. Podía deberse a cambios en el tiempo, o bien a un simple resfriado. También parecía desencadenarse sin ninguna razón obvia, por ejemplo, después de comer pollo. El trastorno persistió durante dieciséis años. Y yo le pregunté qué podía haberle precedido.

Sándor me dijo que, cuando los síntomas aparecieron por vez primera, acababa de comer pollo en un restaurante. El muslo del pollo estaba bien hecho por el exterior, pero cerca del hueso olía mal. Sándor dejó el pollo, y por eso no cayó enfermo. De repente, se me hizo la luz. El motivo por el cual el *Phosphorus M* le había funcionado tan bien era porque es un agente desintoxicador. Al tomarlo, su sistema inmunitario había conseguido equilibrar la información negativa que había recibido con aquella carne putrefacta. Pero lo curioso del caso es que, cuando yo pensé en aquel remedio, yo no sabía nada de la carne de pollo putrefacta de aquel restaurante. Sin embargo, gracias a aquella súbita y espontánea intuición, los dieciocho años de sufrimiento de Sándor se dieron por concluidos, y el dolor no ha vuelto a acosarle durante los últimos nueve años.

En el caso de las enfermedades crónicas, normalmente tenemos que seguir el rastro hasta la causa original de la enfermedad para poder sanar a la persona, aun en el caso de que la causa se remonte a un pasado distante. Las siguientes historias de casos nos ofrecen un ejemplo de esto.

János, un hombre de setenta y tantos años, venía padeciendo una neurodermatosis desde hacía veinte años. Según un diagnóstico previo realizado por sus médicos, János era alérgico a setenta y dos alimentos diferentes. Pero yo no intenté curar sus alergias trabajando sobre sus síntomas, sino buscando las causas subyacentes. Descubrí que János había sufrido un trauma cuando tenía cinco semanas de vida, y que ese trauma estaba relacionado con su actual enfermedad. Hice que se remontara hasta aquella temprana fase de su vida y le envié la información curativa indicada. Durante todo el tiempo en que le estuve enviando la información, János estuvo gritando de dolor y moviendo las manos como un niño. Después, se calmó y se quedó quieto. Aceptó la dieta que le sugerí como terapia y la siguió rigurosamente. Tres meses después me escribió, diciéndome que las alergias y los dolores en manos, brazos y pies habían desaparecido, y que se sentía completamente recuperado.

La segunda historia de caso es la de István, que tenía veintiún años en el momento en que vino a mi consulta. István había tenido asma a los seis meses de vida. Aquel problema se resolvió, pero desde los dos años había mostrado síntomas de neurodermitis en el cuello, las piernas y, alguna vez, también en la boca. Las pruebas indicaron alergia a la lactosa. Pero István no podía seguir una dieta rigurosa, dado que era bailarín profesional y viajaba mucho. Así pues, opté por buscar la causa de su alergia como primer paso de mi terapia. Haciendo pruebas con la varilla de radiestesia, descubrí una posible causa a los veintiún días de vida. Le envié información para reequilibrar su estado y, luego, interrogué a sus padres con la intención de confirmar mi hallazgo. Resultó que a la madre se le secó la leche aquel preciso día, no pudiendo amamantarlo más. Le dieron alimentos sintéticos para bebés y lo alimentaron de esta manera, combinándolo posteriormente con leche ordinaria. Le sugerí a István remedios homeopáticos, y sus alergias desaparecieron en el plazo de tres o cuatro meses.

LA SANACIÓN QUE TRASCIENDE EL ESPACIO Y EL TIEMPO: CÓMO FUNCIONA

En mi práctica de sanación remota, los pasos que sigo son normalmente los mismos, con independencia de lo diferentes que sean los pacientes o sus problemas. El primer paso consiste en recoger información sobre el estado del paciente. La información que obtengo mediante la radiestesia me indica el estado de salud general del paciente, así como la naturaleza de su dolencia. Este diagnóstico puede ser tan detallado como cualquier otro obtenido mediante un examen en la consulta médica. Luego intento descubrir si la paciente sufre de una dolencia temporal o de una enfermedad crónica. Identifico la causa del problema y hasta qué punto puede deberse a influencias del entorno, como radiaciones o contaminación magnética o geomagnética.

En la siguiente fase, analizo y estructuro la información referente al paciente, llego a un diagnóstico y sugiero una terapia. Dependiendo de la naturaleza del problema, puedo prescribir remedios alopáticos, una dieta específica, fitoterapia, remedios homeopáticos o sanación mediante información. Le trasmito al paciente los detalles del tratamiento por teléfono o por correo electrónico. Si la terapia no exige cooperación consciente por parte del paciente, puedo llevar a cabo la sanación enviando simplemente información sin que el paciente sea consciente de lo que envío, ni siquiera de si estoy enviando algo. La consciencia por parte del paciente no es un factor imprescindible, siempre y cuando pida y acepte el tratamiento. De lo contrario, la recepción de la información curativa puede verse bloqueada.

La sanación mediante información se puede llevar a cabo a cualquier distancia. La información afecta al estado del paciente y el efecto se puede verificar en pruebas posteriores, que pueden realizarse mediante el método de la radiestesia o mediante métodos convencionales.

DOS EXPERIMENTOS CONTROLADOS DE SANACIÓN A DISTANCIA

El primero de los dos experimentos controlados de los que doy cuenta aquí tuvo lugar en un seminario de la Asociación Hagia Chora en la población de Hohenwart, en Alemania, el 3 de junio de 2001. Fue realizado por Günter Haffelder, director del Instituto para la Comunicación y la Investigación Cerebral de Stuttgart. El experimento fue presenciado por alrededor de ciento veinte seminaristas y fue monitorizado tanto por el doctor Haffelder como por un médico voluntario, el doctor Heidrich Treugut. Del experimento se dio cuenta posteriormente en la revista *Hagia Chora* (n.º 9, agosto 2001).

Al comienzo del experimento le pedí a un sujeto –un voluntario de cuarenta y ocho años, uno de los seminaristas– que me hiciera un informe verbal de su estado físico. Me dijo: «Hace cuatro años, acudí al médico con un grave problema en las manos. Me costaba mucho mover la muñeca, y tenía los dedos hinchados y doloridos. El médico me diagnosticó artritis múltiple. Pero decidí intentar una terapia consistente en dieta vegetariana y en el estudio del desarrollo espiritual. Ahora puedo mover las articulaciones de los dedos y de la muñeca derecha, pero sigo teniendo agarrotada la muñeca izquierda».

Luego, nos separamos. El sujeto se sentó en el salón principal del seminario, en presencia del doctor Haffelder y del resto de participantes, mientras que yo me iba a una sala distante, junto con el doctor Treugut. Tanto al sujeto como a mí nos pusieron electrodos en la cabeza. En la sala principal había unas pantallas grandes en las que los participantes podían ver la actividad eléctrica de nuestros cerebros.

El experimento se desarrolló del siguiente modo. En primer lugar, sintonicé mi cerebro y mi sistema nervioso para recibir información remota y, cuando me sentí dispuesta en cuanto a sensibilidad, comencé a examinar al sujeto utilizando la combinación del método Körbler y el método de sanación por información que yo misma había desarrollado. Examiné sus principales sistemas de órganos y, más tarde, sus meridianos. El colon indicaba una leve irregularidad, de modo que busqué y envié la adecuada información curativa. Después descubrí indicios de inflamación en la muñeca izquierda; y para esto, también, busqué la información pertinente. Después vi que el meridiano del hígado precisaba de alguna corrección y, finalmente, examiné el páncreas del sujeto y corregí una leve disfunción en este órgano. Cuando vi que ningún otro meridiano ni sistema de órganos precisaba de correcciones, reforcé el estado energético del sujeto aplicando símbolos curativos tibetanos. Por último, comprobé la duración exacta de la información curativa y descubrí que el tratamiento para el colon y la muñeca izquierda debía durar 10 días, y que el del páncreas debía durar 6,5 días. Estos efectos se implementaron sin ninguna otra intervención por mi parte.

En el informe del experimento, Haffelder escribió:

En este experimento, que duró alrededor de veinte minutos, se observó una actividad delta excepcionalmente alta en el cerebro de la sanadora, indicio de la trasmisión de comunicación no verbal desde la sanadora al paciente. La sanadora percibe el funcionamiento deficiente en el paciente, equilibra el patrón y lo envía de vuelta trasformado. En general, el proceso del examen por parte de la sanadora manifiesta una fuerte actividad delta en forma de una desviación significativamente elevada del ritmo regular en su hemisferio izquierdo en el rango de 3-5 segundos en períodos de 3-4 segundos. En el paciente se observa también actividad delta y alfa, sincronizada con el ritmo de la actividad cerebral de la sanadora. La actividad delta demuestra que la información fue recibida, y la alfa que fue efectivamente integrada.

La actividad delta que apareció en este experimento es la actividad típica de cualquier adulto en sueño profundo, mientras que la actividad alfa tiene lugar habitualmente en un estado de descanso, con los ojos cerrados. (En el estado normal de vigilia, los estímulos externos generan ondas beta en un rango de frecuencia superior). Resulta significativo que yo tuviera los ojos abiertos durante el experimento y que, sin embargo, mi cerebro mostrara una actividad típica del sueño profundo. Igualmente destacable resulta el hecho de que el sujeto mostrara el mismo patrón electroencefalográfico, mientras estaba sentado, relajado, pero no dormido. El sujeto demostró ser capaz de recibir la información que le envié desde un lugar remoto, aunque no hubo ningún tipo de contacto sensorial entre nosotros.

Vengo utilizando este tipo de procedimiento desde hace varias décadas para tratar casos de inflamación aguda, dolores por lesiones y diversas enfermedades de mayor gravedad.

El mismo experimento se repitió en sus puntos esenciales unos cuantos meses después en Stuttgart, en el Instituto para la Comunicación y la Investigación Cerebral de Haffelder. El experimento, realizado el 28 de octubre del mismo año, fue monitorizado y posteriormente documentado mediante el método espectroanalítico del registro electroencefalográfico, el mismo que el del anterior experimento en Hohenwart.

Antes de comenzar el experimento, la sujeto de prueba, Katerina, que tenía cuarenta y cinco años de edad en ese momento, hizo una descripción de su dolencia. Había sufrido de bronquitis alérgica durante los últimos diez años, una enfermedad que le resultaba especialmente insoportable durante las mañanas. Había consultado a un buen número de médicos y había recibido una gran variedad de medicamentos, que iban desde los esteroides y los antibióticos hasta los remedios homeopáticos. Me di cuenta de que no tenía mucho sentido concentrarme en los síntomas, y que convendría más bien buscar las causas. Después, nos conectaron los electrodos y llevaron a Katerina a otra sala del laboratorio, mientras yo comenzaba el procedimiento para el diagnóstico en una sala en la que estaban los experimentadores. La actividad eléctrica de nuestros cerebros se podía en ver en sendos monitores, al tiempo que se registraba.

Tras un examen preliminar, procedí a remontarme en la vida de Katerina hasta que encontré un trauma en concreto que podía explicar su estado. El acontecimiento sucedió en el período inmediato al parto. Le administré información curativa en el minuto 10 posterior al parto, y este proceso duró 2 minutos y 41 segundos. La temporización exacta resulta vital para que la sanación sea efectiva. La información curativa debe ser precisa, una diferencia de sólo unos segundos puede hacer que la sanación no funcione, o bien puede producir efectos no deseados. Y debe enfocarse en el momento preciso en que el trauma tuvo lugar en la vida de la paciente. En este caso en concreto, la información que envié trató el trauma ocurrido 17 minutos después del nacimiento de Katerina, y la información curativa duró 45 segundos.

Durante el tiempo en que llevé a cabo el examen y envié los mensajes curativos, mi cerebro exhibió ondas cerebrales en la región delta inferior. El cerebro de Katerina replicó mi patrón cerebral con una demora de alrededor de dos segundos. El efecto se mostró con toda claridad: mientras yo le enviaba la información curativa, ella mostró un agravamiento de sus síntomas, tosiendo con violencia. Cuando terminamos el experimento, las toses habían desaparecido y Katerina estaba en calma.

El 23 de mayo de 2002, Katerina escribió: «...en lo relativo a mis ataques de tos, hubo [tras el experimento] períodos bastante tranquilos y períodos en los cuales tosía intensamente hasta ocho horas al día. Ahora las cosas están más tranquilas que nunca con anterioridad. La tos no ha desaparecido por completo, pero se encuentra dentro de unos límites tolerables. No había pasado por una época tan tranquila como ésta desde hace diez años».

Mi experiencia demuestra que es posible recibir información sobre el estado de un/a paciente a través de cualquier distancia, y tanto desde su presente como desde su pasado. Para mí, esto es una evidencia significativa de que existe un campo de información no local que media los intercambios de información entre sanador y paciente. El campo akásico no es un concepto teórico y abstracto, sino una realidad activa.

NUEVE

Los usos de la información akásica en los negocios

William Gladstone

William Gladstone es antropólogo, escritor, cineasta, agente literario y fundador y propietario de Waterside Productions Inc. Obtuvo su licenciatura en Yale y su doctorado en Antropología Cultural en la Universidad de Harvard. Gladstone es autor de tres libros de no-ficción y de una novela, The Twelve.* *Es uno de los directores del Club de Budapest, fue portavoz de la UNESCO por América del Norte en el Fórum de las Culturas de Barcelona 2004, y es uno de los fundadores de GlobalShift University.*

Ni soy un científico ni un maestro espiritual. Sin embargo, soy consciente, casi desde que nací, de haber estado recibiendo información «no-local» que trasciende el tiempo y el espacio. Estas experiencias akásicas han conformado mi vida y, en especial, el modo en que abordo las relaciones de negocios, las reuniones de negocios y la planificación de los negocios.

Aquí ofrezco un relato de cómo esa información, que está más allá del rango de los sentidos humanos, ha contribuido al éxito en mi profesión como cineasta y como agente literario.

---

* Editado en español bajo el título de *Los doce*, publicado por Editorial Planeta, Barcelona, 2011.

Ya de niño, yo era consciente de que mi madre tenía unas extraordinarias capacidades psíquicas. No sabíamos cómo llamarle a su extraño «sexto sentido», y tampoco atraíamos la atención de nadie sobre él. En la mayoría de los casos, dábamos casi por sentado que ella pudiera predecir en ocasiones lo que podría ocurrirnos a nosotros o a nuestros amigos.

Entre otras cosas, mi madre tenía la rara habilidad de conocer a gente que, posteriormente, entraría en mi vida de una forma bastante inesperada. Estando en Europa con mi padre, conoció a un joven y a su novia en un restaurante de París. Tanto ella como mi padre disfrutaban con la compañía de gente joven, de modo que se hicieron amigos de la pareja. Sus jóvenes amigos se los llevaron a los clubs y discotecas de moda en París –para que pudieran conocer a la gente *«in»*– y, a cambio, mis padres pagaron las entradas y las cuentas de los restaurantes de los tres días que compartieron con ellos. Seis meses después, mientras volvía yo a casa al finalizar el tercer curso (de instituto), a bordo del SS Aurelia, un barco de bajo coste que solía embarcar a estudiantes, hice amistad con un estudiante universitario y, de pura casualidad, él estaba a mi lado en el momento en que el barco atracó en el puerto de Nueva York. Mis padres me esperaban en el muelle, saludándome con la mano, y mi nuevo amigo se quedó de una pieza cuando los vio. Él era el joven con el que habían hecho amistad en París.

El caso más espectacular de los relacionados con el sexto sentido de mi madre sucedió durante otro viaje a Europa, siendo yo un niño. Mi madre, que estaba entonces en París, se despertó en mitad de un sueño con la premonición de que la caldera del sótano de nuestra casa en Scarborough, Nueva York, estaba a punto de explotar. Mi madre estaba tan convencida de su premonición que llamó a la canguro que cuidaba de mí y de mis tres hermanos, todos con menos de doce años de edad, y le insistió en que llamara a los bomberos y en que nos sacara de la casa. Dada la diferencia horaria, en Nueva York eran entonces las nueve de la noche. Cuando los bomberos llegaron y comprobaron el sistema determinaron que, de no haber intervenido y resuelto el problema, la caldera habría estallado al cabo de una hora.

Yo debo de haber heredado algo de la capacidad de mi madre para acceder a estas «informaciones akásicas» que trascienden el tiempo y el espacio, pues en mi vida empresarial he tenido frecuentes corazonadas o premoniciones que no sólo resultaron ser acertadas, sino que también me fueron extremadamente útiles en el contexto de mis acuerdos profesionales. Citaré algunos de estos casos aquí a modo de ejemplo.

LA INFORMACIÓN AKÁSICA EN MI BÚSQUEDA DE MISTERIOS DE LA ANTIGÜEDAD

Cuando tenía veintidós años, y mediante una serie de inesperadas coincidencias, se me ofreció la oportunidad de trabajar como investigador y coordinador de producción para un programa especial de televisión llamado *In Search of Ancient Mysteries (En busca de antiguos misterios)*, presentado por Rod Sterling, creador de la serie de televisión *Twilight Zone.** Este programa especial de televisión era una secuela del especial de Erich von Daniken, *In Search of Ancient Astronauts (En busca de los antiguos astronautas)*. Ambos especiales de televisión se emitieron a principios de los años setenta, y fueron los documentales de mayor éxito de audiencia de toda la década. Cada uno de ellos se reemitió dos veces al año durante toda la década de los setenta, y trajo consigo la realización de otra exitosa serie de televisión con el mismo título *In Search of Ancient Mysteries*. El narrador era Leonard Nimoy, el actor que había interpretado al doctor Spock en la serie de televisión original de *Star Trek*.

Pues bien, fue durante el tiempo que trabajé en este documental especial de televisión cuando me di cuenta de lo mucho que me podía ayudar la información akásica. Yo había investigado en los misterios de la antigüedad que exigía el tratamiento del documental, buscando concretamente tantas imágenes de «astronautas antiguos» y tantas referencias como fuera posible. Entre todo este material estaban las líneas de Nazca y otros misterios válidos que podían vincularse con teorías potenciales de contactos extraterrestres, pero hubo otras referencias que resultaron ser completamente falsas. En vez de sumirme en el pánico cuando descubría que determinada formación rocosa, que se suponía que debía parecerse a una nave espacial, sólo daba esa semejanza durante el mes de marzo y bajo determinadas condiciones climáticas,

---

* Esta serie de TV se ofreció en América Latina bajo el título de *La dimensión desconocida*, y en España como *En los límites de la realidad. (N. del T.)*

yo simplemente abría mi mente a la posibilidad de que, teniendo un equipo de filmación a medio camino de la otra punta del mundo, pudiéramos encontrar algún «misterio de la antigüedad» genuino que pudiéramos filmar. E, inevitablemente, lo encontrábamos. Yo tenía la sensación de que, de algún modo, el mismo universo me enviaba las pistas correctas, de tal manera que el documental pudiera demostrar que hubo tecnologías en la antigüedad difícilmente explicables, como la cirugía cerebral practicada en Perú en el siglo XVII y la creación de construcciones como la de Sacsayhuamán, en las cercanías de Cuzco, que desafía a las técnicas de construcción actuales.

MÁS INTUICIONES AKÁSICAS

En mi posterior carrera profesional en los negocios, las corazonadas y las intuiciones demostraron ser asimismo extraordinariamente útiles. Como agente literario y director de Waterside Productions vendí, entre marzo y septiembre de 1983, más de cincuenta títulos informáticos del tipo de «cómo hacer», y no tardamos en convertirnos en la fuente más fiable en este campo tecnológico. Esto generó lo que ahora veo como un auténtico vórtice de energía e intuición. Al menos en veinte ocasiones durante este período recibí una llamada telefónica de un editor o de un autor que buscaban una habilidad técnica o un proyecto de libro concreto; ¡y, en el plazo de cinco o diez minutos, me llamaba la persona ideal para satisfacer esa petición o, incluso, se presentaba inesperadamente en mi despacho! Estas intuiciones me recordaban a lo que había vivido durante la filmación de *In Search of Ancient Mysteries*. Eran extraordinariamente productivas. Aunque en aquel momento sólo tenía una ayudante a tiempo parcial, en un único período de doce meses, justo dos años después de entrar en el campo de los libros informáticos, vendí 299 títulos con la extraordinaria ayuda de estas increíbles coincidencias.

En mis primeros años como agente literario, los autores solían llamarme para pedirme adelantos en sus contratos, dado que los editores podían demorarse semanas o meses en sus pagos y los autores estaban necesitados de dinero contante y sonante. En tales casos, yo le preguntaba a mi ayudante si habíamos recibido algún dinero con el cual hacer un adelante al autor. En la mayoría de las ocasiones, ella me contestaba que no, pero yo le decía que firmara un talón de todos modos, pensando que nos llegaría de inmediato algún dinero o que, en el caso de que no llegara, podríamos hacer frente al pago. Ni una sola vez tuvo que retener un talón mi ayudante, puesto que mis intuiciones eran siempre acertadas y el dinero llegaba, a veces el mismo día, habiendo casos incluso en los que no esperábamos la llegada de aquel dinero.

Mis actividades empresariales siguieron beneficiándose de tales informaciones akásicas. Algún escéptico podría decir que he tenido una suerte extraordinaria en mi carrera como agente literario y como cineasta, pero yo le diría, «Sí, puede que sea suerte pero, ¿qué es lo que hay detrás de la suerte? ¿Acaso la suerte no podría estar indicando la operación de unos procesos que podrían entenderse como experiencias akásicas, tomando la forma en este caso de corazonadas o intuiciones espontáneas que funcionan de manera milagrosa?».

Estoy convencido de que debemos mantenernos abiertos a toda la información que nos llega al cerebro y a la mente, con independencia de si nos llega a través de los ojos y los oídos, o de si nos llega a través de canales más sutiles pero igualmente efectivos. Por sorprendente que pueda parecer a primera vista, incluso la información relativa a los negocios nos puede llegar a través de ese depósito insondable que los antiguos llamaban los Registros Akásicos y que Laszlo conecta con la ciencia de vanguardia bajo el nombre de campo akásico.

Una visita al centro del omniverso

UNA EXPERIENCIA AKÁSICA TRASFORMADORA

Oliver Markley

Oliver Markley tiene un máster en Ingeniería por la Universidad de Stanford y un doctorado en Psicología Social Experimental por la Northwestern University. Es profesor emérito y antiguo catedrático del programa de posgrado de Estudios del Futuro de la Universidad de Houston-Clear Lake (UHCL); con anterioridad a esto, fue investigador principal y asesor de dirección del Grupo de Gestión y Sistemas Sociales del Instituto de Investigación de Stanford (ahora SRI International). Miembro de la Federación Mundial de Estudios Futuros, Markley es autor o coautor de cuatro libros y de más de cincuenta publicaciones más, y ha sido asesor de diversas organizaciones en diferentes sectores de la sociedad.

Aunque mi primera experiencia akásica se remonta a cuando tenía tres años, estas experiencias comenzaron en serio cuando era alumno y, más tarde, colega del recordado Willis W. Harman. Una de las experiencias más maravillosas que mi sendero profesional abrió para mí fue el encuentro con un extraordinario depósito akásico de conocimientos y habilidades que podría denominarse «El Centro Omniversal para el Desarrollo Cultural».[1]

EL CONTEXTO METODOLÓGICO DE LA EXPERIENCIA «OMNIVERSAL»

En 1969, como profesional recién doctorado, se me asignó la tarea de dirigir el desarrollo metodológico del nuevo grupo de expertos en investigaciones de futuro que Harman estaba creando en el Stanford Research Institute, el Instituto de Investigación de Stanford (ahora SRI International). Como si no fuera ya suficientemente difícil determinar cómo llevar a cabo la investigación holista sobre futuros alternativos de la sociedad (futuros posibles, probables y preferibles), los primeros resultados que obtuvimos indicaban que, de las alrededor de cincuenta historias plausibles de futuros alternativos, sólo un puñado de ellas eran imaginativamente deseables. Por otra parte, la mayoría de ellas implicaban una profunda trasformación de las actitudes, las imágenes y las políticas subyacentes como respuesta a problemas emergentes, como la superpoblación, el agotamiento de recursos, la contaminación, la escalada armamentista, etc.; problemas que Harman denominaba «el Macroproblema Mundial».[2]

Con mis responsabilidades metodológicas en mente, pensé además que los métodos de investigación basados en modos de pensamiento racional/analítico no eran adecuados, en principio, para una exploración creativa de futuros alternativos trasformadores, dado que tales modos de pensamiento son, de raíz, esencialmente extrapolaciones mecanicistas de lo sucedido en el pasado.

Mis conocimientos en psicología cognitiva apuntaban hacia la *intuición* como el modo mental adecuado en este caso, de manera que me impuse el trabajo de encontrar todas las formas posibles de acceso a las propias facultades intuitivas.

Por la misma época en la que tuve la experiencia de la que hablo más abajo, yo había seleccionado ya, aunque de forma provisional, la *imaginería cognitiva* dirigida como la tecnología más apropiada para ayudar a la gente a contactar con sus fuentes intuitivas de conocimiento. Había otro método que no había puesto a prueba, el método de «mediumnidad por trance» (lo que ahora llaman «canalización»), pero sentía cierta reluctancia a hacerlo debido a la más que inaceptable imagen que la mediumnidad tenía entre las personas de orientación científica. Sin embargo, dado que la apertura mental ante las alternativas es un elemento clave para una buena investigación de futuros, sentí que me debía a mí mismo el comprobar, al menos, qué podría revelar esta modalidad.

Al final, la experiencia que relato a continuación –y otras cosas que se derivaron de ella– me dieron respuesta a las preguntas que creía necesitar en aquel momento en lo relativo a la mediumnidad o canalización.

EL CONTENIDO Y EL PROCESO DE LA EXPERIENCIA DEL «OMNIVERSO»

Una tarde de primavera de 1976 –alrededor de una semana antes de que intentara encontrar un/a médium de trance–, mientras iba en bicicleta desde mi despacho en el SRI, en Menlo Park, hasta mi residencia en Palo Alto (una distancia de alrededor de 4,5 kilómetros, en su mayor parte a través de calles residenciales), justo cuando salía del recinto del SRI, escuché una voz que decía:

—*Hola, soy Henri. Me gustaría mostrarte algo. ¿Quieres venir conmigo?*

Mi primera reacción fue mirar a mi alrededor, buscando el origen de la voz. Pero, al no ver a nadie, me di cuenta de que venía de mi interior, como esas personas que «escuchan voces».

Mi segunda reacción fue de curiosidad. El francés es un idioma con el que no estoy familiarizado, de modo que no había manera de que yo supiera cómo se pronunciaba Henri en francés; y no habría comprendido su sonido si no fuera porque, simultáneamente, se me hizo comprender su ortografía correcta por algún tipo de intuición no verbal que se me hizo obvia de inmediato.*

Así las cosas, llegué rápidamente a la conclusión de que aquello debía de haber sido algún tipo de experiencia de «consciencia superior»; y que, aunque no había nadie a quien yo pudiera «ver» dirigiéndose a mí, no sería probablemente una mala idea seguirle el juego a la situación y ver qué ocurría. (Después de todo, debido a los factores contextuales expuestos arriba, yo estaba planeando comenzar una in-

---

* Para entender lo que dice el autor, hay que tener en cuenta que el nombre español «Enrique», es Henri, en francés, y Henry, en inglés, diferenciándose sólo en la última letra. Por otra parte, hay que decir que la pronunciación también difiere, acentuándose en francés la última sílaba, en tanto en inglés se acentúa la primera. *(N. del T.)*

vestigación sobre mediumnidad de trance, y esta experiencia parecía estar relacionada de algún modo con aquello).

Así pues, pensé, «Claro, estaré encantado de ir contigo».

A partir de ese momento, parece que nos pusimos en camino hacia un destino ignoto al que, para mis adentros, di en comprender como algo que estaba «más allá del espacio y el tiempo». Mientras tanto, intenté tranquilizarme haciéndome creer que mi funcionamiento seguía siendo normal, con una conciencia clara de lo que ocurría en el exterior. Dicho de otro modo, pude continuar mi recorrido en bicicleta con plena seguridad, aunque en mi interior estaba teniendo lugar una experiencia mental completamente nueva.

Lo siguiente de lo que fui consciente fue que nos detuvimos en nuestro destino, dondequiera y cuandoquiera que fuera. ¿Dónde estábamos? No lo sabía. Y Henri tampoco me dio ninguna pista. En aquel profundo silencio, intuí de algún modo que el siguiente paso debía darlo yo solo.

Siendo una experiencia totalmente novedosa para mí, me pregunté, «¿Qué conocimiento o experiencia previa tengo que pueda aplicarse aquí?».

Y de inmediato surgieron en mi mente dos frases de la literatura oculta: «Guardián del Umbral» e «Iniciación». Con esto como única guía, compuse el siguiente pensamiento que, luego, sin abrir los labios, «trasmití» al ser o cosa que estaba controlando la experiencia en la que me hallaba inmerso: «No sé dónde estoy ni por qué estoy aquí, pero yo no he pedido venir; he sido invitado. Sin embargo, sí que puedo decir esto: aunque no sé de qué va este asunto, asumiré la responsabilidad por el uso que yo haga de lo que pueda encontrar aquí; o, de lo contrario, no haré en absoluto uso de ello».

De pronto, fue como si alguien apartara un escudo invisible, y me encontré contemplando mentalmente una ciudad de increíble belleza, flotando en mitad del espacio, justo delante de mí. Al mismo tiempo, se me dio a entender que la ciudad que estaba viendo no era más que una metáfora espacial tridimensional de una realidad multidimensional, una «proyección» personal necesaria para poder percibir lo que había allí de un modo que tuviera sentido para un terrestre como yo.

Cuando entramos en la ciudad vi un edificio en la parte de la derecha de la calle por la que entramos. En lo que debía de ser el vestíbulo había una abertura que parecía la ventanilla de guardarropía del Hollywood Palladium, que había conocido en el sur de California cuando era joven. En aquella ventanilla había un enjambre de luces, que me recordaron mucho a las minúsculas lucecillas de un árbol de Navidad. Pero cada luz era, obviamente, un ser sintiente, y el enjambre en su conjunto también era sintiente a su manera.[3] El enjambre me dijo a través del pensamiento, «*Bienvenido*».

«Gracias –pensé yo como respuesta–. ¿Dónde estoy? ¿Qué es este lugar? ¿Tiene nombre?».

Ellas me respondieron, «*Tú (o tu especie) lo llama el Centro Omniversal para el Desarrollo Cultural. Es un oasis intelectual para operarios evolutivos como tú*». (Por aclarar las cosas, debo añadir que la palabra *omniverso* significa evidentemente en este contexto «todas las épocas de la creación, pasado y futuro». Aunque se trata de un concepto paradójico, para mí tuvo pleno sentido en el instante en que me lo trasmitieron al pensamiento. Y la palabra *oasis*, en este contexto, tenía igualmente múltiples significados que ahora, muchos años después, cuando he podido acceder al conocimiento del campo akásico, tiene mucho más sentido).

Me llenó de gozo la idea de que algo así fuera posible, y también el hecho de que se me hubiera ofrecido a mí una experiencia de aquello, sin siquiera haberla pedido.

«¿Cuál es vuestra función?», pregunté mentalmente.

Y respondieron, «*Proporcionamos guía y servicios de traducción para que visitantes como tú puedan conseguir aquí lo que necesitan*».

«¿Y qué sacáis con esto?», repliqué mentalmente. Fue en aquel preciso momento cuando me convencí de que lo que estaba experimentando era una experiencia válida; pues, cuando hice esta pregunta, un murmullo de risas recorrió el enjambre, mientras respondían, «*Sacamos todo [información /conocimiento / inteligencia / sabiduría] lo que pasa a través de nosotros para nuestro propio uso*».

Para entonces ya me resultaba evidente que estaba hablando con toda una población de seres telepáticamente sintientes, cuyo papel en la ecología multidimensional de la consciencia que vinculaba el «Centro Omniversal» era el de ayudar a los visitantes a que consiguieran lo que necesitaban.

Mi siguiente pregunta era de esperar: «¿Qué se puede ver aquí?».

Más que ver un menú o un mapa, se me respondió de pronto con una rápida serie de impresiones lúcidas que se parecía mucho a lo que los operadores informáticos hubieran llamado un «volcado de memoria». Aunque fue demasiado rápido como para demorarme en ninguna de aquellas impresiones, me hice no obstante una buena idea de conjunto, estando la mayor parte de las impresiones bastante más allá de cualquier cosa que hubiera creído posible o incluso imaginable.

«¿Qué debería ver para empezar?», pregunté después. Pero se negaron a darme consejo, dando a entender que tenía que ser yo quien decidiera lo que quería ver o experimentar.

Entonces, me recluí en mi interior y reflexioné sobre el hecho de que, históricamente, en la Tierra, cuando una cultura relativamente más «avanzada» había entrado en contacto con una más «primitiva», las cosas no habían acabado demasiado bien para la cultura menos desarrollada. Así pues, me aventuré a preguntar, «¿Cuál es la proporción de guerra y paz en el Omniverso?».

Me bajaron hasta un salón a mi izquierda, me hicieron entrar por una puerta a la derecha y me detuvieron frente a un dispositivo que tenía una pantalla similar a la de un televisor. La pantalla no tardó en animarse y en mostrar un racimo de luces que estaban conectadas mediante una red de hilos luminosos. Había luces blancas y luces rojas (la importancia de los colores se me hizo evidente de inmediato). La proporción era de alrededor de 2/3 de luces blancas por 1/3 de luces rojas.

«Pero, ¿cuál es la tendencia?», pregunté.

Al cabo de unos instantes, una profunda voz psíquica (que sentí como la voz de «Dios Padre») bajó de las alturas diciendo algo como, «*A nuestro juicio, tú* [es decir, tu intelecto, grado de desarrollo mental, etc.] *no estás suficientemente desarrollado como para comprender una respuesta significativa a esa pregunta. No obstante, si insistes, encontraremos la manera de responderte lo mejor que podamos*».

Renuncié a la respuesta. Después de mirar unas cuantas cosas más, me di cuenta de que estaba por entonces a unas pocas manzanas de mi casa; y, dado que no quería encontrarme con mi mujer y mis hijos en medio de esa especie de experiencia, comencé a salir del Centro Omniversal. Henri estaba esperándome tal como le dejé.

«*¿Tienes alguna pregunta?*», me dijo.

Le respondí que sólo tenía una: «¿Puedo volver?».

«Puedes volver en cualquier momento en que lo necesites», respondió.

Aquella noche, cuando mi mujer y mis hijos se retiraron a dormir, me senté en un sillón reclinable que tenía en el despacho de mi casa, me relajé en un nivel de consciencia no local e intenté averiguar si era posible volver al Centro Omniversal. Tenía la intención de preguntar acerca de un problema técnico que había pensado que podría ser adecuado para explorar los usos de esta nueva herramienta.

En cuanto me abrí a esta posibilidad, ésta se hizo presente en mi consciencia de nuevo. Pregunté acerca de la cuestión que había llevado conmigo, obtuve una respuesta satisfactoria y dejé que desapareciera mi consciencia del Centro. Luego, tomé nota de la respuesta en mi diario y me fui a la cama.

Al día siguiente, ya en el trabajo, regresé mentalmente al Centro Omniversal y obtuve respuesta a otra pregunta; pero, cuando intenté regresar posteriormente durante aquella semana, ya no pude hacerlo. Entonces me acordé de lo que Henri me había dicho cuando nos despedimos por vez primera…, que podría volver siempre que lo necesitara. Sacando la conclusión de que este fascinante recurso no se podía utilizar de forma frívola, almacené mentalmente la idea de que el Centro Omniversal seguiría siendo un recurso que podría utilizar cuando *de verdad* lo necesitara, pero que lo que se podría calificar como de «necesidad» válida a este respecto sólo podría saberlo por intuición, y no por medio de superficial racionalidad u opinión.

DE CONSULTAS EN EL CENTRO OMNIVERSAL

Durante aquella época, yo solía involucrar a un pequeño grupo de colegas en la investigación de futuros del SRI para que me ayudaran a hacer pruebas piloto de diversos procedimientos de visualización dirigida que estaba desarrollando para potenciar el uso de la intuición como medio para explorar el futuro. Nuestro método operativo era sencillo. Todos los viernes, a primera hora de la tarde, nos reuníamos en la residencia Atherton de Arnold Mitchell, el fundador del programa SRI VALS (Values and Life Styles, Valores y Estilos de Vida). Mientras nos tomábamos un refresco, hablábamos de los proyectos de investigación en curso con la vista puesta en la selección de preguntas de investigación que pudieran ser interesantes y que pudiéramos aclarar mediante los procedimientos visionarios/intuitivos que yo estaba desarrollando. Tras seleccionar varios objetivos de investigación interesantes, yo diseñaba intuitivamente los métodos concretos que utilizaríamos aquella tarde y nos poníamos en marcha. (A modo de ilustración, en una sesión decidimos explorar los posibles niveles de contaminación del aire en el futuro. Después de utilizar un tipo de relajación y concentración mental válida para situarnos en el estado correcto de consciencia «no local» para este tipo de exploración visionaria/intuitiva, cada uno de nosotros se imaginaba que entraba a gatas en un globo ocular de tres metros de diámetro, el mismo para todos, lo que actualmente recibiría el nombre de «nave virtual espacio-temporal». Una vez dentro, volábamos juntos hasta distintos lugares espacio-temporales, como la cuenca de Los Ángeles a una altitud de 600 metros en el año 2020. Luego, comparábamos nuestras notas sobre lo que habíamos visto. Los resultados se utilizaban más tarde en la investigación de futuros «normal» que hacíamos a la semana siguiente, de vuelta en la oficina).

Hubo un viernes tarde en concreto en que dos de los investigadores de nuestro grupo dijeron tener dificultades para escribir un argumento sobre «el Hombre del Caballo Blanco» (una frase de las ciencias sociales que hace referencia al fenómeno de esos líderes carismáticos que revolucionan su sociedad, encontrando normalmente un chivo expiatorio a quien culpar de los problemas sociales). Simplemente, estos investigadores no podían captar el argumento con el cual «trabajar», por lo que preguntaron si habría algún método visionario/intuitivo que pudiera resolver su problema.

Como era mi costumbre al recibir tales peticiones, «me metí dentro» para ver lo que mi intuición pudiera sugerir a través de un ejercicio. (Casi desde el principio de este tipo de trabajo, descubrí que la visualización dirigida funciona bien cuando el guía se deja dirigir por su intuición, en lugar de seguir algún guion o programa de instrucciones previamente escrito).

Mi intuición me sugirió de inmediato «el Centro Omniversal» como vía a través de la cual responder adecuadamente a sus preguntas. Esto me sorprendió gratamente, pues no se me había ocurrido la posibilidad de llevar a los otros a un «lugar» de la consciencia fuera del tiempo y el espacio normales, y ni siquiera estaba seguro de cómo podría hacerlo.

Pero mi reluctancia no tardó en dejar paso al interés cuando mi intuición me sugirió también poner el «Nocturno» de *Música para cuerda, celesta y percusión* de Bartók como música de fondo para la exploración, pues esta sección en concreto de la obra había sido determinante en multitud de ocasiones para facilitarme la entrada en estados de consciencia interesantes. Así pues, puse la música y les dije a los participantes que, si estaban dispuestos, les dirigiría en un nuevo tipo de exploración visionaria; una exploración que incluso parecía estar fuera del tiempo y del espacio, pero que no se preocuparan, que yo había estado allí antes y que ya tenía experiencia en ello.

Después utilicé una inducción de relajación convencional y les sugerí que nos dirigiéramos a nuestro objetivo «volando en formación», como hacen los pilotos de las fuerzas aéreas; yo iría en la punta de la formación. Les dije que les iba a llevar a un lugar interesante y que, una vez allí, ellos deberían hacer lo que consideraran oportuno para acceder y obtener respuestas significativas a nuestras preguntas. (Tres personas se ofrecieron voluntarias para preguntar acerca del tema del Hombre del Caballo Blanco/carisma; los demás simplemente acompañaban, con instrucciones de traer consigo cualquier cosa que encontraran interesante).

Nuestro intento de «volar en formación» funcionó a la perfección y, una vez allí, «pasé revista» para comprobar que los demás habían llegado también. Entonces les dije que les daría diez minutos para que exploraran lo que quisieran, mientras yo «hacía guardia», por decirlo de algún modo, en la entrada, y que luego los devolvería a «la sala» (nuestra manera de llamar al estado de consciencia normal del cual partíamos en nuestras expediciones visionarias).

Los resultados fueron impresionantes. Los «viajeros acompañantes» tuvieron experiencias que, aunque resultaron interesantes, no tuvieron nada de particular. Los tres que fueron a indagar acerca del carisma, por otra parte, volvieron tan profundamente conmovidos que tuvimos que hacer una pausa de quince minutos para que pudieran integrar su experiencia y estabilizar sus emociones. Resultó que cada una de estas tres personas volvió del Centro Omniversal con lo que únicamente podría calificarse como de «experiencia religiosa de conversión», en la cual experimentaron la realidad de la percepción carismática en su propia vida y llegaron a comprender que el carisma es un ingrediente esencial de todo liderazgo válido. Vieron que en su investigación necesitaban reconceptualizar radicalmente el argumento en una historia en la cual el carisma se utilizara constructivamente, más que destructivamente, en la sociedad.[4]

Sin lugar a dudas, la experiencia del Centro Omniversal ha trasformado de modo inalterable mi *Weltanschauung* —mi visión de la realidad—, e hizo lo mismo con aquéllos de mis compañeros del SRI que vinieron allí conmigo. Además, la información obtenida demostró ser muy útil en los términos prácticos del mundo real.

ONCE

Cantando con el campo

EL CORAZÓN DE LA MARGARITA DE LA CONSCIENCIA EN ESPIRAL

Raffi Cavoukian (Raffi)

Raffi Cavoukian, cantante, artista dedicado a la grabación, escritor y defensor del medio ambiente, más conocido como Raffi, es el fundador de Child Honoring y presidente de Troubadour Music. Ha recibido el Earth Achievement Award de las Naciones Unidas, y fue nominado para la Lista Global 500. Raffi tiene dos doctorados honoris causa, *es miembro de la Orden de Canadá, del Darwin Project Council, de Spiritual Aliance to Stop Intimate Violence y del Club de Budapest.*

¿Yo? ¿Escribir un informe sobre la experiencia akásica? En cuanto aparté a un lado las dudas, me vinieron a la cabeza sin ningún esfuerzo ejemplos de tales experiencias –experiencias extraordinarias e inexplicables más allá de la percepción normal– y acepté la invitación de Ervin Laszlo.

La primera vez que oí hablar de los Registros Akásicos fue en los libros espirituales que leía cuando iba a clase de yoga, a mediados de los setenta, y me pareció una idea fascinante. Si existía un inconsciente colectivo (como Jung había dicho), ¿por qué no iba a existir un inconsciente o *superconsciente* universal, un gigantesco depósito de información de todo cuanto ha existido y existirá? La mente se ve sobrepasada y, sin embargo, podemos apreciar que un inmenso almacén de fenómenos manifestados y no manifestados podría existir en esa esfera, más allá del tiempo y del espacio, a la que llamamos eternidad, Dios u Origen.

Tiene algo de reconfortante el hecho de saber que podemos «conectar» con esta Fuente en busca de orientación, en busca de conocimiento e inspiración, mediante invitación consciente, oración o meditación. ¿De dónde vienen las ideas? Los pensamientos que utilizamos para el funcionamiento básico podrían proceder de los impulsos del interés y la satisfacción personal de nuestra propia fisiología. Pero es posible que las ideas creativas lleguen hasta nosotros desde algún otro sitio, desde un archivo universal de infinitas posibilidades.

El mero hecho de escribir estas palabras se acaba de convertir en una experiencia de connotaciones akásicas, en tanto escribo con los ojos cerrados lo que los impulsos multisensoriales llevan a hacer a mis dedos. Una pausa para respirar, reflexionar, respirar… y ya estoy escribiendo de nuevo.

¿De dónde vienen las ideas musicales? Muy a menudo me siento como embarazado con la idea de una canción que llegó llamando a la puerta de mi consciencia y que, una vez «dentro», siguió creciendo. En muchas ocasiones, se inicia así un proceso que lleva a la idea hacia su plenitud, naciendo posteriormente como canción. Aunque a veces no es así. Algunas ideas de canciones no consiguen atravesar los masificados contornos de mi vida cotidiana.

Desde que comencé a meditar en 1979 (con cierto ritmo, si no tan regularmente como pretendía), me he dedicado a componer canciones para el bien común, poniendo mi ego creativo al servicio de la totalidad. Curiosamente, nunca jamás he tenido el «bloqueo del escritor»; pues, a través de un canal ininterrumpido de agradecida investigación de lo humano y lo Divino, me he visto inundado de ideas. (Tanto más motivo para sentarse en silencio, para bañarse en la esfera akásica, en la mente universal). En todo caso, el número de fragmentos de canciones y de temas para libros que me llegan precisarían de más tiempo y dedicación que horas tengo en un día o una semana dadas. Esta abundancia creativa supone una inmensa alegría y, sólo en ocasiones, una carga.

GRACIA CON G MAYÚSCULA

La experiencia akásica nos llega en diferentes tonos y tamaños. Mensajes y visiones de diversa extensión y claridad parecen ser parte del juego. Una vez, cuando tenía veintitantos años, estando en Toronto, me estaba tomando una cerveza en una terraza mientras me mesaba las barbas. De pronto, levanté la mirada y me quedé mirando fijamente una hilera de bombillas que colgaba de una casa adyacente. Las luces parecían saludarme de una en una, encendiendo al mismo tiempo una luz en mi interior; algo que entendí como una pista para que dejara atrás todas mis preocupaciones. En el resplandor de aquel tranquilo instante, que se prolongó durante cierto tiempo, apenas me quedan recuerdos de haber pagado la cuenta, para irme luego caminando hasta mi apartamento en un estado de callada ligereza y humilde respeto. Durante aquel corto paseo, el ruido de la calle se apagó, mientras las luces parecían canturrear con su presencia. Una profunda serenidad me mantenía en pie mientras, un pie delante del otro, recorría las calles. Estaba en una burbuja que no me pertenecía, pero estaba en ella por decisión propia, reconociendo lo especial de aquel sentimiento, aun cuando me preguntaba cuánto tiempo más duraría. Pausadamente, aspiré aquel don del tiempo, inhalando y exhalando aquel estado no temporal. Ésta fue la primera de tales experiencias, y me llevó bastante tiempo antes de que comenzara conscientemente mi viaje espiritual.

En muchos momentos difíciles de mi vida he tenido sueños intensos que me han traído mensajes y confirmaciones. Una vez tuve un sueño muy nítido en el que contemplé a la Gracia de una manera muy real. La Gracia entró en mi escena onírica mientras yo yacía en el suelo con unos amigos, viendo un LP dar vueltas en un tocadiscos, y viendo cómo su etiqueta central, haciéndose de pronto tridimensional, comenzaba a flotar y a girar lentamente en el aire como un hermoso globo de colores. En aquel delicioso instante —estando todos nosotros relajados y sonriendo ante el prodigio, que venía a decir inequívocamente que TODO estaba en orden y que, SÍ, sin duda existe un Dios y no hay motivo alguno por el cual temer o preocuparse—, entró la personificación de la Gracia, una beatífica morena que, con una sonrisa, me tendió la mano y me la estrechó. ¡Dios mío, qué mensajera más sublime!

Posteriormente, hace unos cuantos años, en mi apartamento de Vancouver, recibí la visita de una Gracia invisible, pero Gracia con G mayúscula. No sabría de qué otro modo llamarla, dado que no le encajaba una descripción «impersonal». Salió de la nada y de todas partes, una vibración, un sentimiento, la certeza de que «todo está completamente en orden y bien, y seguirá estándolo». Una certeza emocional y física. Un mensaje anímico colmado de afecto, mientras se me relajaban los hombros y la cara, y se me entreabrían los labios en una leve sonrisa, en una rápida respuesta a cámara lenta ante aquella Gracia. Si fui capaz de sentir lo que era o quién era, es porque en varios momentos de mi vida había tenido experiencias cumbre, experiencias de esas que levantan velos, que no encajan en ninguna categoría conocida. Para cuando ocurrió esto yo estaba más que preparado. En modo alguno me perturbó que algunas de las pinturas enmarcadas de las paredes de mi apartamento me indicaran que deseaban cambiar de lugar. Sonreí y cambié de sitio dos de las pinturas, y me agradó el resultado. La Gracia hizo que me postrara ante aquel legado de mis fallecidos progenitores, que habían partido dramáticamente de este mundo, por diferentes causas, en el mismo hospital, con doce horas de diferencia. Sus recuerdos danzaban de nuevo en mi sala de estar.

Para mi deleite, la Gracia me acompañó durante alrededor de dos horas. Me recompuse como pude y me subí a mi automóvil para irme al trabajo, siendo consciente de la seguridad de cada paso y movimiento que daba en mi exaltado estado. Entré en mi oficina y llamé a mi asistente, y le expliqué lo que estaba sucediendo. Comprensiva y sensible, ella asintió con la cabeza y cerró la puerta para dejarme a solas con mis pensamientos. Mientras la experiencia se iba desvaneciendo, llegada ya la hora del almuerzo, los vestigios de este maravilloso sentimiento de humildad seguían siendo muy superiores a la mayor parte de las experiencias que haya tenido jamás. Algunos meses después, la Gracia me hizo otra breve e inesperada visita; pero no ha vuelto a visitarme desde entonces. De todas formas, la Gracia se me ha aparecido en múltiples ocasiones bajo distintos semblantes.

LA VISIÓN DE AQUEL DOMINGO

En 1997 tuve una visión que, aunque inesperada, no me sorprendió demasiado. Después de muchos años sintonizando mi mente y mi corazón con el mundo de los pequeños –disfrutando de cierta popularidad como artista en el ámbito de las familias por mis canciones para niños, y considerando los factores que conforman el desarrollo humano en nuestro planeta–, me llegó esta visión.

Me desperté de repente a las seis de la mañana de aquel domingo y, mientras me sentaba en la cama con los ojos bien abiertos, «vi y escuché» de forma meridiana y cristalina las palabras *child honoring (respetar al niño / a la niña)*. Entendí que Child Honoring era una filosofía singular para un momento crítico de la historia de la humanidad, una filosofía que se basa en la idea de que tratar con respeto a nuestros pequeños es la mejor manera de crear culturas humanitarias y (por tanto) sostenibles. Y sentí entonces que toda mi vida hasta aquel instante me había estado llevando hasta aquella revelación, y que aquél sería el trabajo que tendría que hacer durante el resto de mi vida. («¡Qué alivio, conocer tu destino!», pensé entonces). Y en aquel preciso instante supe intuitivamente que me llevaría años «conocer lo que sabía», hasta desarrollar conceptualmente y revelar el tesoro implícito en aquella visión. Soñando con los ojos abiertos, me di cuenta de que se me estaba dando una filosofía que vinculaba como nunca antes los dominios personal, cultural y planetario, con el niño y la niña como inspiración. No recordaba ninguna revolución social en la historia que se hubiera inspirado en niños y niñas, en ese ser universal de todas las culturas. Me puse a temblar, no sólo por la excitación, sino también por el miedo. Y aún hoy escucho en mi cabeza que, aunque me ridiculicen por lo que algunos puedan considerar como algo simplista, no cejaré en mi empeño por trasmitir esta filosofía.

Justo en aquel momento me di cuenta de lo importante que era conectar los puntos entre el cómo educamos a nuestros hijos, los valores culturales que les trasmitimos (tanto a sabiendas como inconscientemente) y las condiciones planetarias que componen la fisiología. Todo ello afecta al comportamiento y al desarrollo. Podía imaginar e intuir los gigantescos cambios que se propiciarían si la sociedad comprendiera la enorme trascendencia de los primeros años a la hora de conformar la *inteligencia del desarrollo:* la clave para construir lo que algunos llaman «capital social». Sabía que, haciendo patente este conocimiento, todos nuestros valores institucionales tendrían que cambiar, que moveríamos cielo y tierra para proteger y dar apoyo a nuestros actores más valiosos: los niños, cuyos deslumbrantes cerebros y cuya innata brillantez se han puesto a nuestro cargo.

No deja de maravillarme la plenitud de aquel instante de lucidez, que se le concedió a un niño de padres armenios, nacido en El Cairo, que llegó a Canadá con diez años (en 1958), y que creció para cantar y bailar con los niños y las familias de mi país de adopción y de su vecino del sur. Pero en aquel momento me di cuenta de otra cosa más, de que la misma frase *«child honoring»* hace que el corazón de quienes la escuchan se haga una pregunta: «¿Se te respetó siendo niño o niña aquello que tú sentías ser?».

Con anterioridad a esto, desde hacía algunos años, yo había venido utilizando en mis libros esta frase, unida con un guión, *«child-honoring»*, a modo de adjetivo. Pero, entonces, las palabras se reubicaron en mi mente para darle nombre a una filosofía integrada. No podía contener la emoción que sentía, y Dios sabe que me he obcecado en este objetivo desde entonces, hasta el punto de decepcionar a aquéllos y aquéllas de mis seguidores que querían escucharme cantar mis antiguas canciones, y hasta el punto de mortificar a amigas y amigos, ¡que muchas veces querían que habláramos de otros temas! Aunque ahora ya soy capaz de hablar de otras cosas y de entablar conversaciones sobre bastantes temas serios, el niño, la niña, como inspiración, siguen deslumbrando esta cabeza mía que conecta puntos, aunque no sea más que porque niños y niñas no viven aislados, sino en el círculo de todas nuestras relaciones, y tocan todo aquello que es importante para nosotros. Pero hay otro motivo más: porque podemos ver al niño y a la niña como un ser cuántico, ¡un estado de cuanto es posible!

EL CRISTAL DE CHILD HONORING

Creo en cierto modo que el niño/a, como ser humano universal en el cual la humanidad esencial es más patente, me trajo el «cristal» de Child Honoring, a medida que la visión se fue revelando. Al igual que un cristal, cada cara y faceta de Child Honoring refleja las demás. Según lo mires –según sostengas el cristal en tu ser más profundo–, verás una cosa u otra; y según dónde y cómo mires, te mostrará distintas perspectivas en función del ángulo (o la inclinación) de la luz, de la mente y del corazón. Por suerte para mí, un buen número de amigos y amigas íntimos quedaron intrigados con la imagen del cristal, y se abrazaron a él iluminados por las lentes de esta filosofía de múltiples facetas. La infancia «vista, escuchada y respetada» se convirtió en una lente y una metáfora para contemplar todo lo que de precioso tiene el ser humano y nuestro planeta, nuestro hábitat, nuestro hogar.

Nos involucramos intensamente en Child Honoring; críticos y admiradores, desmenuzamos y exprimimos el tema y sus principios hasta el último gramo de significado. Discutimos, reímos y lloramos por cuanto todo esto podría significar, tanto a nivel individual como colectivo. Con el tiempo, la pregunta «¿Se te respetó siendo niño o niña aquello que tú sentías ser?» ha conmovido hasta las lágrimas a muchas personas, que se vieron confrontadas con traumas de sus primeros años en los que no se sintieron respetadas. Esto me llevó a imaginar un mundo en el que tal dolor no sea la norma.

Las revelaciones akásicas de aquel singular día han prestado un gran servicio en los últimos diez años. En ambientes tan diferentes como Harvard, la Colina del Parlamento de Ottawa y la Academia de Medicina de Nueva York (y en muchos campus de Canadá y Estados Unidos), esta filosofía ha sido recibida con entusiasmo. Las palabras *Child Honoring* generan todo tipo de reacciones emocionales en las personas, en función de su historia infantil y de su consciencia emocional. Muchas personas se han sentido profundamente conmovidas (y turbadas) al mirar a través de las lentes. Ha habido padres y madres que se han sentido culpables por no haber hecho las cosas suficientemente bien, a pesar de repetirles una y otra vez que este trabajo no pretende fomentar la culpa. Por otra parte, emergen respuestas de alegría y satisfacción entre aquellas otras personas que sienten que ahora tienen una metaestructura para un cambio de paradigma que les ofrece cada vez más sentidos a medida que se involucran en ella. Y, sin embargo, sigo viendo en otras muchas personas cierto distanciamiento de los niños y niñas y de la infancia, como si aquellas experiencias tempranas fueran un mundo que les es ajeno, y no aquél en el que todos jugábamos.

Hay veces en que me esfuerzo por contener el aliento y por mantener el alcance de la filosofía que se me encomendó para ofrecer una visión que no sea exclusivamente mía, sino destinada a convertirse en un sueño compartido, una idea cuyo tiempo de floración ha llegado. «¿Por qué yo? –me he preguntado más de una vez–. ¿Por qué se me dio esta visión? Ni soy padre ni soy un licenciado en educación; no soy más que un cantante con una mente inquisitiva y un corazón abierto. ¿Es eso suficiente? ¿Acaso fue mi cariño por los niños y su amor puro lo que "captó la llamada"? ¿Fue mi reputación como trovador, una voz libre y sin vínculos con nadie en el sistema?». Quizás fuera la alegría y el amor de millones de niñas y niños que han cantado mis canciones en las últimas tres décadas; o bien mi defensa del medio ambiente, la que ha ocupado tanto mis pensamientos en mi edad adulta. Sin embargo, las impresiones akásicas han estado resonando en todo este sendero, la humilde sensación de haber tenido una gran epifanía en cuyas vibraciones cristalinas se percibe un cambio de paradigma casi copernicano. Y, quizás, justo a tiempo para una humanidad en peligro en un planeta amenazado.

Como hijo de fotógrafo que soy, siempre me sentí fascinado por la primera foto de la NASA de nuestra azul Tierra desde el espacio. ¡Qué excepcional «retrato de familia»! Algo impredecible, y completamente irresistible. Nuestro hogar, la Madre Tierra, visible por vez primera para todos sus hijos e hijas. Y qué combinación de factores se unieron para darnos esta imagen arquetípica: la explosiva ciencia de los cohetes y las avanzadas técnicas fotográficas nos proporcionaron no sólo la distancia óptima necesaria para ver la imagen de la Tierra al completo, sino también los medios para registrar tal hazaña. Al igual que la tecnología de Internet, que emergió desde entornos militares, esta imagen icónica para la consciencia evolutiva emergió de esa era de las conquistas de unos combustibles fósiles que la humanidad tendrá que superar para que tengamos un futuro viable.

Durante décadas, los niños y niñas y la ecología han sido la doble hélice que se desarrolló y danzó dentro de mí mientras intentaba comprender el desarrollo humano, la evolución y las bases numéricas del mundo manifestado, ese mundo que se puede ver y escuchar. El mundo como vibración me ha inspirado una y otra vez, renovando mi gratitud por la magia de la Creación. En mi casa, en una pequeña isla frente a la costa oeste de Canadá, la magia es abundante y tangible.

MARGARITA, MARGARITA

¿Qué imagen fotográfica podría trasmitir el espíritu y la profundidad de una filosofía cuyo nombre lleva la palabra niño y, sin embargo, trata de muchas más cosas que eso? ¿Qué imagen podría captar las lentes de Child Honoring, el diseño cristalino del ser y del pertenecer? La respuesta me vino de un modo deliciosamente sorprendente: la margarita. Hice una fotografía a una margarita en el jardín de delante de casa, y su sencilla belleza adorna la portada de una antología que se publicó en 2006.[1] El diseño en espiral del corazón de la margarita (lo que algunos llaman geometría sagrada) me pareció que encajaba a la perfección con el misterio y la gracia de haber nacido en este mundo de maravillas.

Fue magnífico, como toda epifanía. Se me había dado una nueva lente que contenía el mandala del corazón humano universal: el corazón infantil como imán que atrae todo cuanto nos es más querido. Pasado y futuro se reúnen en un luminoso presente, pleno de posibilidades. Puedo decir que mi vida (pasada y futura) lanzó un destello ante el ojo de mi mente, dejando impresiones de instantes futuros por activar. Y, de cuando en cuando, epifanías menores han estado trayéndome niveles superiores de comprensión.

Siento como una bendición aquel despertar de domingo, con una nueva canción que cantar, con una nueva lente a través de la cual mirar, y una margarita para recordármelo. ¿Cómo consigue la margarita (y su primo mayor, el girasol) sus espirales? En el libro de Gyorgy Doczi, *The Power of Limits (El poder de los límites)* (1981), podemos encontrar muchas espirales, así como las proporciones numéricas a partir de las cuales se generan.

Este exquisito libro nos ofrece los diseños recíprocos y proporcionales de la naturaleza y las bases matemáticas que subyacen a sus formas. Fue un erudito italiano, Fibonacci, quien descubrió la secuencia de números que, expresados como proporciones, describían la curva de toda espiral. (La proporción de Fibonacci jugó un importante papel en *El código Da Vinci*, de Dan Brown).* En cuanto te haces consciente de la presencia de las espirales en el mundo, terminas viéndolas por todas partes. Y la pequeña margarita, con su corazón de espiral, puede llegar a fascinarte, igual que hizo conmigo.

Una tarde, en una pequeña isla frente a la costa oeste de Canadá, una margarita se dejó ver inesperadamente para ofrecernos su magia. La llevaba una niña de cinco años, Emily, que se encontraba entre las personas que se habían congregado para mi presentación de Child Honoring. Casi al final de mi presentación de discursos y canciones, durante la canción *Turn This World Around (Vuelve del revés el mundo)*, en la que canto «Vuelve, vuelve, vuelve, vuelve del revés el mundo para los niños...», Emily hizo algo que nadie esperaba. La niña entró con una margarita en la sala y se puso a regalar sus pétalos a todos los presentes, ofreciéndole finalmente el corazón en espiral de la flor a una mujer embarazada.

Cuando lo que me pareció haber visto me fue confirmado por un amigo común (además de colega), me quedé de piedra. Aquella niña había estado sentada con su padre en la tercera fila durante la primera mitad de mi presentación; y, luego, cuando me puse a cantar, se había puesto a deambular por ahí, quizás impulsada por los ritmos de la grabación con la que acompañaba mi canción. Es posible que viera la portada de la antología de Child Honoring (con la foto de la margarita), que estaba a la venta al final de la sala y que, saliendo a la calle, volviera con una margarita y con la intención de regalarla. Quizás alguien diga que fue pura coincidencia. Pero, para mí, aquello fue una sorprendente sincronicidad. Para mí, Emily actuó con plena conexión y conocimiento de causa, a pesar de su tierna edad. ¿No contactaría con el campo vibratorio de lo que estaba sucediendo en aquel momento?

Sin duda, el mismo campo de Origen que me despertó aquel memorable domingo llevó a Emily a compartir su margarita de aquel modo tan exquisitamente sincronizado. ¡Qué fascinante! Los insondables misterios de la vida revelan de vez en cuando partes del universo holográfico en las cuales cada uno de nosotros tiene todo un papel que representar. La percepción ordinaria se postra ante vislumbres ex-

---

* Editado en español por Umbriel Editores, Barcelona, 2003.

traordinarias de esa ilimitada conciencia multidimensional en la cual vivimos y crecemos, emocional y espiritualmente. Mi experiencia de Dios o de la Fuente Akásica hace que uno se sienta pequeño, sobrecogido, y estos sentimientos se acrecientan con cada nuevo resplandor o «¡aaah!» en los anillos en espiral de la consciencia.

A medida que me voy haciendo mayor se va desarrollando en mí, al mismo tiempo, una sensación de tiempo y una sensación de eternidad, la sensación del testigo permanente que presencia la vida. Las inmensidades de la espiral de la Vía Láctea y las de esos miles de millones de estrellas que llenan el firmamento abruman mi capacidad de raciocinio hasta sumirla en la quietud. Una y otra vez, un estado de gracia.

DOCE

Conectando con la Mente Universal en el proceso creativo

Alex Grey

Alex Grey es un artista que se ha especializado en arte espiritual y psicodélico (o arte visionario), que se asocia en ocasiones con el movimiento New Age. Su obra abarca gran diversidad de formas, entre las que se incluyen el perfor-mance art *(o arte en vivo), el arte procesual, el arte instalación, la escultura, el arte visionario y la pintura. Grey es miembro del Instituto Integral y está también en la mesa de consejeros del Centro para la Ética y la Libertad Cognitiva, y es catedrático del Departamento de Arte Sagrado de la Wisdom University. Él y su esposa, Allyson Grey, fundaron la Capilla de los Espejos Sagrados, una institución no lucrativa que da apoyo a la cultura visionaria en la ciudad de Nueva York.*

En 1976, mi mujer, Allyson, y yo tuvimos una visión simultánea, una experiencia mística que cambió nuestra vida y nuestro arte. Ambos ingerimos de manera sacramental una importante dosis de LSD y nos echamos en la cama. Yo entré en un estado alterado de conciencia en el que perdí el sentido convencional de la realidad física y de mi cuerpo. Sentí y vi mi interconexión con todos los seres y objetos en la inmensa Trama de la Mente Universal. Cada ser y cada cosa del universo era una fuente y un desagüe de energía amorosa, un nodo celular, una joya en una red que establecía vínculos sin fin en todas direcciones.

Toda dualidad de yo y el otro quedaba superada en esta dimensión infinita. Sentí que aquél era el estado que existe más allá del nacimiento y de la muerte, más allá del tiempo: nuestra verdadera naturaleza, que parecía más real que cualquier cosa del entorno físico, más real incluso que mi propio cuerpo físico. La matriz surgía de un campo de pura vacuidad.

Cuando abrí los ojos y me encontré de nuevo con Allyson en nuestro dormitorio, me llevé la sorpresa de que ella había tenido una experiencia idéntica a la mía. Describió la misma dimensión traspersonal en su relato y en sus dibujos de la sobrecogedora vastedad y belleza del estado del ser. El hecho de haber experimentado la red infinita del espíritu trasformó nuestra existencia, así como el tema y el enfoque de nuestro arte y de nuestra misión.

Obsesionado con esta experiencia, busqué multitud de referencias y encontré investigaciones de experiencias cercanas a la muerte y literatura mística en la que se daba cuenta de revelaciones como la nuestra. La descripción que hace la escuela budista Hua-yen de la Red de Joyas de Indra fue una de aquellas referencias:

> *En la morada de Indra, Señor del Espacio, hay una red que se extiende hasta el infinito en todas direcciones. En cada intersección de la red hay una joya, tan pulida y perfecta que refleja todas las demás joyas de la red.*

Toda la obra artística que hemos hecho desde entonces hace referencia a las percepciones que tuvimos en aquel estado trascendental y en experiencias espirituales parecidas. Allyson viene pintando Yantras (geometría sagrada en redes) desde entonces. De hecho, dos de sus obras llevan por título *Red de joyas de Indra*. Por mi parte, yo inicié una serie de pinturas, a las que llamé *Espejos sagrados*, en las que se reflejan visiones de la *Trama de la Mente Universal;* en uno de los cuadros se representa un entramado traspersonal de cuerpos de luz vivos, la infraestructura geométrica de seres interconectados.

Espejos sagrados está compuesta por veintiuna pinturas que operan como una sola, explorando quién y qué somos, revelando capa tras capa aspectos materiales, biológicos, sociopolíticos, sutiles y espirituales del yo. Debido al hecho de que se trata de cuadros, el espectador se va situando por turno delante de cada uno de ellos y se le invita a reflexionar sobre los sistemas representados, así como a identificarse con ellos; entre ellos, el *Sistema nervioso* y el *Sistema cardiovascular*. Los distintos sistemas fisiológicos y anatómicos hacen que el espectador contacte con la tierra en el mundo físico conocido.

Fue Allyson quien catalizó la inspiración que me llevó a pintar la serie de los *Espejos sagrados,* al sugerirme que hiciera un mapa desde lo físico hasta lo espiritual que permitiera al espectador despertar de nuevo su conexión con estos sistemas. Las experiencias psicodélicas dan forma a determinadas pinturas, como la *Trama de la Mente Universal, Sistema energético psíquico* y *Sistema energético espiritual.* La visión general de la serie *Espejos sagrados* sugiere un punto de vista traspersonal no vinculado concretamente a ninguna religión, sino que apunta a la sabiduría que subyace a todas las tradiciones sagradas.

UNA VISITA A LOS REGISTROS AKÁSICOS

En cierta ocasión hice una visita a los Registros Akásicos, tras ingerir cierta dosis de LSD. Los registros tenían la apariencia de una matriz x-y-z de salas y corredores infinitamente largos, de cientos de metros cuadrados. Las paredes estaban hechas con piedras iridiscentes vivas, y estaban inscritas con multitud de signos y símbolos, como jeroglíficos y pictogramas, diagramas matemáticos y físicos, con todo tipo de lenguas extrañas. Todo cuanto haya sucedido, esté sucediendo o vaya a suceder está escrito allí como el código genético de una persona. Sin embargo, aquello era el código histórico o memorístico del planeta Tierra y de sus relaciones con otros vecinos planetarios, galácticos e interdimensionales. Aunque las paredes estaban llenas de inscripciones, su naturaleza viva parecía acumular sabiduría, sabiduría para modificar y mejorar, para hacer referencias cruzadas y actualizar, algo parecido al motor de búsqueda de Google.

Por inmenso y denso que fuera este plano alternativo de existencia, yo tenía la certeza de que aquello no era más que la sección local de una biblioteca conformada por una trama interminable e interconectada. En un principio, me sentí abrumado por su apariencia incognoscible, por la imposibilidad de leer todos los registros, de ni siquiera llegar a comprender el profundo misterio del cosmos encriptado en este texto.

Pero, cuando me acerqué a la pared y contemplé los símbolos, tuve una comprensión inmediata, como si la misma pared fuera una «supermente» autotrasmisora, un recurso al que podía acceder cualquier ser para obtener percepciones o inspiración del campo de memoria omnisciente de todo cuanto existe. El Creador como inteligencia lingüística infinita, trasmitiendo todo tipo de textos de sabiduría y poesía. De vez en cuando he tenido la oportunidad de escuchar, aunque débilmente, tales trasmisiones, y he hecho una compilación de tales diatribas místicas en un libro titulado *Art Psalms (Salmos artísticos).*

Mi cuadro *La red del ser* relata una experiencia visionaria de ayahuasca sobre el espacio infinito, un espacio compuesto por infinitos Seres con infinitas consciencias compartidas. Una red ígnea de ojos y galaxias que forman una trama de divinidades interconectadas por todo el espacio, estableciendo una nueva topología para el Yo como un continuo. El corazón compartido de cada Dios Cuádruple de cuatro caras arroja un resplandor sobrecogedor, mientras una esfera de luz blanca dentro de cada cabeza proporciona la luminosidad para un nivel que está por encima y más allá de la vista, una malla que evoca la mítica red de Indra o los campos búdicos del *Avatamsaka Sutra.**

LA CONSCIENCIA MÍSTICA Y EL PROCESO CREATIVO

Para intentar ilustrar las múltiples fases del proceso creativo, me gustaría contar algo relacionado con mi cuadro *Transfiguración.* Siempre me he sentido desconcertado ante la relación cuerpo-mente-espíritu y ante lo difícil que es hacer visibles estas múltiples dimensiones de la realidad en una obra de arte, pero fue a partir de mis experiencias con el LSD cuando me planteé hacer de la consciencia mística el objetivo e mi arte.

Me llevó alrededor de diez años, creando obras y reflexionando obsesivamente sobre este tema, llegar a comprender que ése era uno

---

* El *Avatamsaka Sutra,* o *Sutra de la Guirnalda,* es un extenso texto budista de la escuela Mahayana que, según muchos expertos budistas, sería la más sublime revelación de las enseñanzas de Buda. *(N. del T.)*

de mis principales problemas artísticos, una parte importante de mi visión. Preparé una presentación de diapositivas y una charla sobre el tema de la «*Trasfiguración*», en las que mostraba representaciones artísticas de la luz o la energía trascendental en relación con el cuerpo. En aquel momento, yo no era consciente todavía de que estaba haciendo un cuadro con ese nombre. Hay una fase de incubación en el proceso creativo en el que el inmenso útero del inconsciente toma el control, gestando el problema. La obra de arte embrionaria crece sin ningún esfuerzo a su propio ritmo. Para el cuadro de la *Trasfiguración*, esta fase duró alrededor de medio año. Al cabo de este tiempo, me desperté una mañana temprano con un sueño en la cabeza. En el sueño, yo había estado pintando una obra llamada *Trasfiguración*. La pintura tenía una composición muy sencilla, dos arcos esféricos opuestos conectados por una figura. La figura era la de un ser humano, flotando sobre la esfera de la Tierra, con unos pies sólidos, de carne, pero haciéndose traslúcida poco a poco hasta «explotar» a la altura de las ingles en una brillante y alucinante esfera de cristal.

Aquel sueño me ofreció una solución singular al problema estético que se había ido cociendo a fuego lento dentro de mí sobre cómo representar una figura trasfigurada. Pero esta fase de iluminación o inspiración, ese instante de «¡Lo tengo!» que me proporcionó el sueño, se extendió o volvió a emerger posteriormente, en aquella misma semana, cuando fumé DMT por vez primera.* Mientras inhalaba esta sustancia, extremadamente potente y que se activa de inmediato, experimenté de primera mano al sujeto trasfigurado de mi pintura. En mi visión, mis pies eran los cimientos del mundo material. Mientras inhalaba, la densidad material de mi cuerpo pareció disolverse hasta que, finalmente, «estallé» en un mundo brillante de geometría viva y espíritu infinito. Me di cuenta de que en mi resplandeciente cuerpo espiritual había unos extraños centros o chakras parecidos a joyas, y también me percaté de otros colores espectrales que estaban ausentes en mi pintura onírica. Yo estaba *dentro* de mi futuro cuadro, y se me estaba dando una experiencia de aquel estado a fin de recrearlo mejor.

---

* DMT son las siglas de Dimetiltriptamina, el alucinógeno más potente que existe. (*N. del T.*)

Después de estas dos visiones sobre la misma pintura, me puse a dibujar lo que había visto en mi bloc de bocetos. Con esto se puso en marcha la fase de traslación, de llevar la solución interior de mi problema artístico hasta una forma exterior. Dibujé el cuerpo y trabajé con el ordenador para fraguar el mapa exacto de texturas de la trama eléctrica en torno a la esfera hipermental.

LA PERCEPCIÓN ESENCIAL

Las enseñanzas recibidas con cada una de estas experiencias son en cierto modo similares, y guardan relación con el campo akásico. Existe una Fuerza Creadora Universal que conecta a todos los seres y cosas, una fuente de amor y sabiduría que se puede extraer y revelar a través de la creación artística. En mi caso, y en el de otros y otras artistas, los enteógenos han jugado un papel crucial en la conexión visionaria con la Mente Universal del campo akásico en el proceso creativo. Sin embargo, yo no abogo por que los artistas vivan en la neblina constante de la consciencia alterada por medios químicos, y algunos artistas muy sensibles deberían evitar por completo el uso de estas sustancias. La meditación es el camino regio, y me ha sido extremadamente útil a la hora de catalizar las dimensiones de la consciencia mística visionaria.

Sea como sea que uno o una conecte con la Mente Universal y con el campo akásico, ojalá los sutiles mundos internos de la imaginación y la iluminación proporcionen una fuente inagotable de inspiración para la creación de un nuevo arte sagrado universal.

TRECE

Reconectando con el campo

Eric Pearl

Eric Pearl ha formado a más de 45.000 personas en más de sesenta países en la Sanación Reconectiva. Es autor del libro La reconexión: sana a otros, sánate a ti mismo,* *publicado en más de treinta idiomas. Ha hecho presentaciones en Naciones Unidas y en el Madison Square Garden, y el* New York Times *ha escrito sobre sus seminarios. Pearl ofrece conferencias y seminarios de formación en todo el mundo.*

Quiero maravillarte…
Quiero que tomes conciencia de otro plano…
Parte de un plano mucho más grande…

Me gustaría decir en primer lugar que, cuando Ervin Laszlo me pidió que escribiera algo para este libro sobre la experiencia akásica (la experiencia de la comunicación con el campo akásico), no tenía ni idea de por dónde comenzar. Estaba tan obcecado en contar exactamente la historia *correcta* para este libro que no era capaz de ver el bosque a través de los árboles. Sin embargo, aquí está *mi* historia ahora. Pero también podría ser tu historia, pues todos podemos acceder al campo.

Mi primera gran experiencia –al menos, la primera que haya estado dispuesto a reconocer– tuvo lugar una noche, cuando me desperté

---

* Publicado en castellano por Ediciones Obelisco, Barcelona, 2012.

súbitamente en la madrugada, con un fulgurante resplandor de luz que atravesaba mis párpados. Abrí los ojos y no me encontré con algo que pudiera anunciar nada de carácter espiritual. Era simplemente la lamparilla de la mesita de noche, que había decidido encenderse sola.

Mientras mi mente lógica me decía que debía de haber sido algún mal «contacto» eléctrico, o un contacto *invertido*, si es que existe tal cosa, otra parte de mí, que no estaba tan interesada en aquel ejercicio de lógica, tomó conciencia intensamente de que había alguien más en mi casa. No sabría trasmitir lo inquietante que resulta despertarse de pronto en mitad de la noche y tomar conciencia de que hay alguien en tu casa que no estaba allí cuando te fuiste a dormir. Digamos simplemente que me levanté, busqué un cuchillo, un espray de pimienta y a mi dóberman… y recorrí la casa para echar un vistazo. Al final resultó que no había nadie, al menos nadie con una forma como la que yo había anticipado. Me volví a la cama, aunque seguía sin estar convencido de que no hubiera alguien oculto en algún lugar de la casa.

Pocos días después, un lunes, me fui a mi consulta para atender a mis pacientes, como suelo hacer todos los lunes. Le hice a mi primer paciente un ajuste quiropráctico y, luego, le dije que cerrara los ojos, que se relajara y que, simplemente, dejara que el ajuste se asentara durante un minuto más o menos. Cuando abrió los ojos me preguntó quién había entrado en la sala mientras había estado con los ojos cerrados. Le dije que no había entrado nadie, y él, como si yo no hubiera entendido bien su pregunta, me dijo:

—No. ¿Quién ha entrado en la habitación mientras estaba con los ojos cerrados?

—Nadie –respondí.

Pero él insistió:

—La persona que estaba de pie en la puerta.

—No había nadie de pie en la puerta –insistí a mi vez.

—Pero, si le oí entrar… –dijo casi en una súplica.

—No ha entrado nadie.

—*Le he sentido ahí, de pie* –insistió un tanto molesto, como si pensara que le estaba ocultando algo.

Continuamos con el toma y daca hasta que, finalmente, dijo:

—De acuerdo.

Pero, por la expresión de su cara, era evidente que no me creía.

No le di más vueltas al tema, aunque me extrañó mucho su comportamiento, dado que no me encajaba con el carácter de aquel hombre, y me fui a otra sala para ver a mi siguiente paciente, una mujer en este caso. Cuando terminamos, ella abrió los ojos y me preguntó:

—¿Quién entró en la habitación mientras estaba aquí tendida?

—Nadie –respondí entre divertido y alarmado.

—He oído entrar a alguien –insistió.

—No ha entrado nadie.

—Lo he sentido aquí –replicó.

Lo único que puedo decir es que, aquel día, siete de mis pacientes, cada uno por su cuenta, me afirmaron rotundamente que, mientras estaban echados sobre la camilla, alguien había estado de pie en la puerta, había entrado en la habitación y se había paseado por ella. Dos de mis pacientes me miraron directamente a los ojos y, bajando la voz, me dijeron que habían sentido como si alguien hubiera estado *volando por el techo*.

Por entonces, yo llevaba ya doce años ejerciendo y nadie, nunca, me había dicho nada semejante. Y, sin embargo, aquel día, siete de mis pacientes me habían informado, completamente convencidos, de una experiencia sorprendentemente parecida. Pero no sólo hablaban del mismo hecho, sino que lo que decían se parecía mucho a lo que yo había vivido unas cuantas noches antes.

Pero, por si esto no fuera suficiente, otros pacientes me dijeron aquel mismo día que habían sentido mis manos antes de que los tocara.

—Oh, claro que puedes sentirlas –respondía yo incrédulo–. Cierra los ojos.

Y, mientras estaban con los párpados cerrados, yo movía las manos con las palmas orientadas hacia diferentes zonas del cuerpo del paciente, a distancias que oscilaban entre uno y varios metros; y me dio la impresión de que, cuanto más me alejaba, más intensas eran las sensaciones y más aguda la conciencia que tenían ellos del contacto, todo lo contrario de lo que se suele experimentar en la sanación energética.

—Hombro izquierdo –decían–. Tobillo derecho.

Lo sabían. De algún modo sabían adónde apuntaba yo con la mano. Unas veces sentían calor, pero lo más habitual era que sintieran como una «brisa fresca». Proseguí con este juego durante algún tiempo, hasta que comenzaron a aparecer inesperadas respuestas fisiológicas. En más de una ocasión me salieron ampollas en las manos, e incluso me llegaron a sangrar; no al modo de los estigmas, sino más bien como uno sangraría si, por accidente, se pinchara con un alfiler; una pequeña gota de sangre sin demasiada importancia. Pero, de pronto, la gente comenzó a tener sanaciones ciertamente inesperadas. Había gente que abandonaba su silla de ruedas; otros daban cuenta de la desaparición de un cáncer, mientras blandían en el aire un informe de laboratorio, unas placas de rayos X, un escáner o cualquier otra cosa que pudiera confirmarlo, en el caso de que yo no me lo pudiera creer. Hubo madres que dijeron que sus hijos epilépticos habían dejado de tener ataques, y niños con parálisis cerebrales que recuperaron la capacidad de caminar y de hablar.

No todos se curaron de tan asombrosas formas, pero sí muchos de ellos; los suficientes como para saber que algo estaba ocurriendo, algo decididamente real.

Cuando mis pacientes me preguntaban qué había hecho con ellos, yo respondía:

—Nada. Y no se lo digas a nadie.

Pero poco después comenzó a llegar gente de todas partes, diciendo:

—Yo quiero lo mismo que ella. Enséñame.

«¿Que se lo enseñe? ¿Cómo narices puedo enseñar esto? –pensaba yo–. Nadie me ha dejado un manual de instrucciones. ¡Si lo único que hago es mover las manos en el aire!».

Lo único que se me ocurría que podía decir era, «Mueve las manos en el aire». Pero yo sabía que en realidad había mucho más detrás de todo aquello. Yo sabía lo que sentía. Yo sabía cómo lo *encontraba* para, luego, *ir en pos* de lo que estaba sintiendo y aprender a reconocerlo cada vez con más claridad. ¿Podría explicar eso? ¿Y cómo podría enseñarlo? ¿No tendría que *comprenderlo* primero? Pero, ¿acaso podía permitir que la falta de una comprensión plena del proceso se entrometiera y me llevara a no compartir con los demás los atisbos y percepciones que *sí que tenía* y que se iban desarrollando y revelando ante mí? Dicho de otro modo, ¿podría enseñar esto como un trabajo en curso? O, lo que quizás fuera más importante, *¿no podría hacerlo?*

Los y las pacientes me llamaban y me decían que, tras las sesiones, cuando volvían a casa, alguna lámpara de la casa, o el televisor, se encendía o se apagaba una y otra vez, y que tenían extrañas sensaciones en las manos. Luego contaban cosas como que le habían puesto instintivamente las manos a alguien de su familia, y que el abuelo había recuperado la capacidad de hablar tras un derrame cerebral, o que la tía había recuperado la movilidad en los brazos... Sin embargo, nada de todo aquello había formado parte de su vida cotidiana con anterioridad a aquel momento y, en la mayor parte de los casos, ninguna de estas cosas se les había pasado siquiera por la cabeza.

LOS INICIOS DE LA SANACIÓN RECONECTIVA

Finalmente, accedí a dar un curso para unos veinticinco asistentes. No siendo una persona de natural organizada ni disciplinada, me encontré de pronto intentando concretar unas notas y un esbozo de lo que pretendía que fuera el curso, mientras conducía el automóvil hacia el lugar donde lo celebraríamos, yendo con retraso y un tanto perdido. Entré en la sala, miré las notas y me di cuenta de que cualquier intento por seguirlas iba a ser inútil: en el mejor de los casos sería una insensatez, y lo más probable es que no fuera más que una absurda distracción. Abrí una camilla de masaje, me senté sobre ella y relaté a los presentes lo mejor que pude cómo había sucedido todo y cómo se había desarrollado hasta aquel momento.

Después dejé que todos en la sala pudieran sentir en sus manos las sensaciones de lo que actualmente se reconoce en todo el mundo como *Sanación Reconectiva*. Les hice establecer turnos entre ellos, en los cuales se intercambiaban el papel de receptor y de emisor de la sanación. Cuando faltaban diez minutos para el término preestablecido del curso, me quedé de pronto sin nada más que decir (una aflicción de la cual ya no sufro), y di por terminado el trabajo. Después envié al mundo a un grupo de veinticinco practicantes de Sanación Reconectiva, diciéndoles que me llamaran si sucedía algo interesante.

Y me llamaron. Y me siguieron llamando. Los teléfonos sonaban tanto que tuve que contratar a una persona para atender las llamadas, y tuve que comprarme mi primer ordenador para responder a todas las preguntas; preguntas para las sesiones de sanación y preguntas para la enseñanza. Y con el tiempo escribí un libro titulado *La reconexión:*

sana a otros, sánate a ti mismo, para que todos podáis acceder a todo esto de una manera más plena, para ayudaros a vosotros mismos y para que ayudéis a los demás.

En mi práctica de sanación, así como en los seminarios que a partir de entonces comencé a impartir, descubrí hasta qué punto lo no-local puede llegar a ser no-local. Me di cuenta de que, en este nivel expansivo de sanación, las manos se utilizan esencialmente porque es algo con lo que los participantes se sienten familiarizados, para que puedan vivir la experiencia por sí mismos. Una vez lo consiguen, les enseño a hacerlo desde distintas distancias de la persona con la que están trabajando, que es lo que yo hice cuando mis pacientes se dieron cuenta de que «sentían» el contacto de mis manos. Yo me ponía a entre uno y varios metros de distancia durante parte de las sesiones, otras veces me situaba en el otro extremo de la sala, o incluso me iba al pasillo y observaba desde allí los efectos.

A medida que los seminarios se fueron haciendo más amplios y con una mayor asistencia de participantes tuvimos que empezar a montar grandes pantallas de vídeo, a fin de que la gente pudiera ver las demostraciones. Normalmente, sacaba a algunas personas del público que no hubiesen leído *La reconexión* ni practicado forma alguna de lo que se considera en general como «sanación energética». Yo les enseñaba a *sentir* esta amplia gama de sensaciones en sus manos, y luego les dejaba trabajar con ello en el escenario para demostrar al público que estas personas conseguían instantáneamente los mismos efectos que yo, efectos que se han reproducido sistemáticamente en investigaciones controladas y aleatorizadas de doble ciego. Después, hacía que la persona se fuera alejando, *llevándose* la sensación consigo, mostrando en todo momento en la pantalla las respuestas físicas involuntarias que la persona que yacía sobre la camilla manifestaba en respuesta al espectro de la Sanación Reconectiva. Estos «registros» se hacían más intensos y más evidentes a medida que la persona que emitía la sanación se alejaba del receptor.

En una de aquellas ocasiones tuve la osadía de pedirle a la persona que hacía el trabajo que contemplara a través de la pantalla a la persona que yacía sobre la camilla, estando aquélla vuelta de tal manera que no podía ver directamente a la persona de la camilla. Los resultados fueron igualmente efectivos. A medida que crecía el número de asistentes a los seminarios tuvimos que habilitar varias salas en los centros de convenciones donde realizábamos el trabajo para poder acomodar a todo el mundo. Entonces, me llevaba a la persona que estaba llevando a cabo la sanación fuera de la sala principal, y hacía que realizara su trabajo desde un sitio diferente sobre la persona que estaba en la camilla en el salón principal. Los efectos seguían siendo tan evidentes como nítidos, y resultaban ser bastante más intensos que cuando estaban las dos personas en la misma sala.

Actualmente, al término de los seminarios, le enseño a la gente cómo pueden hacer lo mismo pero con los ojos. Todo el mundo puede hacerlo *en cuanto interactúan con ello,* inclusive los ciegos de nacimiento. No sólo los ciegos legales, sino los ciegos. Hubo una mujer que ni siquiera tenía ojos; llevaba prótesis. No se trata aquí de los ojos físicos. ¿Será el tercer ojo? ¿Acaso existe un tercer ojo?

El hecho de que una persona sienta mis manos y las manos de otros practicantes de Sanación Reconectiva sobre su cuerpo podría considerarse, a primera vista, una experiencia local, dado que la sensación *podría* ser trasmitida por el biocampo corporal. Pero cuando el mismo efecto se trasmite desde *más allá* del alcance probable del biocampo, podemos hablar ya de efectos no-locales. ¿Se trata de una sanación local cuando las dos personas se hallan en la misma habitación? ¿Y acaso es no-local cuando hay una pared que las separa? ¿A qué distancia tendrá que estar esa pared? ¿Puede una pantalla o un monitor de vídeo, en una habitación diferente, hacer la situación más no-local? ¿Lo hace la sanación con los ojos?

APORTANDO LUZ E INFORMACIÓN

Permítaseme entrar ahora en una parte de este testimonio que resulta aún más extraña. Un día, durante un mes de enero, un paciente mío perdió la consciencia —o la *ganó,* todo depende de la perspectiva—. Hallándose en ese estado, habló —o, para ser más precisos, *alguien* pronunció a través de él— dos frases perfectamente inteligibles: «Estamos aquí para decirte que continúes haciendo lo que estás haciendo». «Lo que estás haciendo es aportar *luz e información* al planeta». Dos días después, ocurrió lo mismo con otros tres pacientes. Tres días más tarde, le ocurrió a cinco. Durante un período de más de tres meses –desde la segunda semana de enero hasta alrededor de la tercera semana de abril–, más de cincuenta de mis pacientes tuvieron la misma experiencia y pronunciaron un total de seis frases textuales. Ninguno de ellos, salvo el primer paciente, había tenido nunca la experiencia de que otra voz que no fuera la suya se expresara a través de él, y ninguno de ellos sabía nada del resto de pacientes a los que les había sucedido esto.

«Continúa haciendo lo que estás haciendo». ¿Qué podría significar aquello? Bien, para comenzar, lo que no significa es hacer simplemente lo mismo una y otra vez. *Continuar* no es un término de estancamiento, es una palabra de movimiento. Continúa… continúa adelante… continuación… *continuo.*

La segunda frase, «Lo que estás haciendo es aportar luz e información al planeta», era igualmente fascinante. ¿Por qué *luz e información*? ¿Por qué no *luz y amor*? Recibí algún atisbo de comprensión en lo referente a esta pregunta por parte de personas que habían tenido una experiencia de «vida después de la muerte». Sé que es habitual referirse a estas experiencias como experiencias cercanas a la muerte; sin embargo, yo prefiero escuchar lo que dicen las personas que han tenido la experiencia. Y lo que dicen no es que estuvieron cerca de la muerte; dicen que *murieron.* Y lo que dicen es que la luz que ven cuando están muertas es el amor, y que el amor es indescriptible. Lo más probable es que todos sepamos en nuestro interior que la luz es mucho más que lo que la palabra *luz* pueda trasmitir, y que el *amor* es mucho más que lo que la palabra amor pueda trasmitir. Por tanto, nuestro deseo por expresar algo, que sabemos que es más que algo para lo cual tenemos palabras, da lugar a ese redundante –aunque bienintencionado e inconsciente– término *new age* de «luz y amor».

Aun con todo, esto no explica por qué se habrían elegido las palabras *luz e información*. Muchas personas que se han adentrado en este campo tienen la sensación de que, al menos, una manera potencial de entender esta cuestión podemos encontrarla contemplando el fotón, conocido por sus propiedades de energía, luz e información. Si es así, ¿por qué no llegó esta frase en la forma de «Lo que estás haciendo es aportar *energía,* luz e información al planeta»? Porque, hasta donde sabemos, la energía ya estaba aquí; era aquello a lo que ya estábamos accediendo. Luz e información es aquello a lo que podemos acceder para expandirnos más allá de la energía y de la energía sanadora, y para trascender sus innumerables técnicas y ramificaciones, antiguas y modernas.

Veámoslo de esta manera. Si la luz es consciencia, con la luz expandida llega la consciencia expandida, y con una consciencia expandida disponemos de más información. Podemos prescindir de la necesidad de mover las manos en una dirección en lugar de otra, de la necesidad de hacer un barrido con las manos, hacia arriba por delante o hacia abajo por la espalda (y podemos permitirnos ver más allá de la ilusión de arriba/abajo/delante/detrás); de protegernos con llamas blancas, violetas o doradas, o de llevar el collar de moda específicamente codificado; de inspirar al contar uno y espirar al contar dos, de tocar puntos específicos, de intentar colapsos de longitudes de onda, de hacer girar chakras en el sentido de las agujas del reloj o en sentido contrario, o de soplar, sacudir o rociar para extraer las energías «negativas». Una consciencia expandida nos permite ver más allá de la energía «negativa» –como se suele ver en el mundo de la sanación– y reconocer que la oscuridad no existe; pues, de lo contrario, podríamos barrerla, meterla en una bolsa y sacarla al cubo de la basura. Reconocemos más bien que se trata de un lugar en el que aún no nos hemos consentido brillar como la luz. Los conceptos (basados en el miedo) de energía «maligna» y «negativa» («mala») en sanación, y en el mismo campo, resultan ser una ilusión. El regalo es la desmitificación. El reto estriba en estar dispuestos a permitir tal desmitificación.

SANANDO CON EL CAMPO

¿Cómo se trabaja con el campo? ¿Cómo es que la gente que acude a un seminario de Sanación Reconectiva se va de allí siendo mucho más capaz de acceder, y con más amplitud y claridad, a un campo multidimensional de lo que era cuando llegó, o incluso de lo que era capaz tras haber aprendido otras técnicas de sanación energética? ¿Y cómo se puede enseñar esto para que la gente lo consiga?

En realidad, no es posible *enseñar* la sanación ni la interacción de campo. La interacción de campo y la sanación tienen lugar hasta cierto punto *de cualquier manera*. Es un don, parte de nuestra existencia, de nuestra presencia, de nuestra función natural. Y, sin embargo, hay más. Y el *más* viene simplemente cuando nos permitimos abrir la conciencia a ello. Viene en cuanto lo vemos, lo sentimos y nos permitimos reconocer lo que vemos y sentimos, y en cuanto nos damos permiso para *reconocerlo y agradecerlo.* Pues sin ese reconocimiento, nuestra capacidad para acceder se desvanece, porque nuestra disposición a acceder se desvanece.

El *más* llega en cuanto nos permitimos escuchar… *con un sentido diferente.* Dejar de *hacer* y, a cambio, *convertirse:* convertirse en el observador y el observado. Ahí es donde y cuando el universo opta por manifestar su maravilla y su belleza para nosotros. Ése es el don. Entonces vemos cosas que son novedosas, que son diferentes, que son reales. Muy, muy reales. Entonces vivimos cada sesión con un maravilloso sentido de novedad y de descubrimiento; porque, con cada persona, es nuevo. Cuando se nos abre un pórtico podemos abrir puertas para los demás. Esta puerta es una interacción con el campo más consciente, y más gratificante para todos los implicados. No alimenta al ego del bienhechor; más bien, ofrece a todos los implicados un sustento superior y más duradero, con resultados curativos incomparables. La naturaleza y la forma de la sanación no vienen determinadas por la limitada, consciente y educada mente humana y por el ego de la acción, sino por la inteligencia del campo, la inteligencia del universo, el campo punto cero, el Espíritu Santo, Dios, el Amor, la espiritualidad… o *el campo akásico.*

En cuanto nos apartamos de nuestro propio camino y nos permitimos acceder al campo akásico de la espiritualidad, la sanación, la inteligencia y la evolución, nos permitimos vivir la *unidad.* Y una vez la vivimos, nos damos cuenta de cuán normal es en realidad.

Se trata de una sanación muy diferente de la que se nos ha enseñado a percibir, comprender o, incluso, creer o aceptar. Esta sanación es un proceso evolutivo que ha venido a la existencia a través de la *creación conjunta* en el más elevado nivel de interacción con el universo, en el más elevado nivel de interacción con el campo.

Estamos todos aquí como uno.
Tenemos nuestra propia vibración… pero somos del mismo sonido.
Todos tenemos la música de la vida.

CATORCE

Dando forma a campos creativos

LO QUE HE APRENDIDO DE MIS EXPERIENCIAS AKÁSICAS

Masami Saionji

Masami Saionji nació en Tokyo, Japón, y es presidenta de la Goi Peace Foundation y de la World Peace Prayer Society (Sociedad de la Oración por la Paz Mundial). Aunque es descendiente de la familia real Ryukyu de Okinawa, prosigue el trabajo de su padre adoptivo, Masahisa Goi, que puso en marcha un movimiento por la paz mundial. Saionji es autora de veinte libros y, junto con su marido, Hiroo Saionji, fue galardonada con el Philosopher Saint Shree Dnyaneshwara World Peace Prize (Premio del Filósofo y Santo Shri Dnyaneshwara por la Paz Mundial) en 2008. Es miembro del Club de Budapest y del World Wisdom Council (Consejo Mundial de la Sabiduría).

Existe, ciertamente, un campo akásico que contiene información sobre todo lo que ha sucedido desde el proverbial «Big Bang», o gran estallido. Esta información abarca desde el nacimiento de galaxias hasta el de las minúsculas criaturas unicelulares. Alberga el recuerdo de cada pensamiento, palabra o movimiento que se haya generado desde el principio de los tiempos.

Sin ninguna duda, entre estos recuerdos akásicos no sólo existen registros de lo sucedido en los planos tangibles, visibles, sino también de los planos intangibles e invisibles. Es por tanto adecuado que Ervin Laszlo haya dedicado todo un libro al estudio de la experiencia akásica:

los distintos tipos de experiencias que nos dan acceso a este omnicomprensivo campo akásico.

UNA EXPERIENCIA MÍSTICA

Mi primer recuerdo de una experiencia mística akásica es de cuando yo tenía diecinueve años. Enfermé de repente durante un viaje a Okinawa con mi familia. Perdí la consciencia en un sitio en el que, al término de la Segunda Guerra Mundial, se habían suicidado muchas jóvenes de la isla. Me llevaron precipitadamente al hospital y, posteriormente, de vuelta a Tokyo.

Me diagnosticaron un tumor cerebral, y la opción de la cirugía no parecía demasiado prometedora. Durante todo un año padecí a diario de convulsiones, y era incapaz de retener los alimentos. Me quedé muy delgada y, poco a poco, perdí la visión, y luego la audición.

Desde los primeros días de mi enfermedad recibía las visitas diarias de Goi Sensei, a quien había conocido cuando tenía quince años, antes de ofrecerme como voluntaria en su movimiento de Oración por la Paz Mundial.[1] Tras caer enferma, Goi Sensei venía a rezar conmigo cada día, sanándome con energía purificadora.

Goi Sensei me había hablado muchas veces de mis ángeles guardianes (él los llamaba «espíritus guardianes y deidades guardianas»). Sin embargo, hasta entonces, yo me había negado siempre a escuchar aquellas cosas, porque me desagradaban los temas relacionados con lo psíquico o lo espiritual. Pero mis sentimientos cambiaron durante el tiempo en que estuve enferma, y adquirí el hábito de orar a mi deidad guardiana.

Durante mi enfermedad, yo solía ver grotescas visiones de seres humanos sin rostro o sin ojos, nariz u otros rasgos físicos. Pero, gracias al coraje que me infundió Goi Sensei, nunca me dejé llevar por el miedo ni intenté escapar de aquellos seres fantasmagóricos. Yo me mantenía firme en mi oración e intentaba tranquilizarlos, diciéndoles cosas como: «¡No sois malos! Dios os ama. Dios cuida de vosotros. ¡Estaréis bien! Dad las gracias a Dios. Pensad en la paz. Pensad, "Que la paz prevalezca en la Tierra!"».

Con el tiempo, aquellas visiones fueron remitiendo poco a poco hasta desaparecer. Gradualmente, recuperé la audición, y también la visión. Pero durante mucho tiempo seguí aquejada de una extrema debilidad, y sufriendo convulsiones. Sintiendo que mi existencia debía ser una carga para mi familia, pensaba con frecuencia en morir.

CUANDO MIRÉ AL SOL...

Cada vez que sentía miedo o inquietud, me ponía a rezar. Un día, mientras rezaba intensamente, me dio por mirar a la ventana que había sobre mi cama. Sería alrededor del mediodía. Dado que mi visión estaba mejorando, pude ver el resplandor del sol. Recuerdo que pensé: «¡Oh, el sol está brillando! ¡Qué precioso y cálido es! Disuelve el frío y calienta el cuerpo. ¡Gracias, querido sol! ¡Gracias!».

Mientras pensaba aquello, el sol empezó a acercarse a mí. Se iba haciendo cada vez más grande. Tuve la sensación de que estaba cayendo del cielo. El sol se acercó y se acercó; y, cuando estuvo justo delante de mí, se fundió con mi cuerpo.

Justo entonces vi la luz de mi deidad guardiana. Era una luz cálida y amorosa –no tenía forma humana–, y supe al instante que era mi deidad guardiana. Ella me habló, no con palabras, sino con un destello instantáneo de significado que duró menos de un segundo. Traducido en palabras, esto es lo que me dijo:

Yo estoy siempre contigo, igual que me ves ahora. Yo soy tu deidad guardiana. Todo el mundo tiene una deidad guardiana, brillando justo detrás de ella en todo momento, dirigiéndola y protegiéndola. Sé cuánto has estado sufriendo, pero tienes que permanecer en este mundo. Tienes una misión aquí. Tu misión es contar a los demás que las deidades guardianas y los espíritus guardianes existen de verdad. Ahora que me has visto con tus propios ojos, sabes que es verdad, de modo que debes contárselo a todos. Si a partir de ahora en adelante no hicieras ya nada más, no pasa nada. Simplemente, háblale a la gente de sus espíritus guardianes y de sus deidades guardianas.

Cuando recibí este destello de significado de mi deidad guardiana, me sentí envuelta dulcemente en su amor. Sentía una profunda paz. Fue entonces cuando me di cuenta de que ya no estaba dentro de mi cuerpo físico. Estaba mirando a mi cuerpo desde arriba. Vi cómo fluía la energía hacia el exterior desde los dedos de mis manos y de mis pies. «¡Oh –pensé–, la energía está abandonando mi cuerpo! ¡Qué interesante! ¡Esto debe de ser la muerte!». Entonces, recordando lo que me había dicho mi deidad guardiana, volví de inmediato a mi cuerpo, que yacía en la cama.

UNA MARAVILLOSA AFLUENCIA DE ENERGÍA UNIVERSAL

Tras esta experiencia cercana a la muerte adquirí una profunda sensación de la infinitud del universo. Tomé plena conciencia de que existe realmente un manantial de vida –una extensión de potencial ilimitado– en el origen del universo. Instante a instante, todos y cada uno de nosotros y nosotras estamos sustentados por la energía vital que se nos emite continuamente.

Después del Big Bang, el manantial del universo irradió diversos campos de vida: vida mineral, vida vegetal, vida animal, vida humana, etc. A la vida humana se le infundió la capacidad creativa, la habilidad para generar campos creativos. Y estamos creando constantemente, tanto si lo pretendemos como si no. Para los seres humanos, existir significa crear.

Cuando los seres humanos se confundieron y comenzaron a crear condiciones inarmónicas, el manantial del universo irradió nuevos campos de vida divina cuyo propósito era proveer de amor y de guía a los seres humanos. Estos campos se pueden describir como «ángeles guardianes» o «espíritus y deidades guardianas». Desde que tuve aquella experiencia cercana a la muerte he sido consciente, permanentemente, de la presencia de estos seres protectores.

Incluso ahora, el manantial del universo está enviando energía en todo momento a los seres humanos. No envía un tipo de energía a una persona y otro tipo de energía a otra. Envía el mismo tipo de energía a todo el mundo. Lo que es diferente es el modo en que cada persona utiliza esta energía. La manera en que utilizamos esta energía determina el curso de nuestro futuro y el futuro del mundo.

En cualquier momento, un ser humano puede recibir energía nueva desde el manantial del universo. Sin embargo, para recibir esta energía prístina, nuestros pensamientos tienen que conectar con ella.

Podemos hacerlo con la oración pura o con pensamientos de paz y de amor, como «¡Estoy muy agradecida! ¡Sin duda, todo irá a mejor!», o bien «¡Que la paz prevalezca en la Tierra!».

Los campos creativos que son brillantes y positivos en la naturaleza pueden conectar con la armoniosa intención universal. Así, con independencia del número de campos destructivos que puedan existir en este mundo, no tenemos por qué sentirnos desalentados. Si utilizamos nuestra energía con fines positivos –fines que son buenos para la Tierra y para todo cuanto existe–, seremos sustentados por un maravilloso aflujo de energía universal. En ese momento, los campos creativos para la paz mundial se expandirán y crecerán. Este proceso ya ha comenzado.

MI EXPERIENCIA AKÁSICA MEDITATIVA

Cuando entro en meditación, me concentro simplemente en la unidad con la vibración esencial del universo. La respiración se hace más profunda, más lenta y más espiritualizada, y las células de mi organismo se espiritualizan también. Siento cómo mis células se expanden a través del entorno, hasta que no existe línea divisoria entre mí misma y el espacio, ni entre los demás y yo. Mi consciencia sigue reconociendo que soy Masami Saionji, pero no existen fronteras para mi existencia. Soy una con el universo, una con la Tierra, una con todos los seres vivos, en una existencia que está más allá del espacio y el tiempo.

Gracias a que todos estamos conectados podemos comprender lo que piensan y lo que sienten todos los demás. Podemos comprender lo que sucedió en el pasado y cómo dirigir el futuro. Cuando hemos experimentado esta unidad ya no tenemos necesidad de esforzarnos ni de soportar nada; no tenemos necesidad de ningún maestro que nos enseñe. Sólo necesitamos estar en la unidad. Sólo necesitamos establecer la conexión.

Pero, hasta que podamos establecer esa conexión tendremos que seguir volviendo nuestros pensamientos hacia el manantial de la vida, hacia la fuente de potencial infinito. No podemos rendirnos. Aunque la meta se nos antoje muy lejana, tenemos que seguir dando un paso detrás de otro. Tenemos que intentarlo una y otra vez.

Conviene que tengamos siempre en mente que, en verdad, no existen líneas divisorias entre las personas. Cuando tomamos consciencia de que las líneas divisorias no existen comprendemos que, cuando hablamos, pensamos o nos movemos, los efectos se difunden instantáneamente a los demás. El hecho de saber esto nos confiere cierto sentido de responsabilidad. Sabemos que debemos ejercer un influjo positivo sobre los demás.

Y así, convendrá que iluminemos nuestra consciencia, llevándola cada vez más cerca de la fuente universal. Ese resplandor alcanzará instantáneamente a los demás, incitándoles a evolucionar y crear en positivo.

Si no queremos darle nuestra energía a los campos creativos inarmónicos tendremos que observar con atención nuestras palabras, pensamientos y actos, y tomar un control positivo de ellos. De esta manera, los campos creativos inarmónicos terminarán por desaparecer, y sólo quedarán los campos brillantes.

LOS CAMPOS CREATIVOS

Desde los diecinueve o veinte años, tras la experiencia cercana a la muerte y el encuentro con mi deidad guardiana, las experiencias akásicas místicas y meditativas se convirtieron poco a poco en parte de mi vida. Aunque esté en este plano físico, e interactúe con la gente día a día, soy plenamente consciente en todo momento de la espiritualidad de cada persona que me rodea. Escucho de forma natural las voces de las plantas, de los animales y de otros seres vivos, y siento sus alegrías y sus pesares con tanta nitidez como si fueran los míos.

Cuando miro a la gente que me rodea veo en ellos los mismos atributos que puede ver cualquier otra persona: su forma física, la ropa que llevan, su postura, sus gestos y sus expresiones faciales. Pero, al mismo tiempo, veo también los campos de energía creativa que generan.

Los pensamientos, palabras y emociones que emiten los seres humanos a cada instante fluyen constantemente desde su cuerpo, formando campos creativos que se ven en diversos colores, formas y contornos. Algunos de esos campos creativos son de apariencia confusa y turbia, y se ciernen en torno a la persona en patrones indeterminados. Otros son extremadamente firmes, y se enroscan con fuerza en torno a la persona como una cuerda elástica.

Emociones como la felicidad y el afecto aparecen con colores brillantes, y envuelven a la persona con un halo similar a una radiación. Emociones como la preocupación, el miedo y el resentimiento se muestran con colores turbios, y se adhieren estrechamente a la persona de una manera asfixiante.

Cada pensamiento o emoción tiene su propia y singular forma de energía creativa, y los pensamientos que tienen una frecuencia similar se agrupan hasta formar un campo creativo homogéneo alrededor de la persona que los emite. Cuando la energía acumulada de un particular campo creativo alcanza un punto crítico y se desencadena merced a alguna circunstancia externa, se manifiesta de algún modo en el plano visible. Esta manifestación puede darse en la forma de algún tipo de suceso, acontecimiento o situación que emerge en la vida de la persona. Podría tomar la forma de un encuentro con otra persona, o bien podría manifestarse en algo que se escucha o se lee, o que surge de pronto, inesperadamente, en la mente de la persona. Una vez ha tenido lugar esta manifestación, la energía acumulada dentro del campo creativo se ve mermada hasta cierto punto.

LOS TIPOS DE CAMPOS CREATIVOS

Por lo que he observado, existen muchos tipos de campos creativos, tantos como pensamientos y emociones. En el lado positivo, existen campos creativos para cualidades como la seriedad, el optimismo, la ternura, la dignidad, la pureza, la higiene, la bondad y la sinceridad. Hay campos creativos para sentimientos como la felicidad, el entusiasmo, la amistad, el coraje, la admiración, la gratitud, la confianza, el respeto por la vida, el respeto por la naturaleza y el altruismo. Hay campos creativos para comportamientos como la alabanza, el estímulo, la aceptación, la generosidad y el perdón. Hay campos creativos para fenómenos como la inspiración, la sanación, la satisfacción, la mejora y el logro. Y hay campos creativos para condiciones como la paz, la armonía, la verdad, la santidad, la abundancia y la dicha.

En el lado negativo, hay campos creativos para sentimientos como el pesimismo, la frustración, la ansiedad, la culpabilidad, la autocompasión, la desconfianza en uno mismo, el odio a sí mismo, la autojustificación, el reproche y el ansia de venganza. Hay campos creativos para fenómenos tales como la discriminación, el suicidio, los accidentes, las guerras y los desastres. También hay campos creativos para las ideas fijas, como la creencia en el pecado y el castigo, la creencia en la derrota, la creencia en el fracaso y la creencia en la enfermedad y la pobreza.

Simplemente leyendo estas palabras nos podemos hacer una idea de la energía emocional que las sustenta. Las palabras en sí son una forma concentrada de energía y un poderoso medio de creación.

¿CÓMO SE GENERAN LOS CAMPOS CREATIVOS?

Me gustaría hablar brevemente de cómo se generan los campos creativos, dado que éstos dan forma a nuestra personalidad, a nuestra salud, a nuestras relaciones y a las circunstancias que nos rodean.

¿De dónde viene, antes de nada, nuestra energía creativa? Desde la fuente del universo, rebosante de potencial infinito, se está emitiendo en todo momento energía pura. Esta energía sustenta todas las formas de vida, grandes y pequeñas. Cada ser humano recibe un suministro constante de esa misma energía universal, y cada uno de nosotros le da una forma a esa energía mediante sus palabras, pensamientos y emociones. Éste es el proceso de la creación.

La energía de cualquier pensamiento, sea cual sea, dispone del potencial para generar un campo creativo. Sin embargo, no se formará un campo creativo a menos que se emitan varios pensamientos del mismo tipo. Un único pensamiento, por sí solo, perderá rápidamente impulso, a menos que se vea reforzado con la energía de otros pensamientos similares. Si se emiten varios pensamientos del mismo tipo, la energía de esos pensamientos se aglutinará, y cobrarán forma los rudimentos de un campo creativo. Una vez se haya formado este campo rudimentario será fácil ir añadiéndole nueva energía y, a medida que su masa se incremente, se consolidará en un campo creativo cohesivo. Y, en tanto en cuanto el campo siga creciendo, ejercerá una influencia cada vez más potente sobre la voluntad, las decisiones y el comportamiento de la persona.

CAMPOS CREATIVOS COLECTIVOS

La actividad de un campo creativo se puede estimular cuando otras personas generan campos creativos similares. Esto se debe a que los campos creativos que tienen las mismas frecuencias vibratorias tienden a fundirse, formando campos creativos colectivos de gran envergadura. Estos campos pueden ser sumamente penetrantes. Cuanto más grandes se hacen, con más fuerza responden a los pensamientos que emanan de las personas en diversos lugares.

Pongamos, por ejemplo, que alguien piensa distraídamente en suicidarse. Para comenzar, su deseo de suicidarse no es particularmente fuerte pero, por desgracia, esos pensamientos casuales atraen las vibraciones de un gran campo creativo colectivo sobre el suicidio. Estas vibraciones entran en su cuerpo y ejercen una influencia considerable sobre sus procesos de pensamiento y sobre su comportamiento. A menos que intervenga algún tipo de influencia positiva, o a menos que la persona rechace conscientemente esas vibraciones negativas, podría terminar suicidándose a la larga.

En lo referente a los pensamientos positivos, el escenario se hace mucho más brillante. He aquí un ejemplo de una experiencia de la vida real que tuvo una de mis lectoras.

Hacía mucho tiempo que esta mujer tenía el hábito de subestimarse a sí misma. Hasta en las cosas más triviales encontraba faltas en sí, diciéndose cosas tan poco lisonjeras como: «Soy una egoísta», «Tengo el alma sucia», «Soy indigna», «No valgo para nada», «No merezco que nadie me quiera».

Cada vez que pasaban por su cabeza, estas palabras provocaban la llegada de energías similares procedentes de campos creativos colectivos de gran tamaño. Entonces, se veía invadida por una oleada de energía de desprecio hacia sí misma, y el influjo de esta energía la sumía entonces en un estado de intensa desdicha. Como consecuencia de ello, le resultaba muy difícil mantener el buen humor en su vida cotidiana.

Tras conocer mi teoría de *efecto-y-causa*,[2] esta mujer se dio cuenta del perjuicio que se había estado provocando a sí misma con su propio pensamiento. Con una firme determinación, decidió que iba a crear una forma de vida completamente nueva, basada en palabras positivas.

Eligió dos palabras que eran especialmente atractivas para ella: «purificada» y «espiritualizada»; y luego desarrolló una especie de letanía en torno a ellas, combinando las palabras con su propio nombre. Era algo así (a modo de ejemplo, la llamaré «Annie Hunt»):

> *Purificada Annie Hunt, espiritualizada Annie Hunt.*
> *Purificada Annie Hunt, espiritualizada Annie Hunt.*
> *Purificada Annie Hunt, espiritualizada Annie Hunt.*
> *¿Cómo podremos darte las gracias? Que la paz prevalezca en la Tierra.*
> *En nombre de la humanidad, agradecemos el amor del universo por la existencia purificada de Annie Hunt.*

Se repitió a sí misma estas frases una y otra vez, con un ritmo constante, como un poema o una melodía. Cuando se encontraba con emociones que la desconcertaban, inspiraba profundamente, aguantaba el aliento y afirmaba en su cabeza las primeras palabras de su letanía. Posteriormente, las fue variando para adaptarlas a las distintas circunstancias. Para elevar sus pensamientos con respecto a otras personas, probó también con letanías similares, utilizando los nombres de esas personas.

El respeto a nuestra propia existencia y a la existencia de los demás está en sintonía con la gran voluntad universal. Debido a ello, estas palabras positivas atrajeron un flujo de energía resplandeciente de todo el universo. Y debido a que esta mujer añadió la frase «Que la paz prevalezca en la Tierra», así como palabras de agradecimiento por el amor universal, pudo acceder al increíble poder de una energía universal de dimensiones superiores. Y esto no sólo le trajo la felicidad a ella, sino que también favoreció el establecimiento de un campo colectivo más cohesivo para la felicidad en el planeta Tierra.

CÓMO CONTROLAR NUESTROS PROCESOS CREATIVOS

Mucho se ha escrito y dicho sobre el poder creativo de los pensamientos y las palabras, especialmente de estas últimas. Pero me da la impresión de que son pocas las personas que comprenden de verdad este poder; porque, si lo comprendieran, ¿cómo es que utilizan las palabras con tan poco cuidado? Al igual que niños jugando con fuego, los seres humanos vomitan palabras negativas sin que parezca importarles los efectos que éstas puedan tener. Me gustaría dejar bien claro aquí que la energía de cada una de nuestras palabras, una vez ha sido pronunciada, vuela hasta los campos creativos que se forman a nuestro alrededor, intensificando enormemente su actividad. Estos campos creativos no sólo generan nuestra felicidad o desdicha, sino que también generan las condiciones mundiales de pobreza o abundancia, de respeto o discriminación, de destrucción ambiental o renacimiento, de guerra o paz.

¿Cómo podemos tomar el control de nuestros procesos creativos? ¿Cómo podemos disolver los campos inarmónicos que hemos generado inconscientemente? Siento que el primer paso estribaría en supervisar firmemente nuestros propios pensamientos y palabras para hacernos una idea de qué tipo de campos estamos generando. Después, sugiero que nos entrenemos en eliminar todas las palabras negativas en cuanto nos lleguen a la mente, reemplazándolas por otras positivas. Al mismo tiempo, recomiendo que tomemos la decisión de desterrar toda creencia destructiva trasformándola en constructiva.

Para hacer todo esto, hemos de tener claro que nuestra energía fluye en cualquier dirección que pensemos. Si pensamos en nuestro potencial para construir un mundo feliz y pacífico, y si creemos en él, nuestra energía mental dará un salto adelante y formará un campo creativo para esa situación. A medida que ese campo se llene de energía, su poder se incrementará y, con el tiempo, se hará tan fuerte que tirará de nosotros hacia el pacífico futuro que hemos visualizado. Cuando hayamos alcanzado ese estado, ya no hará falta que hagamos tantos esfuerzos. Estaremos tan estrechamente conectados con el campo creativo de la paz mundial que podremos fundirnos con él sin ningún esfuerzo.

La visualización de metas a pequeña escala podría resultarnos útil, y es posible que la mayoría de la gente lo haga ya de manera espontánea. Sin embargo, tengo la sensación de que, para efectuar cambios a gran escala en nuestra vida y en el mundo, hemos de tener visiones a gran escala en nuestra mente y derramar conscientemente nuestra energía en ellas.

LA DESACTIVACIÓN DE LOS CAMPOS DESTRUCTIVOS

Cada vez más personas desactivan campos destructivos por medio de afirmaciones positivas. Al igual que la mujer de la que he hablado más arriba (a la que llamé «Annie Hunt»), todos podemos utilizar las palabras que más nos agraden. Del mismo modo, nuestras frases preferidas pueden ir cambiando a medida que cambien las circunstancias. Una frase puede ser una afirmación, un poema, una creencia o una meta. Lo importante es elegir una afirmación que tenga sentido para nosotras y que contribuya de algún modo a la felicidad de la humanidad y de toda la Tierra.[3] Sugiero que cada uno o una pruebe con varias afirmaciones para ver cuál de ellas encaja mejor con sus objetivos y su personalidad.

¿Cómo se utiliza una afirmación positiva? Pongamos que has elegido la siguiente frase positiva: «Decididamente, todo va a ir a mejor». Cada vez que tengas ocasión, pronuncia esta frase en voz alta una y otra vez. O bien, puedes inspirar profundamente y repetir luego la frase en tu mente repetidas veces mientras aguantas la respiración. Muchas son las personas que han descubierto que, a través de este ejercicio, sus hábitos de pensamiento han cambiado radicalmente, y que sus circunstancias han dado un giro positivo importante.

Otro ejemplo de afirmación positiva es: «¡Estoy muy agradecida!». Muchas personas se han dado cuenta de que grabando profundamente estas palabras en su consciencia han comenzado a sentirse espontáneamente agradecidas con la Tierra, con su familia, sus amigos y con todo lo creado. Al declarar conscientemente que están agradecidas generan de forma natural su propio campo creativo de gratitud. Éste, a su vez, se funde con otros de tales campos creativos, facilitando que más personas tengan la sensación de agradecimiento. Cuando el espíritu de la gratitud envuelva a la Tierra, la naturaleza se reanimará y todos los seres vivos –nosotros incluidos– seremos capaces de convivir armónicamente.

Cuando veo a alguien practicando sus afirmaciones de gratitud, o rezando intensamente por la paz en la Tierra, veo emanar de su cuerpo una nítida luz blanca. Esta luz envuelve los campos destructivos que proyectan guerras, desastres medioambientales y otras tragedias, moderándolos y reduciendo la escala de su actividad.

Cada uno de nosotros es responsable de la construcción de campos creativos positivos a nuestro alrededor mediante el uso de nuestra propia energía espiritual y física. Cada ser humano es responsable de conectar con la energía mística del universo y de traerla hacia la humanidad desde el futuro.

Creo que no está lejos el día en que cada ser humano pueda acceder a los recuerdos contenidos en los Registros Akásicos. Allí encontraremos relatos de civilizaciones que florecieron y perecieron, Observaremos cómo fueron destruidas después de introducirse irrespetuosamente en los campos sagrados y de violar las leyes de la naturaleza y la verdad. La humanidad actual se dirige ahora en esa dirección; pero aún podemos hacer un cambio de rumbo, si seguimos el ejemplo de los precursores que ya despertaron.

Para que la humanidad tome una buena dirección, todos tendremos que obtener nuestra inspiración no del pasado, sino del futuro. Tenemos que seguir concentrándonos en este pensamiento. Tenemos que insistir, insistir e insistir. No podemos rendirnos.

En el campo akásico existen nuevas y brillantes informaciones que están a la espera de ser registradas, y somos nosotros y nosotras quienes tenemos que crearlas. *Que la paz prevalezca en la Tierra.*

Tercera Parte

Investigando la experiencia

La exploración
de la experiencia akásica

COMBINANDO FORMAS SUBJETIVAS Y OBJETIVAS DE CONOCIMIENTO

Marilyn Mandala Schlitz

Marilyn Mandala Schlitz es antropóloga, y ha llevado a cabo investigaciones de laboratorio, clínicas y de campo en el área de la consciencia, la cultura y la sanación durante las tres últimas décadas. Investigadora, conferenciante, asesora de cambios y escritora, es autora de 4 libros y de más de 200 estudios y artículos. Es vicepresidenta de investigación y educación en el Instituto de Ciencias Noéticas, científica superior en el California Pacific Medical Center y oficial jefe de aprendizaje de la Integral Health Network (Red de Salud Integral).

¿Dónde comienza tu propia historia? La mía comenzó con algo que no recuerdo.

A los dieciocho meses, según cuentan en mi familia, encontré encima de la mesa un recipiente con líquido para encender carbón y, siendo una niña curiosa, hice lo que hubiera hecho cualquier niña curiosa: ponérmelo en la boca. Después de aquello me pasé varios meses en un hospital luchando por la existencia, flotando entre la vida y la muerte mientras mis pulmones buscaban aliento.

Quizás fuera ahí, entre las manos de un entregado grupo de profesionales de la salud, entre las oraciones y las intenciones de mi abnegada familia, en una búsqueda biológica personal por la misma vida, incluso ante desalentadoras expectativas, donde se gestó mi inagotable fascinación por la sanación.

Mientras repaso mi historia me doy cuenta de que han sido diversas las simientes y los fertilizantes que me han llevado a una profesión tan poco convencional, una profesión en la que he intentado comprender las interconexiones entre la ciencia y el campo akásico. Fue una serie de pequeñas pero excepcionales experiencias las que pavimentaron el camino, tanto para mi trasformación personal como para mi aportación profesional a una nueva y emergente visión del mundo.

SANACIÓN Y TRASFORMACIÓN

Yo crecí en Detroit, Michigan, entre los años sesenta y setenta. Aquélla era una época en la que Estados Unidos estaba en guerra consigo mismo. Era una guerra racial, de clases y, en última instancia, de lo que llegué a ver como una guerra de consciencias y de visiones del mundo.

Hacerse mayor de edad en una época tan compleja, y en un entorno que alimentaba la rebelión tanto en lo individual como en lo social, me llevó a vivir con cierta confusión, con ira y con un intenso deseo de cambios. Una noche, cuanto tenía quince años, estaba con alguien con quien no debía haber estado, haciendo algo que no debería estar haciendo. Un conductor borracho salió del estacionamiento de un bar con las luces de su automóvil apagadas e impactó contra la moto en la que yo iba de pasajera y salí violentamente despedida. Recuerdo con toda claridad ver mi cuerpo físico dando vueltas por el aire y estrellándose contra el suelo.

Durante lo que ahora entiendo que fue una experiencia extracorporal, sentí que mi conciencia trascendía mi cuerpo y que lo miraba desde arriba, tendido en el suelo. Fue el despertar de una capacidad de la que no tenía referencia alguna, ni forma de expresarla con palabras en mi limitada experiencia vital. Durante el largo tiempo que estuve en la sala de urgencias del hospital, esperando a mis padres, que estaban a varias horas de distancia, se llegó a hablar de una posible amputación. Tenía un corte muy profundo y amplio en la pierna izquierda. El equipo médico de urgencias hizo cuanto pudo. Me suturaron la pierna con sesenta y seis puntos, por debajo de la rodilla, y me enviaron a casa sumidos en la duda acerca de mi recuperación.

Posteriormente, tumbada en el sofá de casa, tuve de algún modo la idea de que podría y debería visualizar que mi sistema inmune me curaba la pierna. Me pasaba allí echada largos períodos de tiempo, sintiendo el hormigueo de la sanación. Yo no venía de una familia de médicos, ni recuerdo si a principios de los setenta yo habría oído hablar de medicina mente-cuerpo. Ahora me doy cuenta de que yo sabía de forma directa, noética, lo que tenía que hacer para curarme. En la actualidad tengo dos pies bien puestos en el suelo y la conciencia de que algunos aspectos de mí misma son algo más que físicos.

EXPLORACIÓN PSÍQUICA

Cuanto estudiaba en la universidad hubo varios acontecimientos significativos que conformaron de algún modo mi vida. El primero fue la lectura del libro de Thomas Kuhn, *La estructura de las revoluciones científicas.*[1] Este libro, y la idea de que los paradigmas de la realidad se construyen socialmente y no son absolutos, supuso nada menos que una liberación conceptual. Me proporcionó la esperanza de que la defectuosa visión de la sociedad que me rodeaba no era algo definitivo ni vinculante. De hecho, incluso en el contexto de la ciencia, hemos experimentado diferentes modelos de realidad, que se han ido reemplazando a lo largo del tiempo. Estaba convencida de que lo que necesitaba nuestra sociedad era una trasformación fundamental en todos sus sistemas.

Con estas ideas a cuestas mantuve multitud de conversaciones con un profesor de neurociencia, el doctor Robin Baracco. Durante nuestras largas conversaciones, muchos años antes de la revolución neurocientífica, descubrí cuánto sabíamos —y cuánto no sabemos aún— de la consciencia, el cerebro y la mente. Un día, el doctor Baracco me pasó otro libro, *Psychic Exploration (La exploración psíquica),* de Edgar Mitchell, el astronauta del Apolo 14.[2] Aquel libro cambió por completo mi vida y me sumergió en una odisea intelectual que sigue impulsándome hasta el día de hoy. La idea de que un grupo de científicos estuviera explorando los fenómenos psíquicos —o fenómenos psi— me pareció el presagio del nuevo paradigma que, según mi opinión, estábamos necesitando. En lugar de centrarme en los aspectos materiales de la realidad, algo endémico en la cultura dominante, decidí comprometerme en la comprensión de los potenciales trasformadores de la consciencia humana.

Comencé haciendo unos experimentos preliminares de visión remota con el psicólogo experimental Charles Solley, en la Wayne State University. Nos pasamos el verano de 1977 poniendo a prueba personalmente las afirmaciones de los físicos Russell Targ y Harold Puthoff que, en su libro, *Poder mental,* decían que las personas pueden describir lugares geográficos de los cuales no tienen información sensorial.[3] Nosotros hacíamos de experimentadores y de sujetos de experimentación al mismo tiempo, y los resultados no sólo fueron sorprendentes, sino también convincentes.

El primer día invitamos a una psíquica (según sus propias palabras) a visitar el laboratorio de psicología y a convertirse en nuestro sujeto de experimentación. Yo era la experimentadora «externa» en la primera sesión, la que visitaba un lugar distante. La descripción que dio la psíquica ni siquiera se aproximó a los detalles geográficos que yo había visto. Hicimos un segundo intento, y esta vez hice el papel de experimentadora «interna», sentándome con el sujeto en el laboratorio y preguntándole por las impresiones del doctor Solley, que era esta vez el experimentador externo.

Cuando el doctor Solley regresó, le pidió a la psíquica que detallara sus impresiones. Una vez más, la mujer no dijo casi nada que pudiera encajar con el lugar. Pero, acordándose de que él y yo habíamos conseguido resultados sorprendentes en nuestras exploraciones iniciales, Solley me preguntó si yo había tenido alguna impresión. Respondí rápidamente que no; después de todo, yo era el experimentador objetivo. Pero él insistió: «¿Estás segura de no haber tenido impresiones?». Admití que un extraño símbolo (parecido a la letra griega *omega)* me había venido a la cabeza, y tracé con rapidez un dibujo de lo que había visto en mi mente. Solley se puso muy nervioso, y me llevó hasta el edificio en el que había estado durante el período de experimentador externo. Efectivamente, había una valla alrededor del edificio compuesta con el símbolo que yo había dibujado, y grabado en un lateral del edificio también estaba aquel símbolo. Aquél fue mi primer atisbo sobre la potencial ficción de la objetividad en nuestros estudios sobre la consciencia. También fue una de las primeras veces en que tuve una experiencia directa, en primera persona, de los fenómenos que tenía la esperanza de estudiar.

LA EXPLORACIÓN PSI EN EL LABORATORIO

Desde aquellas primeras fases de mi carrera, hace ya más de tres décadas, he tenido muchos encuentros convincentes con las experiencias akásicas. Pero, a diferencia de la mayoría de las personas, muchos de mis encuentros personales han tenido lugar en el contexto de experimentos de laboratorio bien controlados. Permítaseme tomar en consideración tres ejemplos concretos de mis investigaciones formales.

Visión remota

En 1980 llevé a cabo un experimento de visión remota con Elmar Gruber en el cual ambos hicimos de sujetos y de experimentadores.[4] Diseñamos un estudio formal de diez pruebas con distancias de miles de kilómetros, entre Detroit, en Michigan, y Roma, en Italia. Gruber seleccionó un fondo de objetivos geográficos en torno a Roma que me resultaran desconocidos. En cada uno de los diez días de experimentación, el experimentador externo elegía al azar uno de los lugares y, luego, iba a recorrerlo. Al mismo tiempo, yo me ponía a describir aquel emplazamiento físico sin tener ninguna información sensorial de dónde pudiera encontrarse él en aquel preciso momento. Durante los períodos de experimentación hicimos que dos de nuestros colegas guardaran copias de nuestra lista de objetivos y de los dibujos que yo hacía cada día; esto se hizo por motivos de seguridad. Al término de las diez pruebas, se presentaron aleatoriamente las diez descripciones a cinco analistas independientes. A cada uno de ellos se les pidió que visitaran por su cuenta las diferentes localizaciones y que evaluaran en qué grado encajaba cada lugar con cada una de las descripciones de visión remota. En su conjunto, estos jueces «ciegos» identificaron correctamente el emplazamiento objetivo en seis de las diez pruebas, un resultado que era altamente significativo estadísticamente.

Poco después de terminar el estudio llevé a cabo una réplica del experimento con Jo Marie Haight; esta vez entre Durham, en Carolina del Norte, y Cabo Cañaveral, en Florida.[5] El mismo diseño experimental dio lugar a otro resultado significativo, sustentando así la hipótesis de la visión remota y mi propia experiencia akásica directa.

Me gustaría decir que los resultados de estos estudios en los que participé como sujeto me complacieron enormemente. De hecho, me complacieron en bastantes aspectos. Yo estaba emocionada con la idea de dominar estas capacidades dentro de un marco de trabajo científico. Pero, por otra parte, también me resultaron muy inquietantes. Yo tenía veintipocos años, y no disponía de los rudimentos mínimos para estas experiencias. Me hubiera resultado más fácil aceptar que otras personas pudieran tener estas capacidades que aceptar que pudiera tenerlas yo. Había cierto desajuste entre mi comprensión abstracta de una ciencia paradigmática y mis propias experiencias personales del campo akásico. Con el tiempo, me he podido dar cuenta de que no estaba sola en mi turbación. Para muchas personas, las experiencias psi son algo no deseado y mal recibido, principalmente porque no disponemos de un fuerte marco cultural en el cual comprenderlas. Poco a poco, comencé a expandir mi visión del mundo hasta acomodarla a una perspectiva expandida de las posibilidades humanas, incluidas las mías propias.

Psi en el ganzfeld

La segunda experiencia sorprendente llegó con un estudio que llevé a cabo con Charles Honorton utilizando el paradigma ganzfeld, una técnica de deprivación sensorial que estimula la imaginería visual y que propicia en cierto modo experiencias oníricas (se ha dado cuenta de muchas experiencias psíquicas en tales estados de consciencia). Este paradigma experimental ha generado potentes evidencias de los fenómenos psi en diversos laboratorios y con multitud de experimentadores.[6] En este caso, trabajamos con alumnos de la Juilliard School de Artes de Interpretación.[7] Se ponía a un alumno o alumna en una habitación, eléctrica y sonoramente aislada, mientras otra persona se hallaba en una habitación diferente viendo una secuencia de vídeo seleccionada aleatoriamente. Hubo una ocasión en concreto que recuerdo con intensidad, una ocasión en que yo era la emisora. Cuando comenzó el experimento, el experimentador seleccionó un fondo de cuatro secuencias ortogonales de entre una serie más amplia de secuencias de vídeo. Estas secuencias se agrupaban de tal manera que el sujeto, al acabar la sesión, pudiera seleccionar objetivamente la secuencia que mejor encajara con sus impresiones durante el período ganzfeld.

La secuencia seleccionada aleatoriamente aquel día fue un fragmento de la película *Estados alterados.** Era la escena de un descenso a los infiernos, en la que se veía la corona solar, un crucifijo y un enorme lagarto que abría y cerraba la boca. Mientras miraba la escena fascinada, pude escuchar al alumno detallando sus impresiones a través de los auriculares, que me enviaban su voz desde la habitación aislada mediante comunicación en un solo sentido. Todavía puedo recordar los estremecimientos que recorrían mi espina dorsal arriba y abajo, mientras el alumno de dramatización describía lo que yo estaba viendo, inclusive la improbable imagen del lagarto abriendo y cerrando la boca exactamente en el mismo instante en que yo lo veía en el vídeo. Esta experiencia me ha acompañado durante años, siempre que he tomado en consideración la naturaleza de las evidencias de los fenómenos psi y los debates sobre lo que hay de verdad en los límites de nuestra consciencia. Quizás haya sido esta experiencia, más que tantos resultados estadísticos altamente significativos como hemos obtenido, la que dio forma a mi creencia básica en un mundo en el que existen los fenómenos akásicos.

El efecto de la intención mental a distancia sobre los sistemas vivos

El tercer estudio que mencionaré guarda relación con mi trabajo sobre intención a distancia y sanación. Durante más de una década colaboré con William Braud en la Mind Science Foundation (Fundación para

---

* Es una película de ciencia ficción de 1980, dirigida por Kull Russell, basada en la novela homónima del guionista Paddy Chayefsky, que se inspiró en los trabajos reales de John C. Lilly, inventor del tanque de aislamiento o tanque de deprivación sensorial. *(N. del T.)*

la Ciencia Mental) con el fin de desarrollar un protocolo de investigación que nos permitiera estudiar la correlación existente entre la intención de una persona y la fisiología de otra.[8] Se trata de un procedimiento que, con el tiempo, denominaríamos interacciones mentales a distancia entre sistemas vivos (DMILS, por sus iniciales en inglés). Lo que se pretendía con la investigación era estimular una experiencia en laboratorio que nos permitiera estudiar la sanación psíquica, trabajando exclusivamente con personas sanas que pudieran servir de modelo para comprender lo que ocurre en el «mundo real».

Durante más de una década, llevamos a cabo una serie de estudios orientados al proceso que dieron como resultado una desviación estadística de las expectativas de azar altamente significativa a través de catorce experimentos formales, aleatorizados y de doble ciego. Aunque los resultados no demostraron la sanación *per se,* nuestro trabajo permitió establecer una prueba del principio de que sanadores y sanadoras pueden afectar al cuerpo de sus pacientes, incluso a distancia.[9] De este modo, colaboramos en el establecimiento de un protocolo de investigación para estudiar lo que sanadores y sanadoras de todo el mundo y de diferentes culturas creen que pueden hacer cuando envían intenciones curativas a otra persona, incluso bajo condiciones que imposibilitan un intercambio sensorial entre ellos.[10]

Estos efectos serían replicados y ampliados posteriormente en colaboración con Stephen Laberge en el Cognitive Sciences Laboratory (Laboratorio de Ciencias Cognitivas).[11] Volvimos a hacer uso de un diseño DMILS, esta vez en lo relativo al paradigma de la visión fija remota. Aquí estuvimos examinando la generalizada experiencia de las personas que afirman sentir cuándo alguien las mira fijamente desde la distancia.

El diseño básico supone tomar medidas de la fisiología de una persona mientras otra persona concentra en ella su atención sobre una imagen enviada de una habitación a otra a través de un circuito cerrado de televisión. Al emisor se le dan instrucciones para que envíe su intención durante los períodos experimentales, pero no durante los períodos de control. Al término del experimento hicimos un promedio de las lecturas del sistema nervioso autónomo del receptor y las correlacionamos con los períodos de intención y con los períodos de control, o no intención, a fin de comparar los resultados. En dos experimentos se produjeron evidencias estadísticamente significativas del efecto psi. Basándonos en un meta-análisis, estos efectos se han replicado en diversos laboratorios de otros lugares del mundo.[12]

Sobre este mismo trabajo, comencé a principios de la década de 1990 una colaboración en unas investigaciones ciertamente inusuales. Trabajando con el doctor Richard Wiseman, psicólogo, mago y miembro con carnet de la comunidad de escépticos, pusimos en marcha una colaboración de diez años para investigar la naturaleza del «efecto experimentador».

Richard había realizado una serie de estudios DMILS. En tanto mis datos daban lugar a desviaciones significativas entre las condiciones de tratamiento y de control, Wiseman había encontrado una y otra vez resultados aleatorios en sus estudios. Intentando comprender por qué nuestros resultados diferían de tal manera, diseñamos dos experimentos idénticos que hacían uso del mismo laboratorio, el mismo equipamiento, la misma población de sujetos, el mismo procedimiento de aleatorización, etc. La única diferencia estribaba en que yo trabajaría con la mitad de los sujetos y Wiseman lo haría con la otra mitad.

En nuestro primer estudio, realizado en su laboratorio de la Universidad de Herfordshire, ambos replicamos nuestros hallazgos originales; yo descubrí una diferencia significativa en la fisiología media de los participantes entre los períodos de intención y de control, en tanto que sus resultados eran aleatorios.[13] Esto indicaba que tendríamos que tomar en consideración nuestras suposiciones acerca de la naturaleza de la objetividad y del valor de un diseño de estudio aleatorizado de doble ciego (ambas cosas consideradas como piedras angulares del método científico). ¿Podría ser que la consciencia precisara de métodos y de suposiciones diferentes?

El segundo estudio se llevó a cabo en mi laboratorio del Instituto de Ciencias Noéticas para ver si podríamos replicar nuestros sugerentes hallazgos; y de nuevo confirmamos nuestros resultados originales.[14]

Luego diseñamos un tercer estudio para probar la hipótesis de que las diferencias en nuestros efectos se debían a un factor de sociabilidad; quizás yo hacía que la gente se sintiera más cómoda y abierta que con Richard, y esto podría explicar las diferencias en los resultados.[15] Por desgracia, mientras realizábamos idénticamente prueba tras prueba, el proyecto se llegó a hacer sumamente tedioso y aburrido. Quizás sea éste un factor, quizás no, pero al final no conseguimos producir un efecto psi significativo, aunque hubo algunos efectos internos interesantes.

Yo creo que ambos seguimos sintiendo curiosidad acerca de las diferencias en los resultados de nuestros experimentos. Ambos seguimos abiertos a trabajar juntos de nuevo, aunque nuestros sistemas de creencias y nuestras experiencias en investigación sean tan diferentes.[16] A través de colaboraciones de amplias miras, como éstas, podríamos obtener mayores conocimientos sobre la naturaleza de las experiencias akásicas y sobre cómo podemos estudiarlas mediante las lentes de la ciencia. Estoy convencida de que los avances llegan en los puntos de intersección entre diferentes visiones del mundo, entre disciplinas y formas de conocer y ser diferentes.

EXPERIENCIAS EXCEPCIONALES Y TRASFORMADORAS

Con el tiempo, he intentado comprender la naturaleza de las experiencias psi y de otras experiencias akásicas fuera del laboratorio. Tras obtener mi doctorado en Antropología, tuve la sensación de que los métodos cualitativos pueden revelar detalles que quedan en el suelo de la sala de montaje de nuestros estudios de laboratorio. He estado interesada en el modo en que ciertas experiencias excepcionales impactan en la vida de las personas y las trasforman; y esto me ha llevado a implicarme en una década de investigaciones sobre lo que estimula esa trasformación, lo que la sustenta y los resultados que se derivan de experiencias que nos abren a una serie de posibilidades más grandes.

En un libro reciente, *Noética: Vivir profundamente el arte y la ciencia de la trasformación*,[17] mis colegas y yo utilizamos el término *experiencia trasformadora* para referirnos a aquellos acontecimientos que traen cambios duraderos en la vida y en la visión del mundo de las personas. Contrastamos estos acontecimientos trasformadores con otras experiencias extremas, extraordinarias o espirituales que no habían dado lugar a cambios en la consciencia a largo plazo. Muchas personas hablaron de experiencias akásicas, pero no todas esas experiencias habían traído consigo cambios profundos en lo relativo a quiénes eran y en qué eran capaces de convertirse. Como dijo la psicóloga traspersonal Frances Vaughn durante una entrevista en 2002:

Trasformación significa en realidad un cambio en tu manera de ver el mundo, y un cambio en cómo te ves a ti mismo. No es simplemente un cambio en tus puntos de vista, sino más bien una percepción completamente diferente de lo que es posible. Es la capacidad para expandir tu visión del mundo de tal modo que puedas apreciar diferentes perspectivas, de tal manera que puedas sostener múltiples perspectivas simultáneamente. No es que estés pasando de un punto de vista a otro; lo que haces es expandir tu conciencia hasta abarcar más posibilidades.[18]

Comenzamos el estudio recopilando relatos de personas acerca de trasformaciones de la consciencia. En cientos de narraciones encontramos un patrón, que era el que la verdadera trasformación se suele desencadenar a partir de un importante punto de inflexión, algo muy parecido al viaje del héroe del que hablaba Joseph Campbell.[19] Nos reunimos con un grupo de maestros especializados en la trasformación y les formulamos una serie de preguntas que nos permitieran desarrollar un lenguaje en torno al proceso de trasformación. Tuvimos el privilegio de realizar extensas entrevistas con sesenta maestros de diferentes tradiciones trasformadoras, contemplando tanto las diferencias existentes entre ellas como los patrones que las interconectan. Nuestros participantes representaban a las principales religiones del mundo (cristianismo, hinduismo, budismo, islam, judaísmo), tradiciones basadas en la Tierra y personas que han desarrollado nuevas formas que reflejan una interpretación moderna de las tecnologías de la trasformación. Este estudio de campo nos llevó a confeccionar una encuesta ecológicamente válida que nos ha permitido recolectar datos de cerca de 2.000 personas que se ofrecieron para el estudio. Este trabajo continúa a día de hoy a través de una combinación de estudios de campo y de laboratorio, entre los que se encuentra un experimento para comprobar si el entrenamiento trasformador lleva a una mayor interconexión, medida en un estudio formal DMILS.

A través de este trabajo, mis colegas y yo hemos descubierto que las trasformaciones de la consciencia se desencadenan habitualmente mediante experiencias de dolor y de sufrimiento. Acontecimientos de la vida, como enfermedades, divorcios y pérdidas de empleo, pueden servir para trastocar los estados de equilibrio en la vida de la persona, dándole la oportunidad, si lo ven de este modo, de cambiar su rumbo y de vivir con una visión del mundo expandida y plena de significados. Las experiencias dolorosas y atemorizadoras nos obligan a aflojar el control y disuelven nuestra identidad de tal modo que amplían nuestro entendimiento de lo que resulta posible. Como médica y maestra, Rachel Remen comentaba:

> *Las crisis, el sufrimiento, las pérdidas, el encuentro inesperado con lo desconocido, todo ello tiene el potencial para generar un cambio de perspectiva; una manera de ver lo familiar con nuevos ojos, una forma de ver el yo de una manera completamente diferente. Todo esto baraja los valores de la persona como si de un mazo de naipes se tratara. Un valor que durante años estuvo en el fondo del mazo aparece de pronto arriba del todo. Hay un momento en que la persona se aparta de su vida anterior y de su anterior identidad, estando completamente fuera de control y teniendo que someterse por completo, y entonces renace con una identidad más grande, expandida.*[20]

Claro está que no todos los catalizadores de trasformaciones son dolorosos. Muchas personas hablan de sensaciones de profunda belleza, sobrecogimiento, maravilla, y de una profunda conexión con algo más grande que ellas. Estas experiencias akásicas suelen abarcar lo que William James llamaba experiencias místicas,[21] lo que Abraham Maslow denominó experiencias cumbre,[22] y también lo que Carl Jung consideraba encuentros con lo numinoso.[23] Estas percepciones nos llevan hasta más allá de nuestra estrecha definición del yo. Pueden tomar la forma de un sentimiento de unidad profundamente arraigado, la conciencia de un gran amor y la sensación fundamental de interconexión.

En nuestra investigación, hemos visto que las experiencias trasformadoras suelen ser súbitas y profundas.[24] Entre estas metamorfosis personales súbitas, denominadas «cambios cuánticos» por Miller y C'de Baca,[25] se pueden incluir experiencias psi completamente inesperadas, así como epifanías, «grandes sueños» y sensaciones de revelación. Puede haber también diversas experiencias que sugieren una ampliación del alcance de la consciencia humana, como las experiencias cercanas a la muerte, las sanaciones espontáneas o diversas capacidades y fenómenos que surgen en estados no ordinarios de la consciencia. La estudiosa traspersonal y archivista Rhea White descubrió que, aunque la fenomenología de tales experiencias pueda variar (tal como ver una aparición, sentir la unidad mística con el conjunto de la existencia, o tener sueños precognitivos), todas estas experiencias pueden servir de pórtico de entrada a una nueva visión del mundo.[26]

Mi propia visión del mundo ha ido tomando forma gracias a estos estudiosos y gracias a las experiencias que he tenido, tanto dentro como fuera del laboratorio. Todos ellos me han dado un lenguaje y un linaje para mis exploraciones en el campo de la consciencia. Por ejemplo, hace más de un siglo, William James escribió acerca del potencial trasformador de lo que él definió como experiencias noéticas. Las describió como «estados de percepción interior insondables para el intelecto discursivo».[27] Estas formas noéticas de la experiencia akásica tienen varias cualidades esenciales. En primer lugar, tienen que ser experimentadas directamente, pues suele suceder que son difícilmente comunicables. En segundo lugar está lo que William James consideró una cualidad noética que las convierte en verdaderas formas de conocimiento. Como este famoso científico escribió en 1902: «Son iluminaciones, revelaciones, importantes y plenas de significado, difíciles de expresar, pero que permanecen; y por regla general traen consigo una curiosa sensación de autoridad».[28] Son también, según James, estados pasajeros y que no se pueden controlar.

Actualmente, más de cien años después de que James hiciera esta descripción, mis colegas y yo realizamos investigaciones en el Instituto de Ciencias Noéticas sobre los mismos fenómenos que él cartografió para nosotros. Y hemos descubierto, por ejemplo, que más del 61 por 100 de las personas a las que encuestamos dijeron que sus experiencias trasformadoras se debieron a circunstancias «ajenas al control de nadie».[29] Este hecho revela, una vez más, las complejidades que existen para poner estas experiencias bajo el microscopio de una ciencia arraigada en la suposición clásica de causa y efecto.

LA BÚSQUEDA DE UN NUEVO PARADIGMA

Esto me lleva de vuelta a donde comencé: buscando un paradigma, cosmología o historia fundamental del mundo que sea lo suficientemente inclusiva como para abarcar las dimensiones akásicas, noéticas, sin perder de vista lo que hay de real y de cierto en las esferas objetivas e intersubjetivas de la experiencia vivida.

Vivimos en una época de enorme complejidad: ¿cómo darle sentido al hecho de que un cristiano, un judío, un musulmán, un budista, un humanista secular y un pagano estén utilizando, todos ellos, las mismas tiendas de comestibles, las mismas escuelas públicas y los mismos centros de atención sanitaria? ¿Cómo puede ser que un materialista científico pueda sentarse a charlar con un monje contemplativo sobre la naturaleza de la consciencia? ¿Acaso existen percepciones internas que llegan cuando conseguimos enlazar las vías internas y externas de conocimiento y que pueden ayudarnos a navegar por la vida y los tiempos del siglo XXI? Para mí, la respuesta es que sí.

Mientras sigo entretejiendo ciencia con experiencia directa, me he embarcado en un nuevo proyecto de construcción de puentes entre visiones del mundo y formas de conocer. El programa se centra en la educación, que podemos considerar todos como la fuerza social más influyente a la hora de conformar a nuestros jóvenes hoy en día. La visión del mundo imperante dice que la función principal de la educación consiste en el desarrollo de las habilidades cognitivas. Las habilidades analíticas y de memoria se tienen en la actualidad como las formas más elevadas de inteligencia (por ejemplo, el CI, cociente intelectual). Pero cada vez más educadores, investigadores, padres y madres se están replanteando estas suposiciones.

Recientes avances en el campo de la psicología y de la neurociencia indican que ha llegado el momento de educar a la persona en su integridad. Desde la teoría de inteligencias múltiples de Howard Gardiner (1983) hasta el reconocimiento de la amplia variabilidad en los estilos de aprendizaje, se está dando una visión de la inteligencia y del potencial humano cada vez más amplia, una visión que los programas educativos imperantes van a tener que ir aceptando.

Lo que empezamos a necesitar es un nuevo modelo de aprendizaje dirigido a estudiantes globales inmersos en un nuevo tipo de formación, una formación que aprecie e incorpore distintas visiones del mundo y distintas formas de conocer, incluido el conocimiento akásico.

Un pequeño equipo de investigadores, educadores y científicos estamos creando un programa de estudios de lo que llamamos «alfabetización en la visión del mundo».[31] Lo definimos como la capacidad para comprender y comunicar no sólo nuestra propia visión del mundo, sino también de reconocer que nuestras creencias surgen a partir de un marco de referencia particular y de comprender que los demás tienen visiones del mundo diferentes e igualmente válidas, a partir de las cuales derivan sus suposiciones y, por tanto, sus acciones. En esta capacidad hay que incluir también el potencial para adaptarse a los cambios que llegan mediante el encuentro con diferentes perspectivas, costumbres, prácticas y sistemas de creencias.

El programa de aprendizaje combinado incluirá presentaciones multimedia, como entrevistas en vídeo con profesores y maestros de los distintos sistemas culturales y religiosos del mundo, relatos para niños de diferentes tradiciones de nuestro planeta, prácticas de distintas tradiciones dirigidas por vídeo, y discusiones de grupo y arte. Sospechamos que encontraremos diferencias mensurables antes y después del programa en áreas como la intolerancia, las actitudes defensivas ante las diferencias, la sensación de identificación excluyente, la capacidad para soportar las paradojas y la comprensión de diferentes visiones del mundo.

El nuevo programa está arraigado en la filosofía del pluralismo cultural y en una búsqueda de la interculturalidad de lo perenne. Nuestro objetivo es ayudar a los estudiantes a ir más allá de la simple tolerancia a la diversidad hasta desarrollar un sentido de profunda valoración de nuestras diferencias, así como de nuestros puntos de conexión. En un mundo que parece dividirse cada vez más, este movimiento hacia una alfabetización en la visión del mundo nos permite formular un nuevo paradigma que valore las múltiples formas de conocimiento y de ser, entre las personas y en nuestro interior.

REFLEXIONES FINALES

A través de mi trabajo y de mis experiencias vitales he visto que el proceso de trasformación implica un cambio en el yo que incluye tanto nuestra realidad interior como exterior. Proporciona vínculos entre nuestras experiencias directas y nuestra existencia en el mundo a través de la acción y del servicio. Establecer conexiones entre lo akásico y lo racional me ha permitido desarrollar un sentido más rico y profundo de conexión conmigo misma, con mi familia, con mi comunidad y con mi entorno. En este proceso, he desarrollado una consciencia y una valoración crecientes de lo sagrado en cada uno de los aspectos de mi vida.

A medida que cada ser humano se sumerja en sus capacidades expansivas iremos volviendo a lo que realmente somos en nuestro nivel nuclear del ser. Starhawk, una maestra y escritora wiccana, dejó claro este punto en una entrevista realizada en 2006. Dijo que acudir a las esferas colectivas de interconexiones, como las que encontramos en las experiencias akásicas, es una forma de reclamar nuestra consciencia natural. Según sus propias palabras:

Los seres humanos tienen a su disposición diversos tipos de consciencia. Resulta una especie de anomalía el hecho de que la cultura posmoderna occidental haya reducido el registro de aquello que se nos anima a tener. Quizás no estemos hablando tanto de una trasformación como de una apertura. Es una reivindicación.[32]

La consciencia natural es un derecho de nacimiento, algo a lo que podemos acceder los seres humanos. No es tanto una consciencia sobrenatural como una consciencia de estar presente en este mundo y de abrirse a la comprensión de las interrelaciones y las interconexiones. De lo que se trata es de ser consciente y de pensar en términos de patrones y de relaciones, más que en objetos separados y aislados.

Es importante que encontremos un lugar en nuestro interior tanto para las percepciones akásicas como para el conocimiento racional a la hora de buscar la trasformación y de lograr mayores descubrimientos. También es importante todo esto para orientarnos en nuestro engranaje con el amplio mundo. Las experiencias de interconexión nos retrotraen a esa red que nos vincula a todos, tanto de forma visible como invisible. Juntos podemos construir un nuevo paradigma que abarque nuestra totalidad, no sólo nuestras partes. En este proceso podemos crear conjuntamente una visión del mundo que esté al servicio de la plenitud de lo que somos, individual y colectivamente.

El acceso al campo

EL CASO DE LAS EXPERIENCIAS CERCANAS A LA MUERTE EN SUPERVIVIENTES DE PARO CARDÍACO

Pim van Lommel

Pim van Lommel es un cardiólogo holandés que ha publicado más de veinte artículos, dos libros y varios capítulos acerca de experiencias cercanas a la muerte desde que comenzó sus investigaciones sobre este tema en 1986. Su libro Consciencia más allá de la vida *se publicó en holandés en 2007, y posteriormente se ha traducido a otros idiomas.* En 2005 fue galardonado con el Premio de Investigación Bruce Greyson en nombre de la IANDS (International Association of Near-Death Studies, Asociación Internacional de Estudios Cercanos a la Muerte), en Estados Unidos, y en 2006 recibió del presidente de la India el Life Time Achievement Award (Premio al Logro de Toda una Vida) en el Congreso Mundial sobre Cardiología Clínica y Preventiva de Nueva Delhi.*

LAS EXPERIENCIAS

Algunas personas que han sobrevivido a una crisis de vida o muerte hablan de una extraordinaria experiencia consciente. Comienzo este informe con el relato de una mujer que tuvo una experiencia cercana a la muerte (ECM) durante el parto:

---

* Se ha publicado en español en el año 2012, en Ediciones Atalanta, Vilaür, Girona.

De repente me doy cuenta de que debajo de mí hay una mujer en una cama con las piernas en unos soportes. Veo que el personal sanitario parece sumirse en el pánico, veo un montón de sangre en la cama y, en el suelo, veo unas manos grandes presionando con fuerza sobre la barriga de la mujer, y entonces veo que la mujer está dando a luz a un niño. Al niño se lo llevan de inmediato a otra habitación. Sé que está muerto. Las enfermeras parecen abatidas. Todo el mundo está esperando. Mi cabeza cae con fuerza cuando le quitan la almohada. Una vez más, soy testigo de una gran conmoción. Veloz como una flecha, atravieso un oscuro túnel. Me hallo sumergida en un abrumador sentimiento de paz y dicha. Escucho una música maravillosa. Veo hermosos colores y flores preciosas de toda suerte de colores en una gran pradera. En su extremo más lejano hay una luz hermosa, nítida y cálida. Ahí es donde tengo que ir. Veo una figura con una indumentaria de luz. Esa figura me está esperando, y me tiende la mano. Siento que se me espera cálida y cariñosamente. Entramos de la mano en la cálida y hermosa luz. Después, ella me suelta la mano y se da la vuelta. Tengo la sensación de que tiran de mí. Entonces me doy cuenta de que hay una enfermera abofeteándome con fuerza en las mejillas y gritándome.

A mi regreso de aquel hermoso mundo, de aquella maravillosa experiencia, la recepción que tuve en este mundo fue fría, gélida y, por encima de todo, carente de amor. La enfermera con la que intenté compartir mi hermosa experiencia la desestimó diciendo que pronto recibiría alguna medicación más para que pudiera dormir profundamente, y que luego ya habría terminado todo. ¿Terminar todo? ¡Yo no quería que terminara, para nada! Yo no quería que aquello se acabara, quería volver. El ginecólogo me dijo que aún era joven, que podría tener muchos más hijos, y que lo que tenía que hacer era seguir adelante y centrarme en el futuro. Dejé de contar mi historia. El mero hecho de encontrar palabras para contarla ya era suficientemente difícil; ¿cómo expresar con palabras lo que había experimentado? Pero, ¿qué otra cosa podía hacer? ¿Adónde podría llevar mi historia? ¿Y qué pasaba conmigo? ¿Me habría vuelto loca? Guardé silencio. Me pasé varios años entregada a una silenciosa investigación. Cuando, tiempo después, me encontré con un libro en la biblioteca en el que se hablaba de una ECM, poco podía imaginar que yo hubiera tenido una experiencia de ésas. Hasta dejé de creer en mí misma. Muy poco a poco fui haciendo acopio del coraje y la fuerza necesarios para creer en mí misma, para confiar en mi experiencia, para poder aceptarla e integrarla en mi vida.

Como cardiólogo, he tenido el privilegio de conocer a muchos pacientes que han estado dispuestos a compartir conmigo sus experiencias cercanas a la muerte. La primera vez que me ocurrió esto fue en 1969. La alarma de la unidad de cuidados coronarios sonó de repente. El monitor mostraba que el electrocardiograma (ECG) de un paciente con un infarto de miocardio se había quedado plano. El hombre tenía una parada cardíaca (muerte clínica). Después de dos electrochoques y de un período de inconsciencia que duró unos cuatro minutos, el paciente recobró la consciencia, para alivio del personal de enfermería y del médico de guardia. Aquel médico de guardia era yo. Había comenzado mi formación como cardiólogo aquel mismo año.

Tras la exitosa resucitación todo el mundo quedó complacido, salvo el paciente. Para sorpresa de todos, el hombre estaba tremendamente decepcionado. Habló de un túnel, de colores, de una luz, de un hermoso paisaje y de música. Estaba profundamente emocionado. El término *experiencia cercana a la muerte* aún no existía, ni yo había oído hablar de personas que guardaran algún recuerdo del período de su parada cardíaca. De hecho, mientras estudiaba Medicina me habían dicho que eso era imposible: estar inconsciente significa no ser consciente, y eso se aplica tanto a los pacientes que sufren un paro cardíaco como a los pacientes en coma. En el caso de un paro cardíaco, el paciente está inconsciente, ha dejado de respirar y no tiene pulso ni presión sanguínea. Me habían enseñado que, en tales casos, es simplemente imposible estar consciente o tener recuerdos, porque toda función cerebral ha cesado.

Aunque no había olvidado al paciente que resucitamos en 1969, con sus recuerdos del período de su parada cardíaca, nunca se me había ocurrido hacer nada con aquella experiencia. Pero esto cambió en 1986, cuando leí el libro de George Ritchie, *Regreso del futuro*, acerca de experiencias cercanas a la muerte.[1] En 1943, siendo estudiante de Medicina, Ritchie padeció una neumonía doble que le llevó a pasar por un período de muerte clínica. En aquellos tiempos todavía no se utilizaban con profusión antibióticos como la penicilina. Tras una fase de fiebre muy alta y de extrema opresión en el pecho, Ritchie falleció: dejó de respirar y su pulso desapareció. Un médico determinó que estaba muerto y lo cubrieron con una sábana. Pero hubo un enfermero que se quedó tan afectado con la muerte de aquel estudiante de

Medicina que se las ingenió para persuadir al médico de guardia para que le administrara una inyección de adrenalina en el pecho, cerca del corazón; un procedimiento ciertamente inusual en aquellos tiempos. Habiendo estado «muerto» durante más de nueve minutos, George Ritchie recobró la consciencia, para inmensa sorpresa del médico y del enfermero.

Resultó que, durante su pérdida de consciencia, el período durante el cual se le había dado por muerto, Ritchie había tenido una experiencia extremadamente profunda de la cual podía recordar multitud de detalles. Al principio era incapaz de hablar de aquello, incluso temía hacerlo; pero más tarde escribiría un libro sobre lo que le sucedió en aquellos nueve minutos. Y, tras su graduación, compartió sus experiencias con los alumnos de Medicina de las clases de Psiquiatría. Uno de los alumnos que asistía a aquellas clases era Raymond Moody, que quedó tan intrigado con esta historia que comenzó a investigar las experiencias que podían darse durante situaciones médicas críticas. En 1975 escribió el libro *Vida después de la vida*, que se convertiría en un *bestseller* en todo el mundo.[2] Sería en este libro donde Moody utilizaría por vez primera el término *experiencia cercana a la muerte*.

¿Qué es una ECM, una experiencia cercana a la muerte? Una ECM es un estado especial de la consciencia que tiene lugar durante un período inminente o real de muerte física, psicológica o emocional. Muchas son las circunstancias que se describen durante las cuales se dan informes de ECM, como paradas cardíacas, *shock* tras pérdida de sangre, coma tras una lesión cerebral traumática o una hemorragia intracerebral, cuasi ahogamientos (niños) o asfixia, pero también en graves enfermedades que no amenazan la vida de forma inmediata, o depresiones o aislamientos, con o sin un motivo obvio. Experiencias similares pueden ocurrir durante la fase terminal de una enfermedad, y reciben el nombre de visiones en el lecho de muerte o experiencias previas a la muerte. Una ECM es el recuerdo de toda una serie de impresiones durante un estado no ordinario de consciencia, que incluye cierto número de elementos especiales tales como experiencias extracorpóreas, sensaciones agradables y la visión de un túnel, una luz, familiares fallecidos previamente o una revisión de la vida.

Las ECM son trasformadoras, generan profundos cambios en la visión de la vida y la pérdida del miedo a la muerte. Los contenidos de las ECM y los efectos sobre los pacientes parecen ser similares en todas partes, con independencia de las culturas y de las épocas. Sin embargo, su carácter subjetivo y la ausencia de un marco de referencia para esta experiencia llevan a que diversos factores individuales, culturales y religiosos determinen el vocabulario utilizado para describir e interpretar la experiencia.

MIS INVESTIGACIONES SOBRE LAS ECM

Después de leer el libro de George Ritchie, no dejaba de preguntarme cómo se puede tener consciencia durante una parada cardíaca, pero también si ésta sería una ocurrencia habitual. Ése fue el motivo por el cual, en 1986, comencé a preguntar sistemáticamente a todos mis pacientes externos de ambulatorio si habían pasado por alguna resucitación y si disponían de algún recuerdo del período de tiempo de su parada cardíaca. Me quedé algo más que sorprendido al encontrarme, en el lapso de dos años, con doce informes de tales experiencias cercanas a la muerte entre poco más de cincuenta supervivientes de paradas cardíacas. Antes de comenzar con estas investigaciones yo no había oído hablar de tales informes, salvo en aquella ocasión de 1969. Ni siquiera había investigado todo aquello, porque no estaba realmente abierto ante aquella posibilidad. Después de todo, y de acuerdo con los conocimientos médicos actuales, es imposible estar consciente cuando el corazón te ha dejado de latir. Pero todas aquellas historias que me relataron despertaron mi curiosidad.

Las experiencias cercanas a la muerte ocurren cada vez con más frecuencia debido al incremento en las tasas de supervivencia resultantes de las modernas técnicas de resucitación. Según una reciente investigación aleatoria, realizada en Alemania y en Estados Unidos, alrededor del 4 por 100 de la población total de los países occidentales han tenido una ECM. Así pues, sólo en Estados Unidos, debe de haber más de 9 millones de personas que han tenido esta experiencia.

¿Por qué los médicos no solemos escuchar experiencias de este tipo por parte de nuestros pacientes? Porque los pacientes se muestran reacios a compartir su experiencia con los demás debido a las respuestas negativas que reciben. Como médico, uno tiene que estar abierto a escuchar estas historias, y los pacientes han de tener la sensación de que uno confía en ellos, de que es capaz de escucharlos sin prejuicios.

En mi caso, todo comenzó debido a mi curiosidad: haciendo preguntas, intentando explicar ciertos hallazgos objetivos y ciertas experiencias subjetivas. El fenómeno de las experiencias cercanas a la muerte me planteaba multitud de preguntas fundamentales. ¿Cómo y por qué ocurre? ¿De dónde surgen los contenidos de una experiencia cercana a la muerte? ¿Por qué cambia de un modo tan radical la vida de una persona tras una ECM? Yo era incapaz de aceptar algunas de las respuestas que se daban normalmente a estas preguntas, porque me parecían incompletas, incorrectas e infundadas. Yo había crecido en un ambiente académico en el cual se me había enseñado que existe una explicación materialista para todo. Y, hasta el momento en que empecé a escuchar de verdad a mis pacientes, siempre había pensado que ésta era una verdad incuestionable.

Hay científicos que no creen en aquellas preguntas que no son capaces de responder, pero sí creen en preguntas sesgadas, formuladas erróneamente. El año 2005 vio la publicación de un número especial de aniversario de la revista *Science*, en la que se ofrecían 125 preguntas que los científicos no habían conseguido responder hasta el momento.[3] La pregunta sin responder más importante, «¿De qué está hecho el universo?», iba seguida por «¿Cuál es la base biológica de la consciencia?». Pero yo reformularía esta pregunta del siguiente modo: «¿Acaso la consciencia tiene una base biológica?». También podemos distinguir entre aspectos temporales e intemporales de la consciencia. Y esto nos plantea la siguiente pregunta: «¿Es posible hablar de un comienzo de nuestra consciencia? Y también, ¿desaparece la consciencia definitivamente en algún momento?».

Con el fin de responder a estas preguntas, tendríamos que comprender mejor la relación existente entre el funcionamiento cerebral y la consciencia. Tendremos que comenzar por examinar si existe algún indicio de que podamos experimentar consciencia durante el sueño, en un estado de coma, durante una muerte cerebral, durante la muerte clínica o en el proceso del fallecimiento; y, por último, tras la confirmación del fallecimiento. Si la respuesta a cualquiera de estas preguntas es positiva, tendremos que buscar explicaciones científicas y escudriñar la relación existente entre el funcionamiento cerebral y la consciencia en estas situaciones. Estudiando todo lo que se ha pensado y se ha escrito acerca de la muerte a lo largo de la historia, en todas las épocas, culturas y religiones, quizás podamos formarnos una imagen diferente, incluso una mejor, acerca de la muerte. Pero quizás lleguemos al mismo sitio si nos basamos en los hallazgos de recientes investigaciones científicas sobre las experiencias cercanas a la muerte.

Se sabe que la mayoría de las personas le pierden el miedo a la muerte tras una ECM. Esta experiencia les dice que la muerte no es el fin de nada, y que la vida continúa de un modo u otro. Según las personas que han tenido una ECM, la muerte no es otra cosa que una forma diferente de existencia, con una consciencia potenciada y ampliada, que está en todas partes al mismo tiempo porque ya no está ligada a un cuerpo. Esto es lo que un hombre me escribió tras pasar por una ECM:

Está fuera de mi alcance discutir sobre algo que sólo se puede demostrar mediante la misma muerte. Sin embargo, para mí, personalmente, esta experiencia fue decisiva a la hora de convencerme de que la consciencia permanece más allá de la tumba. La muerte resultó no ser la muerte, sino otra forma de vida.

EL ESTUDIO PROSPECTIVO HOLANDÉS

Con el fin de obtener datos más fiables que corroboraran o refutaran las teorías existentes sobre las causas y los contenidos de las ECM, tuvimos que diseñar un estudio científico. Éste fue el motivo por el cual, en 1988, Ruud van Wees y Vincent Meijers –ambos psicólogos, que habían escrito sus respectivas tesis doctorales acerca de las ECM– y yo, un cardiólogo interesado en el tema, comenzamos a diseñar un estudio prospectivo en Holanda. En aquel momento, no se habían hecho aún estudios prospectivos a gran escala sobre las ECM en ninguna parte del mundo. En nuestro estudio pretendíamos incluir a todos los pacientes consecutivos que habían sobrevivido a una parada cardíaca en los diez hospitales que participaban en la investigación. En otras palabras, todos los pacientes de nuestro estudio habían estado clínicamente muertos durante un corto período de tiempo. La muerte clínica se define como el período de inconsciencia causado por la falta de oxígeno en el cerebro (anoxia) debido a una parada de la circulación, la respiración o ambas cosas a la vez, provocada por un paro cardíaco en pacientes con un infarto de miocardio agudo. En esta situación, si no se inicia un proceso de resucitación, las células cerebrales quedan irreversiblemente dañadas al cabo de cinco o diez minutos, y el paciente fallece.

En un estudio prospectivo se les pregunta a todos los pacientes, a los pocos días de su resucitación, si tienen algún recuerdo del período de tiempo de su parada cardíaca, es decir, del tiempo en que estuvieron inconscientes. Todos los datos médicos y de cualquier otro tipo relativos a los pacientes se registran cuidadosamente antes, durante y después de sus respectivas resucitaciones. Disponíamos de un registro del electrocardiograma, o ECG, de todos los pacientes incluidos en nuestro estudio. El ECG muestra la actividad eléctrica del corazón. En los pacientes con paro cardíaco, el registro del ECG muestra siempre una arritmia normalmente letal (fibrilación ventricular) o una asístole (una línea plana en el ECG). En el caso de las resucitaciones externas al hospital, se nos dieron los ECG realizados por el personal de la ambulancia. Tras una resucitación con éxito, registrábamos cuidadosamente los datos demográficos de todos los pacientes, incluyendo edad, sexo, nivel educativo, religión, conocimientos previos acerca de la ECM y si habían tenido otra ECM con anterioridad. También se les preguntaba si habían tenido miedo de morir justo antes de su parada cardíaca. Del mismo modo, recopilamos cuidadosamente toda la información médica, tal como la duración de la parada cardíaca y la duración del período de inconsciencia, con qué frecuencia requería resucitación el paciente y qué medicación, y en qué dosis, se le había administrado antes, durante y después de la resucitación. También registramos cuántos días después de la resucitación había tenido lugar la entrevista, si el paciente estaba lúcido durante ésta y si su memoria a corto plazo funcionaba bien.

En el plazo de cuatro años, entre 1988 y 1992, 344 pacientes sucesivos, que habían pasado por un total de 509 resucitaciones, fueron incluidos en el estudio. El diseño del estudio contemplaba la creación de un grupo de control con aquellos pacientes que habían sobrevivido a un paro cardíaco pero que no tenían recuerdos del período de inconsciencia. También se llevó a cabo un estudio longitudinal sobre los cambios en la vida basado en entrevistas realizadas al cabo de dos y de ocho años con todos los pacientes que habían informado de una ECM y que seguían vivos, así como con el grupo control de pacientes de post-resucitación, emparejados por edad y sexo pero que no habían informado de una ECM. Nuestra pregunta principal era si los cambios de actitud ante la vida, habituales tras una ECM, eran el resultado de la supervivencia a una parada cardíaca o si estos cambios venían causados por la ECM en sí. Esta pregunta nunca antes se había sometido a investigación científica y sistemática. El estudio holandés se publicó en *The Lancet** en diciembre de 2001.[4]

Cuando los pacientes daban cuenta de recuerdos durante el período de inconsciencia, sus experiencias se evaluaban de acuerdo con el WCEI: «weighted core experience index» (índice de la profundidad de la experiencia).[5] Cuanto más elevado era el número de elementos reportados, mayor era la puntuación y más profunda la ECM. En nuestro estudio se descubrió que de los 344 pacientes, 282 (82 por 100) no disponían de recuerdos de su período de inconsciencia, mientras que 62 pacientes (el 18 por 100 de los 344 pacientes) informaban haber tenido una ECM. De estos 62 pacientes con recuerdos, 21 tenían simplemente recuerdos aislados; dado que habían experimentado sólo algunos elementos, mostraban una ECM superficial con una baja puntuación. 18 pacientes habían tenido una ECM moderadamente profunda, 17 pacientes reportaron una profunda ECM y 6 pacientes tuvieron una ECM muy profunda.

La mitad de los pacientes con una ECM fueron conscientes de estar muertos y tuvieron emociones positivas; el 30 por 100 tuvo una experiencia de túnel, observaron un paisaje celestial o se encontraron con personas fallecidas; aproximadamente el 25 por 100 tuvo una experiencia extracorpórea, se comunicaron con «la luz» o percibieron colores; el 13 por 100 tuvo una revisión de su vida; y un 8 por 100 experimentó la presencia de una especie de frontera. En otras palabras, todos los elementos familiares en una ECM aparecieron en nuestro estudio, con la excepción de los casos de ECM atemorizadoras o negativas.

---

* *The Lancet* es una de las más prestigiosas revistas científicas médicas del mundo. *(N. del T.)*

¿Existe alguna razón para que algunas personas tengan recuerdos de su período de inconsciencia en tanto que la mayoría no dispone de recuerdos en esta fase? Con el fin de responder a esta pregunta comparamos los datos registrados de los 62 pacientes que habían tenido una ECM con los datos de los 282 pacientes que no habían tenido tal experiencia. Para nuestra sorpresa, no encontramos diferencia significativa alguna en lo relativo a la duración de la parada cardíaca, ninguna diferencia en la duración de la fase de inconsciencia y tampoco en si fue necesario intubarlos para posibilitar la respiración artificial en pacientes gravemente enfermos que permanecieron en coma durante días o semanas tras una complicada resucitación. Tampoco encontramos diferencias en los 30 pacientes que habían tenido una parada cardíaca durante una estimulación electrofisiológica (EEF) en el laboratorio de cateterismo y cuyo ritmo cardíaco se restableció a través de desfibrilación (*shock* eléctrico) a los 15 o 30 segundos. Así pues, no encontramos diferencias entre los pacientes tomando como base la extensión del período de parada cardíaca. El grado o la gravedad de la falta de oxígeno en el cerebro (anoxia) también parecía ser irrelevante. Del mismo modo, se estableció que la mediación tampoco representaba papel alguno. La mayor parte de los pacientes que sufren un infarto de miocardio reciben analgésicos del tipo de la morfina, en tanto que a las personas a las que se pone en un respirador tras una complicada resucitación se les dan dosis extremadamente altas de sedantes.

Las causas psicológicas, tal como el habitual temor a la muerte, tampoco tuvieron efecto sobre la aparición de las ECM, aunque sí influyeron en la profundidad de la experiencia. Tampoco se observaron diferencias entre los pacientes que habían oído o leído algo sobre las ECM y los pacientes que no lo habían hecho. Ningún tipo de creencia religiosa, de hecho ni siquiera en las personas sin creencias o ateas, resultó relevante; y lo mismo se puede decir del nivel educativo del paciente. Los factores que *sí* influyeron en la frecuencia de una ECM fueron el tener menos de sesenta años de edad y el haber pasado por varias resucitaciones durante la estancia en el hospital. En estos casos, las posibilidades de obtener un informe de ECM eran mayores. Hay que destacar que nuestro estudio indicó que los pacientes que habían tenido una ECM en el pasado informaban con mayor frecuencia y de modo significativo de nuevas experiencias de este tipo. Las resucitaciones complicadas podían dar lugar a prolongados comas, y era más probable que la mayoría de los pacientes que habían estado inconscientes con un respirador durante días o semanas mostraran problemas de memoria a corto plazo como consecuencia de algún daño cerebral permanente. Estos pacientes daban cuenta de un número significativamente menor de ECM en nuestra investigación. Esto apunta a que una buena memoria es esencial para el recuerdo de una ECM.

Nos sorprendió especialmente el hecho de no encontrar ninguna explicación médica para la ocurrencia de las ECM. Todos los pacientes de nuestro estudio habían estado clínicamente muertos, y sólo un pequeño porcentaje de ellos dio cuenta de una consciencia acrecentada con pensamientos lúcidos, emociones, recuerdos y en ocasiones percepciones desde fuera y por encima del cuerpo sin vida, mientras médicos y enfermeros intentaban resucitarlos. Si hubiera una explicación fisiológica de la aparición de esta consciencia acrecentada, tal como la falta de oxígeno en el cerebro (anoxia), se podría sospechar que todos los pacientes del estudio deberían haber tenido una ECM. Todos deberían de haber estado inconscientes como consecuencia de la parada cardíaca, que habría provocado la pérdida de presión sanguínea y el cese de la respiración y de todos los reflejos físicos y cerebrales. Del mismo modo, la gravedad de la situación médica, tal como un prolongado coma tras una resucitación complicada, tampoco explicó por qué los pacientes daban cuenta o no de una ECM, salvo en el caso de los problemas de memoria a corto plazo.

La explicación psicológica del fenómeno no tiene mucho sentido, porque la mayoría de los pacientes no experimentaron ningún miedo a la muerte durante su parada cardíaca, puesto que ésta se disparó de manera tan súbita que ni siquiera tuvieron tiempo de darse cuenta de lo que sucedía. En la mayoría de los casos no recordaron nada de su resucitación. Esto quedó confirmado en el estudio de Greyson,[6] que sólo recopiló los datos subjetivos de los pacientes tras su resucitación y mostró que la mayoría de ellos ni siquiera se habían dado cuenta de que habían tenido una parada cardíaca. Algo parecido a lo que sucede en un desvanecimiento. Cuando la persona recupera la consciencia, no tiene una idea clara de lo que ha ocurrido. También podría excluirse una explicación farmacológica, dado que los medicamentos administrados no tuvieron efecto en lo relativo a si los pacientes reportaban o no una ECM.

Entre los elementos de las ECM mencionados por los pacientes de nuestro estudio estuvieron las experiencias extracorpóreas, la revisión holográfica de la vida, el encuentro con familiares o amigos fallecidos y el retorno consciente al cuerpo. Estos elementos se experimentaron durante el período de parada cardíaca, el período de aparente pérdida de consciencia: el período de muerte clínica.

LA EXPERIENCIA EXTRACORPÓREA

En esta experiencia, la persona tiene percepciones reales desde una posición externa al cuerpo sin vida, desde arriba. La experiencia extracorpórea es científicamente importante porque médicos, enfermeros y familiares pueden verificar los detalles de lo que cuenta el paciente, y pueden corroborar también el instante preciso en que la ECM con experiencia extracorpórea incluida tuvo lugar, durante el período de resucitación cardiopulmonar. Esto demuestra que la experiencia extracorpórea no puede ser una alucinación, porque una alucinación es la experiencia de una percepción que no tiene base en la «realidad». No puede ser un delirio, que es una evaluación incorrecta de una percepción correcta; ni una ilusión, que supone una imagen mal entendida o engañosa.

¿Podría ser la experiencia extracorpórea una especie de percepción no sensorial, una variedad de experiencia akásica? Éste es el informe de una enfermera en una unidad de cuidados coronarios:

Durante el turno de noche, una ambulancia trajo a la unidad de cuidados coronarios a un cianótico de cuarenta y cuatro años, un hombre en estado comatoso. Lo habían encontrado en coma unos treinta minutos antes en una pradera. Cuando intentamos intubar al paciente descubrimos que llevaba dentadura postiza. Le quité la parte de arriba de la dentadura y la dejé en el «carro de parada». Al cabo de una hora y media, el paciente tenía suficiente ritmo cardíaco y tensión arterial, pero todavía estaba ventilado e intubado, y seguía en estado comatoso. Fue trasferido a la unidad de cuidados intensivos para continuar con la respiración artificial. Me volví a encontrar con el paciente al cabo de más de una semana. Para entonces estaba en la sala de cardio.

En cuanto me vio, dijo: «Oh, esa enfermera sabe dónde está mi dentadura».
Me quedé muy, muy sorprendida. Después, aclaró: «Usted estaba allí cuando
me ingresaron en el hospital, y usted me sacó la dentadura y la puso en aquel
carro; había muchas botellas en él, y tenía un cajón corredizo debajo. Usted
puso allí mis dientes». Me quedé especialmente atónita porque yo recordaba
que aquello había sucedido mientras el hombre estaba en coma profundo y
nosotros estábamos a punto de realizarle la resucitación cardiopulmonar. Al
parecer, el hombre se había visto a sí mismo echado en la camilla, y había
percibido desde arriba todo lo que estábamos haciendo los médicos y enferme-
ros con él. También pudo describir, correctamente y con detalle, la pequeña
sala en la que había sido resucitado, así como el aspecto de todos los presentes,
incluida yo.

LA REVISIÓN HOLOGRÁFICA DE LA VIDA

Aquí la persona vuelve a experimentar (y siente la presencia de) no
sólo cada acto, sino también cada pensamiento de su vida, y se da
cuenta de que todo es un campo de energía que influye también en los
demás. Todo lo que se ha hecho y se ha pensado parece que haya sido
almacenado. La persona experimenta las consecuencias que sus propios pensamientos, palabras y acciones tuvieron sobre esas personas en
el mismo momento en que ocurrieron, debido a la conexión existente
con los recuerdos, las emociones y la consciencia de las demás personas implicadas. Comprende que todo cuanto uno hace a los demás le
vuelve en última instancia a uno mismo. Los pacientes contemplan la
totalidad de su vida de un solo vistazo; parece que tiempo y espacio no
existen durante esta experiencia, puesto que se hallan al instante allí
donde concentran su atención. Pueden estar hablando durante horas
del contenido de esta revisión vital, aun cuando la resucitación llevara
sólo unos cuantos minutos.

He aquí un testimonio:

Toda mi vida hasta el momento presente pareció ponerse delante de mí en una
especie de revisión panorámica tridimensional, y todos los acontecimientos
parecían venir acompañados de cierta consciencia del bien y del mal, o de una
percepción interna de causa y efecto.

No sólo lo percibía todo desde mi propio punto de vista, sino que también era consciente de los pensamientos de todos los implicados en el suceso, como si sus pensamientos estuvieran en mi interior. Esto suponía que mi percepción no se limitaba a lo que yo hubiera hecho o pensado, sino también al modo en que aquello había afectado a los demás, como si yo viera las cosas con unos ojos que todo lo vieran. De tal modo que era como si tus pensamientos no desaparecieran. Y durante todo el tiempo que duró la revisión se resaltaba mucho la importancia del amor.

Echando la vista atrás, no sabría decir cuánto duró esta revisión de vida; pudo ser muy larga, pues aparecieron todos los temas; pero, al mismo tiempo, pareció ocurrir en sólo una fracción de segundo, porque lo percibí todo en el mismo momento. Daba la impresión de que el tiempo y la distancia no existían. Yo estaba en todas partes al mismo tiempo, y a veces mi atención se veía arrastrada hacia algo, y luego yo estaba allí presente.

Algunos pacientes también experimentaron una *visión anticipada* (un avance rápido de imágenes), en la cual pudieron ver imágenes futuras de acontecimientos personales de su vida, así como imágenes más generales del futuro. También aquí, parece como si el tiempo y el espacio no existieran. Algunos pacientes relatan que volvieron a su cuerpo, la mayoría de ellos por la parte superior de la cabeza, tras comprender que «todavía no había llegado su hora» o que «todavía tenían algo que hacer en este mundo». Este retorno consciente al cuerpo se experimenta de forma muy opresiva. Los pacientes se dan cuenta de que están «encerrados» en su maltrecho cuerpo, y se reencuentran con todo el dolor y las limitaciones de su estado.

Las entrevistas posteriores en el estudio longitudinal se realizaron mediante un inventario estandarizado con 34 preguntas sobre los cambios acaecidos en la vida de los pacientes.[7] Entre los 74 pacientes que dieron su consentimiento para ser entrevistados al cabo de dos años, 13 de los 34 factores listados en el cuestionario resultaron ser significativamente diferentes entre los pacientes que habían tenido una ECM y los que no. Las entrevistas demostraron que, entre las personas que habían tenido una ECM, el miedo a la muerte se había reducido significativamente, en tanto que la creencia en una vida posterior a la vida se había incrementado, también significativamente.

Al cabo de ocho años volvimos a comparar los trece factores que a los dos años habían resultado significativamente diferentes entre los dos grupos, con y sin ECM, y lo que nos sorprendió fue que ambos grupos habían estado pasando por un inequívoco proceso de trasformación. Nos sorprendió encontrar que los procesos de trasformación que habían comenzado al cabo de los dos años en las personas con una ECM se habían intensificado claramente al cabo de ocho años. Y lo mismo ocurría con los pacientes que no habían tenido una ECM. Aunque seguía habiendo claras diferencias entre las personas que habían tenido la experiencia y las que no, éstas eran ahora menos marcadas.

En resumen, podríamos decir que ocho años después de la parada cardíaca, todos los pacientes habían cambiado en muchos aspectos, mostrando más interés en la naturaleza, el entorno y la justicia social, mostrándose más cariñosos y afectivos, e implicándose más y siendo más serviciales en la vida familiar.

No obstante, las personas que habían pasado por una ECM durante su parada cardíaca seguían siendo claramente diferentes. Seguían teniendo menos miedo a la muerte y creyendo más en la otra vida. Vimos que mostraban un interés mayor en la espiritualidad y en el propósito de la vida, y vimos que se aceptaban más y se amaban más a sí mismos y a los demás. Del mismo modo, valoraban más las cosas ordinarias de la vida, en tanto que su interés en las posesiones y en el poder había disminuido.

Las conversaciones mantenidas con los pacientes revelaron también un incremento en las intuiciones tras la ECM, junto con una intensa sensación de conexión con los demás y con la naturaleza. Tal como ellos mismos lo expresaron, habían adquirido «dotes paranormales». Muchos comentaron que la súbita aparición de una especie de intuición realzada les había resultado bastante problemática, en la medida en que ésta distorsionaba su relación con los demás por resultarles ciertamente intimidatoria. Por otra parte, también tuvieron experiencias de clarividencia, sentimientos proféticos y visiones. Las intuiciones pueden llegar a ser bastante intensas, dado que la persona puede llegar a «sentir» las emociones y la tristeza de otras personas, o puede llegar a saber cuándo va a morir otra persona; hecho que, normalmente, termina por confirmarse. La integración y la aceptación de una ECM es un proceso que puede llevar muchos años, debido al trascendental impacto que genera sobre la manera de entender la vida y los valores previos a la ECM. Llama mucho la atención el ver cómo una parada cardíaca, que dura sólo unos minutos, da lugar a un proceso de trasformación que se extiende durante el resto de la vida.

Una ECM es tanto una crisis existencial como una intensa lección en la vida. La ECM le da a la persona una experiencia consciente de una dimensión en la cual el tiempo y la distancia no juegan ningún papel, en la cual se puede atisbar tanto el pasado como el futuro, en la que la persona se siente completa y perfectamente sana, y en la que se experimenta un conocimiento ilimitado y un amor incondicional. Los cambios vitales que vienen a continuación surgen principalmente de la certeza de que el amor y la compasión por uno mismo, por los demás y por la naturaleza son los principales requisitos de la vida. Tras una ECM, la gente se da cuenta de que todo está interconectado, que cada pensamiento tiene un efecto, tanto en uno mismo como en los demás, y que nuestra consciencia persiste más allá de la muerte física.

ENIGMAS Y POSIBLES EXPLICACIONES

El estudio a gran escala holandés permitió realizar un análisis estadístico de los factores relacionados con la ocurrencia de una ECM. Pudimos descartar las explicaciones fisiológicas, psicológicas y farmacológicas. Nuestra investigación fue también la primera en incluir un componente longitudinal, con entrevistas al cabo de dos y de ocho años, que nos permitieron comparar los procesos de trasformación entre las personas que habían pasado por una ECM y las que no. Identificamos un patrón diferenciado de cambio en las personas que habían tenido una ECM, y revelamos que integrar estos cambios en la vida cotidiana es un arduo y prolongado proceso. Y llegamos a la inevitable conclusión de que los pacientes habían experimentado todos estos elementos de la ECM durante el período de la parada cardíaca, mientras el suministro de sangre al cerebro había cesado por completo. A lo que no fuimos capaces de dar respuesta fue a la pregunta de cómo puede suceder esto.

Bruce Greyson, que publicó un estudio prospectivo sobre 116 supervivientes a una parada cardíaca en Estados Unidos, escribió que

...ningún modelo fisiológico ni psicológico puede explicar por sí mismo los rasgos comunes de una ECM. La paradójica ocurrencia de una consciencia acrecentada y lúcida y de unos procesos de pensamiento lógico durante el período de perfusión cerebral disminuida plantea preguntas que llevan a la perplejidad, desde nuestra actual comprensión de la consciencia, en lo relativo a las relaciones de ésta con las funciones cerebrales. La existencia de procesos perceptivos claramente sensoriales y complejos durante un período de muerte clínica aparente cuestiona el concepto de que la consciencia está localizada exclusivamente en el cerebro.[8]

El estudio prospectivo británico de Sam Parnia y Peter Fenwick incluyó a 63 pacientes que habían sobrevivido a una parada cardíaca. Según ellos, «los informes de ECM sugieren que la ECM tiene lugar durante el período de inconsciencia». Y ésta es una sorprendente conclusión, porque

...cuando el cerebro está tan mermado en sus funciones que el paciente cae en coma profundo, aquellas estructuras cerebrales que sustentan la experiencia subjetiva y la memoria deberían estar severamente restringidas. Experiencias complejas, tales como las reportadas en las ECM, no deberían tener lugar ni ser conservadas en la memoria. Sería de esperar que estos pacientes no tuvieran ninguna experiencia subjetiva, como ocurre en la inmensa mayoría de los pacientes que sufren una parada cardíaca, dado que todos los centros cerebrales responsables de la generación de experiencias conscientes han dejado de funcionar como consecuencia de la falta de oxígeno.[9]

Una explicación que se suele aducir es que las experiencias observadas tienen lugar durante las primeras fases del cese de la consciencia o durante su recuperación. Sin embargo, Parnia y Fenwick afirman que los elementos verificables de una experiencia extracorpórea durante la inconsciencia, como los informes de los pacientes durante su resucitación, hacen que esta explicación sea extremadamente improbable. Penny Sartori llevó a cabo, durante un período de cuatro años, una pequeña investigación sobre las ECM en treinta y nueve supervivientes de parada cardíaca en el Reino Unido. Sartori llegó a la conclusión de que «según la ciencia oficial, es de todo punto imposible encontrar una explicación científica a las ECM, en tanto en cuanto "creamos" que la consciencia es sólo un efecto colateral del funcionamiento cerebral».[10] El hecho de que las personas den cuenta de experiencias lúcidas de su consciencia cuando ha cesado toda actividad cerebral es, según ella, difícil de reconciliar con la actual opinión médica.

Con los actuales conceptos médicos y científicos parece imposible explicar todos los aspectos de las experiencias subjetivas de las que dan cuenta los pacientes que han pasado por una ECM durante una pérdida transitoria de las funciones cerebrales. Además, incluso las personas ciegas han hecho descripciones de percepciones verídicas durante experiencias extracorpóreas en el momento de su ECM. De hecho, constituye un reto para la ciencia dar con nuevas hipótesis que pudieran explicar la ocurrencia de todo lo que exponemos a continuación durante una perfusión cerebral disminuida resultante de un EEG plano de quince segundos de promedio:

- La interconexión de la que se da cuenta con la consciencia de otras personas y de familiares fallecidos.
- La posibilidad de experimentar instantánea y simultáneamente una revisión y una previsión de la propia vida en una dimensión en la que no existe el concepto convencional de tiempo y espacio vinculados al cuerpo, donde los acontecimientos de pasado, presente y futuro coexisten.
- La posibilidad de tener una consciencia clara, con recuerdos, con identidad propia y con cognición, y la posibilidad de percepción.[11]

La objeción que se suele plantear, de que un EEG de línea plana no descarta toda actividad cerebral, debido a que es básicamente el registro de la actividad eléctrica del córtex cerebral, yerra también el tiro; dado que la cuestión no estriba en si existe actividad cerebral alguna, sea del tipo que sea, sino en si existe alguna actividad cerebral del tipo que la neurociencia contemporánea considera como condición necesaria de la experiencia consciente. Y se ha demostrado que tal actividad cerebral no existe durante una parada cardíaca. Además, a pesar de la mensurable actividad EEG que se registra en el cerebro durante el sueño profundo (no en fase REM),* no se experimenta ningún tipo de consciencia porque no existe integración de información ni comunicación entre las distintas redes neurales.[12] Así, incluso en aquellas circunstancias en que la actividad cerebral puede ser medida, hay veces en que no se experimenta ningún tipo de consciencia.

En algunos artículos[13] y en mi más reciente libro,[14] describo un concepto en el cual la consciencia íntegra e indivisa, en la que se da cuenta de recuerdos, halla su origen (y se almacena) en un espacio no-local como campos de onda de información. Este aspecto no-local de la consciencia se podría comparar con los campos gravitatorios, donde sólo se pueden medir los efectos físicos, no siendo directamente demostrables los campos en sí. Según este concepto, el córtex sólo hace el papel de una estación repetidora, para que aquellas partes de los campos de onda de la consciencia sean recibidas en la consciencia despierta o como consciencia despierta. Lo último pertenece a nuestro cuerpo físico.

Así pues, existen dos aspectos complementarios de la consciencia que no pueden reducirse el uno al otro, y las redes neuronales deberían contemplarse en su funcionamiento como receptoras y trasmisoras, y no como depósitos de consciencia y memoria. Según este concepto, la consciencia no introduce sus raíces en los dominios mensurables de la física, del mundo manifestado. El aspecto de onda de nuestra indestructible consciencia en el espacio no-local es inherentemente incapaz de ser medida mediante medios físicos. Sin embargo, el aspecto físico de la consciencia, que se origina a partir del aspecto onda de nuestra consciencia, se puede medir a través de técnicas de neuroimagen como el electroencefalógrafo (EEG), la resonancia magnética funcional (fMRI) y la tomografía por emisión de positrones (el escáner PET).

Basándome en mis investigaciones sobre la ECM, tengo que llegar a la conclusión de que la consciencia despierta, que experimentamos todos como consciencia cotidiana, es sólo un aspecto complementario de la consciencia no-local, integral e infinita. Esta consciencia está basada en unos campos de información indestructibles y en constante evo-

---

* REM son las siglas en inglés de «Rapid Eyes Movements» (movimientos rápidos de los ojos), fase del sueño en la que se observan movimientos rápidos de los ojos bajo los párpados y que suele coincidir con los momentos de sueño con ensoñaciones. *(N. del T.)*

lución, donde todo conocimiento, sabiduría y amor incondicional están presentes y a nuestra disposición; y estos campos de consciencia están almacenados en una dimensión que se halla más allá de lo que entendemos por tiempo y espacio, una dimensión con interconexiones no-locales y universales. Quizás podríamos llamarle a esto nuestra consciencia superior, la consciencia divina o la consciencia cósmica. Es el campo akásico al cual se puede acceder en circunstancias como la de hallarse ante las puertas de la muerte.

Evidencias del campo akásico desde la moderna investigación de la consciencia

Stanislav Grof

Stanislav Grof es psiquiatra y tiene más de cincuenta años de experiencia en la investigación de los estados no ordinarios de la consciencia inducidos mediante sustancias psicodélicas y diversos métodos no farmacológicos. Es profesor de Psicología en el California Institute of Integral Studies (CIIS) de San Francisco, dirige programas de formación de profesionales y da conferencias y seminarios por todo el mundo. Ha publicado gran número de libros y más de 140 artículos en revistas científicas. Grof es uno de los fundadores de la psicología traspersonal, además de presidente fundador de la International Traspersonal Association (ITA). En octubre de 2007 recibió el Premio Vision 97 de la Fundación Dagmar y Vaclav Havel de Praga.

Durante el trascurso del siglo xx, distintas disciplinas de la ciencia moderna han acumulado un extraordinario surtido de observaciones que no pueden ser adecuadamente explicadas mediante la visión del mundo materialista.

Estos «fenómenos anómalos» proceden de un amplio rango de campos, desde la astrofísica, la física cuántica-relativista y la química, hasta la biología, la antropología, la tanatología, la parapsicología y la psicología.

Científicos pioneros de distintas disciplinas científicas han llevado a cabo intentos más o menos exitosos para abordar los formidables problemas conceptuales que presentan los datos anómalos. Han formulado teorías que han llevado a nuevas y revolucionarias formas de contemplar los recalcitrantes problemas a los que se enfrentan en sus respectivos campos. Con el tiempo, ha emergido una forma radicalmente diferente de comprender la realidad y la naturaleza humana, una visión de la realidad a la que normalmente se hace referencia como el nuevo (o emergente) paradigma científico.

Sin embargo, esta nueva perspectiva estaba conformando un mosaico de piezas impresionantes, pero desconectadas: el principio antrópico de Barrow y Tipler, la implicaciones filosóficas de la física cuántica-relativista, la teoría del holomovimiento de David Bohm, el modelo holográfico del cerebro de Karl Pribram, la teoría de los campos morfogenéticos de Rupert Sheldrake, la teoría de las estructuras disipativas de Ilya Prigogine, y otras.[1] Pero hay que atribuir a Ervin Laszlo, el más destacado teórico de sistemas y filósofo de la ciencia del mundo, el crédito de haber encontrado una elegante solución, una solución interdisciplinaria, a las anomalías que acosan a la ciencia moderna y de conjuntar todos estos esfuerzos independientes.

Laszlo consiguió esta hazaña al formular su «hipótesis de la conectividad», cuya piedra angular es la existencia de lo que anteriormente llamó el campo psi y recientemente ha dado en llamar el campo akásico, un campo subcuántico en el cual todo cuanto ha sucedido queda permanentemente registrado de manera holográfica.[2]

NOTAS DE MIS INVESTIGACIONES SOBRE LAS EXPERIENCIAS AKÁSICAS

Mi principal área de interés y mi pasión de toda la vida ha sido el estudio de una importante subcategoría de los estados no ordinarios de la consciencia que yo denomino *holotrópicos* (literalmente, «que se mueven hacia la totalidad», del griego *holos* = «todo» y *trepein* = «moverse hacia»). Lo que hace de estos estados algo tan fascinante de estudiar es su potencial heurístico, terapéutico y evolutivo.[3] Estas investigaciones, en las que llevo inmerso desde hace más de medio siglo, han generado fenómenos anómalos capaces de cuestionar el actual paradigma científico.

Los estados holotrópicos cubren un amplio espectro, desde aquellos estados que los chamanes experimentan en sus crisis de iniciación y que utilizan en sus prácticas curativas, que los pueblos nativos inducen en sus ritos de paso y en sus ceremonias de sanación, y que los iniciados experimentaban en los misterios de muerte y renacimiento en la antigüedad, hasta las extraordinarias experiencias que tienen lugar en las prácticas espirituales sistemáticas de yoguis, budistas, taoístas, cabalistas, sufíes, hesicastas cristianos y padres del desierto, así como aquellas experiencias que se encuentran en los relatos de místicos de todos los países y períodos de la historia. Los psiquiatras y los terapeutas modernos han encontrado estos estados en la terapia psicodélica, en el trabajo experiencial profundo sin el uso de sustancias psicoactivas, en experimentos con deprivación sensorial y *biofeedback*, y en la terapia de personas que pasan por episodios espontáneos de estados holotrópicos.

Las cinco décadas que he dedicado a la investigación de la consciencia han sido para mí una extraordinaria aventura de descubrimiento y autodescubrimiento. He dedicado aproximadamente la mitad de este tiempo a dirigir terapias con sustancias psicodélicas; primero en Checoslovaquia, en el Instituto de Investigaciones Psiquiátricas de Praga, y luego en Estados Unidos, en el Centro de Investigaciones Psiquiátricas de Maryland, en Baltimore, donde participé en el último programa de investigación psicodélica oficial realizado en Estados Unidos. Desde 1975, he trabajado con la respiración holotrópica, un potente método de terapia y autoexploración que he desarrollado junto a mi mujer, Christina. Con los años, también he ayudado a muchas personas que estaban pasando por crisis psicoespirituales espontáneas, o «emergencias espirituales», como las llamamos Christina y yo.[4]

En mi trabajo con los estados holotrópicos, me he encontrado prácticamente a diario con fenómenos que no podían ser explicados a través del marco teórico de la psiquiatría académica y que representaban un serio desafío para las suposiciones metafísicas básicas de la ciencia occidental. Mis primeras observaciones en la terapia psicodélica mostraron, más allá de cualquier duda razonable, que mis clientes eran capaces de revivir en estados holotrópicos su propio nacimiento biológico e incluso episodios de su vida prenatal, frecuentemente con extraordinario detalle; muchas de estas experiencias pudieron ser verificadas objetivamente. En la psiquiatría académica se considera que es imposible recordar el nacimiento, debido a que el córtex cerebral del recién nacido no está aún plenamente mielinizado. Ya he demostrado la debilidad de esta argumentación en otras publicaciones.[5]

Pero he encontrado también muchos más retos conceptuales. En muchos casos, mis clientes experimentaban episodios de las vidas de sus antepasados e incluso de ancestros animales. El único sustrato material concebible para estas experiencias de tiempos que preceden a la propia concepción debería de estar contenido en el núcleo de una única célula –el esperma o el óvulo– o, más concretamente, en el ADN. Sin embargo, hemos observado experiencias para las cuales incluso esta más que fantástica posibilidad sería incapaz de proporcionar una explicación satisfactoria. Hemos presenciado muchas situaciones en las que las experiencias cruzaban los linajes hereditarios biológicos. Con frecuencia, nos hemos encontrado con individuos que se identificaban experiencialmente con personas de un grupo racial diferente, como un eslavo que se identificaba con un samurái japonés, un anglosajón identificándose con un esclavo negro africano, o un japonés con un conquistador español, etc.

De igual modo, la identificación experiencial con animales no se limitaba a nuestros antepasados animales directos, donde las células germinales hubieran podido servir (al menos, teóricamente) como material de trasporte de la información. Por ejemplo, hemos visto en nuestros sujetos de experimentación auténticas identificaciones experienciales con un gorila de lomo plateado o un chimpancé, animales con los cuales tenemos en común antepasados protohomínidos, pero no una conexión a través de linaje genético directo. El árbol evolutivo darwiniano se bifurca en los linajes del gorila y del chimpancé mucho antes de que llegue al *Homo sapiens*. Este problema es incluso más obvio si tal identificación implica a aves, reptiles o insectos.

Conviene resaltar que todos los tipos de identificaciones experienciales expuestos arriba, con otros seres humanos, animales y plantas, proporcionan normalmente una información detallada y precisa de diversos aspectos del mundo, información que va bastante más allá de la que estas personas pudieran haber obtenido a través de medios convencionales durante el trascurso de su actual vida. La validación de la información obtenida a través de identificación experiencial es más fácil cuando tiene que ver con animales. El motivo de ello es que existen muchos e importantes aspectos de estas experiencias que no se pueden trasmitir a través de los medios convencionales (libros, fotografías, películas, televisión, etc.). Es habitual, por ejemplo, experimentar una imagen corporal completa de la especie implicada, su estado de consciencia, percepciones específicas del mundo que reflejan la anatomía de su sistema óptico (p. ej., el de un ave rapaz, de una abeja o un pulpo) o de su sistema acústico (delfín o murciélago), etc. Estas experiencias proporcionan también, con frecuencia, percepciones extraordinarias referentes a la psicología animal, la etología, las danzas de galanteo o los hábitos de apareamiento.

Recuerdos ancestrales, raciales y colectivos, y experiencias de encarnaciones pasadas, proporcionan frecuentemente detalles muy específicos acerca de arquitectura, costumbres, armas, formas de arte, estructuras sociales y prácticas religiosas o rituales de la cultura y el período histórico implicados, y en ocasiones incluso de acontecimientos históricos concretos. La veracidad de esta información no siempre es fácil de corroborar, dado que requiere de una descripción muy precisa de los acontecimientos implicados, así como el acceso a crónicas familiares relevantes, archivos o fuentes históricas. Sin embargo, hay casos excepcionales en los que estos criterios se han podido satisfacer, y los resultados del proceso de verificación han llegado a ser verdaderamente asombrosos.

En una publicación previa exploré las revolucionarias aportaciones que el trabajo de Ervin Laszlo ha hecho en dos campos concretos en los cuales tengo experiencia a nivel profesional: la investigación de la consciencia y la psicología traspersonal.[6] El alcance de este artículo sobre el trabajo de Ervin Laszlo no me permitió incluir ejemplos prácticos de las observaciones de las que escribía allí; pero en esta publicación sí que puedo incluir historias de casos que hacen que este material cobre vida.

HISTORIAS QUE SOBRESALEN EN MI INVESTIGACIÓN

Daré aquí algunos ejemplos concretos de experiencias que se remontaron bastante en la historia y que contenían detalles concretos que pudieron ser verificados de manera independiente. La primera historia nos lleva hasta la Europa del siglo XVII, a los inicios de la Guerra de los Treinta Años. Este caso ilustra sumamente bien los retos conceptuales asociados con cualquier intento por verificar el material histórico de los estados holotrópicos y por identificar los canales a través de los cuales se trasmite la información.

¿Memoria ancestral o experiencia de vida pasada? La historia de Renata

La protagonista de esta historia es Renata, una antigua cliente mía de Checoslovaquia, que vino a tratamiento debido a que sufría de cancerofobia, algo que le estaba haciendo la vida muy difícil. En una serie de sesiones de LSD,* Renata revivió diversas experiencias traumáticas de su infancia y trató repetidamente con los recuerdos de su nacimiento. Pero, en un estado avanzado de su autoexploración, el carácter de sus sesiones cambió repentinamente de un modo espectacular. Lo que sucedió fue ciertamente inusual y sin precedentes.

Cuatro de sus sesiones de LSD se centraron casi exclusivamente en materiales de un período histórico concreto. Renata experimentó diversos episodios que tuvieron lugar en la Praga del siglo XVII, en un período crucial de la historia checa. Tras la desastrosa Batalla de la Montaña Blanca, en 1621, que marcó el comienzo de la Guerra de los Treinta Años en Europa, el país dejó de existir como reino independiente y cayó bajo la hegemonía de la dinastía Habsburgo. En un esfuerzo por destruir los sentimientos de orgullo nacional y por derrotar a las fuerzas de la resistencia, los Habsburgo enviaron mercenarios para capturar a los nobles más poderosos del país. Veintisiete importantes aristócratas fueron arrestados y decapitados en una ejecución pública, en un patíbulo erigido en la plaza de la Ciudad Vieja de Praga.

Durante sus sesiones históricas, Renata tuvo una inusual variedad de imágenes y de percepciones relativas a la arquitectura, la vestimenta

---

* LSD, siglas en inglés de la dietilamida de ácido lisérgico, una potente droga psicodélica cuyo uso se popularizó durante la Contracultura de los años sesenta y setenta, y que se investigó en el ámbito científico, hasta que se promulgaron leyes para su prohibición. En la actualidad, se utiliza legalmente en algunos países de forma terapéutica, bajo prescripción médica. *(N. del T.)*

típica y las costumbres, así como a las armas y diversos utensilios de la vida cotidiana de este período. También fue capaz de describir muchas de las complicadas relaciones existentes en aquella época entre la familia real y los vasallos. Renata no había estudiado específicamente este período de la historia checa; ni siquiera había estado interesada en él. Por mi parte, tuve que ir a la biblioteca y tuve que realizar investigaciones históricas para confirmar que la información que Renata proporcionaba era precisa.

Muchas de las experiencias de Renata estaban relacionadas con diversos períodos de la vida de un joven noble, uno de los veintisiete aristócratas decapitados por los Habsburgo. En una secuencia dramática, Renata revivió finalmente con intensas emociones y con considerable detalle los acontecimientos de la ejecución, incluyendo la angustia y la agonía final de este noble. En muchas ocasiones, Renata se sintió plenamente identificada con este individuo. Ella no era capaz de desentrañar qué relación guardaban estas secuencias históricas con su vida presente, por qué emergían en su terapia o qué significaban. Tras mucha reflexión, Renata llegó finalmente a la conclusión de que tenía que revivir los acontecimientos de la vida de uno de sus antepasados. Todo esto sucedió en una fase temprana de mis exploraciones psicodélicas, y tengo que admitir honestamente que por entonces yo no estaba suficientemente preparado intelectualmente para esta interpretación.

Intentando comprender mejor este asunto probé con dos enfoques diferentes. Por una parte, dediqué una considerable cantidad de tiempo a intentar verificar la información histórica concreta que emergía de las sesiones, quedando cada vez más impresionado con su precisión. Por otra parte, intenté utilizar el método freudiano de libre asociación, tratando la historia de Renata como si fuese un sueño. Tenía la esperanza de descifrarla como lo hubiera hecho con el disfraz simbólico de alguna experiencia o problema de su infancia en su vida presente. Pero, por mucho que lo intenté, las secuencias de sus experiencias no tenían demasiado sentido desde un punto de vista psicoanalítico. Finalmente, renuncié cuando las experiencias de LSD de Renata entraron en nuevas áreas, dejé de darle vueltas a aquel peculiar incidente y me centré en otros retos conceptuales más recientes e inmediatos.

Dos años después, tras mudarme a Estados Unidos, recibí una extensa carta de Renata con la siguiente introducción, una introducción ciertamente inusual: «Querido doctor Grof, probablemente pensará que me he vuelto loca cuando le cuente los resultados de mis investigaciones privadas más recientes». En la carta, Renata me relataba que se había encontrado con su padre, al cual no veía desde los tres años, desde que él y su madre se habían divorciado. Tras una breve discusión, su padre la había invitado a cenar, junto con su segunda esposa y sus hijos. Tras la cena, su padre le dijo que quería compartir con ella algo que quizás encontrara interesante.

Durante la Segunda Guerra Mundial, los nazis promulgaron una orden según la cual todas las familias en los territorios ocupados tenían que presentar su historial genealógico ante las autoridades alemanas, a fin de demostrar que no tenían antepasados de origen judío en las cinco últimas generaciones. Se trataba de un asunto muy grave, dado que el hecho de no poder demostrar la «pureza» del linaje familiar podía traer consecuencias catastróficas. Mientras llevaba a cabo esta investigación genealógica obligatoria, el padre de Renata llegó a fascinarse con el asunto. Tras completar el historial genealógico requerido, el hombre continuó con sus pesquisas por mera curiosidad e interés personal.

Pudo remontarse en la historia de su familia hasta más de tres siglos atrás, gracias a los archivos parroquiales europeos, que habían preservado meticulosamente los registros de nacimiento de todas las personas nacidas en sus distritos durante generaciones. El hombre pudo mostrarle a Renata el fruto de sus muchos años de investigación, un complejo historial genealógico, cuidadosamente diseñado, que indicaba que eran descendientes de uno de los nobles ejecutados tras la Batalla de la Montaña Blanca, en la plaza de la Ciudad Vieja de Praga.

Renata se quedó atónita con aquella inesperada confirmación de la información que había obtenido en sus sesiones de LSD. Tras el relato de este extraordinario suceso, Renata me expresó su firme creencia de que «recuerdos cargados con una intensa emotividad pueden quedar impresos en el código genético y trasmitirse a través de los siglos hasta las generaciones futuras». La carta de Renata terminaba con un triunfante «Se lo dije». Ella tenía la sensación de que aquella inesperada información que le había proporcionado su padre venía a confirmar lo que ella había estado sospechando a partir del convincente carácter de sus experiencias: que se había encontrado con un auténtico recuerdo ancestral. Pero, como he dicho antes, aquélla era una conclusión que yo me mostraba reacio a aceptar en aquella época.

Tras mi inicial asombro con esta inusual coincidencia, descubrí una grave inconsistencia lógica en el relato de Renata. Una de las experiencias que ella había tenido en sus históricas sesiones de LSD era la de la ejecución del joven noble, con todas las sensaciones y emociones relacionadas con su decapitación. Y, en el siglo XVII, mucho antes de los revolucionarios avances de la obstetricia moderna, una persona fallecida era incapaz de procrear. La muerte habría destruido todos los canales materiales a través de los cuales pudiera haberse trasmitido a la posteridad cualquier información referente a la vida del fallecido.

Como consecuencia de esto, la situación se me hizo aún más enrevesada que antes: «la cosa se complicó». Por una parte, la experiencia de Renata había recibido una potente validación independiente merced a la investigación genealógica de su padre. Por la otra, no existía sustrato material que pudiera dar cuenta del almacenaje, trasmisión y recuperación de la información asociada. Sin embargo, antes de descartar la información contenida en la historia de Renata como evidencia de soporte sobre la autenticidad de los recuerdos ancestrales, había varios detalles que merecían una cuidadosa consideración.

Ninguno del resto de pacientes checos que tuve, que sumaban un total de más de doscientas sesiones, había mencionado nunca aquel momento histórico. Sin embargo, en el caso de Renata, cuatro sesiones de LSD consecutivas habían estado compuestas, casi exclusivamente, por secuencias históricas de esa época. Y la probabilidad de que la búsqueda interior de Renata y la investigación genealógica de su padre convergieran en una coincidencia sin sentido era tan astronómica que no se podía tomar en serio esta alternativa. Evidentemente, la psiquiatría académica no tiene una explicación lógica formal para esta concatenación de acontecimientos.

Ocasionalmente, las personas que han leído o han oído hablar de esta historia han sugerido que Renata quizás captó la información de su padre, el cual se había involucrado apasionadamente en su pesquisa genealógica. Sin embargo, los conocimientos de Renata acerca de la vida del noble y de su período histórico iban bastante más allá de los conocimientos de su padre sobre éste. Aunque el hombre pudiera estar entusiasmado con su hallazgo genealógico, esto no le había inspirado un genuino interés por la investigación histórica. Nos quedamos, así pues, con una situación extraordinaria para la cual el actual paradigma materialista no tiene explicación. Es un ejemplo de las observaciones de la moderna investigación de la consciencia que, a través del trabajo de Stanley Krippner, entre otros, ha recibido recientemente el nombre de «fenómenos anómalos».

El asedio de Dún an Óir: la historia de Karl

Los recuerdos de vidas pasadas constituyen un fascinante (y clínicamente importante) grupo de experiencias en los estados holotrópicos. Además de aportar nuevas y precisas informaciones acerca de otras culturas y otros períodos históricos, estas experiencias suelen proporcionar importantes atisbos en diversas áreas de la vida actual de la persona que, de otro modo, resultarían incomprensibles; además de tener un notable potencial curativo.

Por impresionantes y convincentes que puedan ser de por sí los elementos de las experiencias de vidas pasadas, el sueño de todo investigador en este campo consiste en encontrar casos en los que algunos aspectos importantes de estas experiencias puedan ser verificados mediante una investigación histórica independiente. En mi caso, tal sueño se hizo realidad cuando Christina y yo conocimos a Karl y tuvimos el privilegio de facilitar su proceso de autoexploración y sanación. Karl se inscribió en uno de nuestros seminarios de un mes en Esalen, tras haber realizado algún trabajo interior en un grupo renegado de terapia primal en Canadá. Era uno de los grupos de personas que habían dejado el instituto de terapia primal de Los Ángeles, tras haber tenido un grave desencuentro con Arthur Janov.

Durante el trascurso de la terapia primal, estas personas comenzaron a pasar por diversas formas de experiencias traspersonales, tales como visiones arquetípicas, identificación con diversos animales y recuerdos de vidas pasadas. Janov, que no comprendía demasiado bien los dominios traspersonales del inconsciente, se opuso violentamente a todo lo que pudiera estar relacionado con la espiritualidad, e interpretó estas experiencias como «una huida del dolor primal». Muchas personas, que valoraban la técnica de la terapia primal pero que no podían soportar el corsé de los prejuicios de Janov, dejaron su instituto y formaron sus propios grupos.

Karl había comenzado su autoexploración como miembro de tal grupo y, al cabo de algún tiempo, su proceso interior había llegado al nivel perinatal. Mientras revivía diversos aspectos de su nacimiento biológico, comenzó a experimentar fragmentos de escenas dramáticas que parecían estar sucediendo en otro siglo y en un país extranjero. Aquellas escenas le evocaban intensas emociones y sensaciones físicas, y parecían tener una conexión íntima y profunda con su vida; sin embargo, ninguna de ellas tenía sentido en cuanto a su actual biografía. Karl tenía visiones de túneles, de espacios de almacenaje subterráneos, de dormitorios militares, de gruesos muros y de murallas. Todo ello parecía formar parte de una fortaleza situada sobre una peña que dominaba la costa. Todo esto se entremezclaba con imágenes de soldados en diversas situaciones. Karl estaba desconcertado, dado que los soldados parecían ser españoles, pero el escenario parecía más de Escocia o Irlanda.

Fue entonces cuando Karl llegó a nuestro taller en Esalen y cambió de la terapia primal a la respiración holotrópica. Mientras continuaba el proceso, las escenas se fueron haciendo más dramáticas y enrevesadas; muchas de ellas eran de fieros combates y de carnicerías sangrientas. Aunque estaba rodeado de soldados, Karl se experimentaba a sí mismo como un sacerdote, y en un momento dado tuvo una conmovedora visión en la que aparecían una Biblia y una cruz. En este punto, vio que en su mano llevaba un anillo con un sello, y pudo reconocer con claridad las iniciales del sello.

Siendo un artista de talento, Karl decidió documentar su extraño proceso, aunque en aquel momento no lo comprendiera. Hizo una serie de dibujos y de pinturas con los dedos muy intensas e impulsivas. Algunas de éstas representaban distintas partes de la fortaleza; otras de ellas, escenas de matanza; y unas pocas, las propias experiencias de Karl, entre las que había una en la que era atravesado por la espada de un soldado británico y arrojado desde las murallas, para acabar muriendo en la orilla del mar. Entre aquellas imágenes, había un dibujo de su mano con el sello, grabado con las iniciales del nombre del sacerdote.

Mientras iba recogiendo elementos y piezas de esta historia, Karl estaba encontrando cada vez más conexiones significativas entre distintos aspectos de su trama y de su vida presente. Comenzó a sospechar que el drama del sacerdote español en el remoto pasado podría ser el origen de muchos de sus síntomas emocionales y psicosomáticos, así como de sus problemas interpersonales. Pero hubo un punto de inflexión en el momento en que Karl decidió, súbitamente y siguiendo un impulso, pasar sus vacaciones en Irlanda. A su regreso, cuando estaba contemplando las diapositivas que había hecho en la costa occidental de Irlanda, se dio cuenta de que había tomado once fotos consecutivas exactamente del mismo paisaje. Esto le sorprendió, dado que no recordaba haberlo hecho, y la vista que había elegido no era particularmente interesante.

Siendo un hombre pragmático, adoptó un enfoque muy racional y analítico ante esta absurda situación. Miró en el mapa y reconstruyó dónde había estado en aquel momento y en qué dirección había hecho la foto. Descubrió que el lugar que había atraído su atención eran las ruinas de una antigua fortaleza llamada Dún an Óir, el Fuerte del Oro. Desde la distancia a la que había hecho la foto, apenas se veía a simple vista, y tuvo que esforzarse por encontrarlo en la diapositiva. Sospechando una conexión entre este extraño comportamiento y sus experiencias de la terapia primal y de la respiración holotrópica, Karl decidió averiguar la historia de Dún an Óir, buscando cualquier posible pista.

Para su asombro, descubrió que, en 1580, una pequeña fuerza de invasión de soldados españoles había desembarcado en el cercano puerto de Smerwick para ayudar a los irlandeses en la Rebelión de Desmond. Tras unírseles algunos soldados irlandeses, reunieron un total de seiscientos efectivos. Consiguieron guarnecerse en las defensas del fuerte de Dún an Óir, antes de ser rodeados y sitiados por una fuerza inglesa más numerosa comandada por Lord Grey. Walter Raleigh, que acompañaba a Lord Grey, hizo el papel de mediador en este conflicto y negoció con los españoles. Les prometió que saldrían libremente de la fortaleza si abrían el pórtico y se rendían a los británicos. Los españoles aceptaron las condiciones y se rindieron, pero los británicos no mantuvieron su promesa. Una vez fuera de la fortaleza, mataron sin misericordia a todos los españoles y arrojaron sus cuerpos por las murallas al océano y a la playa.

Pero Karl no se quedó satisfecho con esto, a pesar de la absoluta y asombrosa confirmación de la historia que, con tanto esfuerzo, había reconstruido en sus exploraciones interiores. Karl continuó investigando en las bibliotecas hasta que descubrió un documento especial acerca de la batalla de Dún an Óir. Allí encontró que un sacerdote había acompañado a los soldados españoles y había muerto junto con ellos. Las iniciales del nombre del sacerdote eran las mismas que Karl había visto en su visión del anillo con el sello y que había representado en uno de sus dibujos.

REGRESO A LA CAZA DE BRUJAS DE SALEM

Nuestras observaciones relativas a experiencias de vidas pasadas no se han limitado al trabajo con nuestros clientes, con los participantes de nuestros talleres y con nuestros estudiantes, pues muchas de ellas tuvieron que ver con nuestras propias vidas.[7] En 1976, Christina y yo estuvimos viviendo durante varios meses en la Casa Redonda del Instituto Esalen, en Big Sur, California. Era una pequeña y encantadora construcción situada junto al riachuelo que divide los terrenos de Esalen en dos partes. Sus animadas aguas bajaban desde la sierra y formaban una gran cascada justo antes de fundirse en el océano Pacífico. Delante de la casa había una abertura en el suelo de la que brotaban aguas termales y que discurrían hasta una pequeña piscina privada. Según la tradición local, las termas de Esalen tenían su origen en un sistema interconectado de cavernas volcánicas subterráneas que se extienden por gran parte de California.

El sonido del riachuelo y el rugido de la cascada constituían una potente inmersión sensorial. Sin embargo, la potencia psíquica de este lugar era aún más impresionante. Con el trascurso de los años, invitamos a nuestros talleres en Esalen, como profesores invitados, a muchas personas con extraordinarias capacidades psíquicas: clarividentes, chamanes de diversas partes del mundo, miembros de la iglesia espiritista, yoguis hindúes y maestros tibetanos. Todos parecían coincidir en que la zona de alrededor de la Casa Redonda era un «lugar de poder», un lugar dotado de una extraordinaria energía espiritual. Los que intentaban hallar una explicación científica al impacto que tenía en las personas lo atribuían a una alta concentración de iones negativos, debida a la proximidad del océano, al romper de las aguas en la cascada y a la presencia de las secuoyas gigantes que se alineaban a ambos lados del riachuelo.

En cualquier caso, fuera cual fuera la razón, vivir en la Casa Redonda tenía un poderoso impacto psicológico tanto en Christina como en mí. Resultaba extrañamente fácil entrar en un estado meditativo; muchas veces me descubrí deslizándome en un trance, en el cual me olvidaba de nuestras coordenadas geográficas e históricas y sentía que nuestra pequeña aguilera estaba situada en algún lugar de los reinos arquetípicos, más allá del espacio y el tiempo. Christina, que por entonces estaba pasando por su emergencia espiritual, sentía una extraordinaria intensificación de su proceso interior. Durante un fin de semana, sus experiencias alcanzaron tal intensidad que adoptaron todo el aspecto de una sesión psicodélica.

Tras un período de intensa ansiedad y de desagradables sensaciones físicas, Christina tuvo una potente experiencia de lo que sintió que era el recuerdo de una vida pasada. Se convirtió en una adolescente de Salem, en Nueva Inglaterra, que se sumía en estados de consciencia no ordinarios. Sus vecinos, fundamentalistas cristianos, interpretaban aquellos episodios desde el punto de vista de su intolerante manía; es decir, como posesiones del demonio. Aquello llevó a una acusación de brujería; la joven fue juzgada por dos jueces, vestidos con togas ceremoniales, y sentenciada a muerte por ahogamiento.

En medio de aquella experiencia, Christina reconoció que aquellos dos jueces eran, en esta vida, su exmarido y su padre, ambos educadores. De repente comprendió por qué había tenido siempre una intensa reacción negativa cuando los veía ataviados con sus oscuras togas académicas en sus ceremonias escolares. También tuvo la impresión de que los problemas que había tenido con ellos en esta vida habían sido, al menos en parte, remanentes kármicos de lo sucedido en Salem. Los recuerdos de aquella vida pasada culminaron con la experiencia de la ejecución por ahogamiento. Christina vio que la llevaban a un estanque, que la ataban a un tablón y que la sumergían bajo el agua por la cabeza. A pesar de la intensidad de la experiencia, pudo darse cuenta de que el estanque estaba rodeado de abedules. Mientras revivía el momento de la muerte, Christina gritaba entre espasmos de asfixia y una abundante expulsión de mucosidad, tanto por la boca como por la nariz.

Mientras vivía en Hawái, Christina había padecido de graves alergias y sinusitis. Le hicieron multitud de exámenes médicos, de pruebas y de tratamientos, incluyendo una serie de inyecciones de desensibilización. Los médicos, fracasados y frustrados en todos sus esfuerzos terapéuticos, sugirieron finalmente una intervención quirúrgica de raspado y limpieza de los senos paranasales. Pero Christina se negó a pasar por el quirófano y aceptó su dolencia. Sin embargo, para su sorpresa, la sinusitis desapareció para siempre tras revivir el juicio y la muerte de Salem.

Afortunadamente, mis creencias en lo que en otro tiempo había llamado «visión científica del mundo», que había sido rigurosamente demostrada más allá de toda duda razonable, estaban para entonces seriamente minadas merced a otras muchas observaciones similares. De no ser por esto, lo sucedido con Christina me habría sumido en una profunda crisis intelectual. Ciertamente, hubo algo de humor cósmico en el hecho de que los problemas de Christina, que se habían resistido a los esfuerzos concertados de expertos científicos, se resolvieran reviviendo un episodio kármico envuelto en la ignorancia, el fanatismo religioso y una falsa acusación de brujería.

Este suceso tuvo una secuela muy interesante bastantes años después, cuando Christina y yo fuimos a Boston a dirigir un taller de respiración holotrópica. El taller terminó por la noche, y nuestro vuelo de regreso a San Francisco no era hasta últimas horas de la tarde del día siguiente; de modo que teníamos una buena parte del día para hacer turismo. Decidimos llamar a Marilyn Hershenson, una buena amiga nuestra, psicóloga, que había sido miembro del círculo interior de Swami Muktananda. Habíamos mantenido un contacto estrecho con ella a principios de la década de 1980, cuando trabajamos juntos en la coordinación de un gran congreso internacional traspersonal en Bombay. Marilyn se alegró mucho, y se ofreció a pasar el día con nosotros y llevarnos con su auto adonde quisiéramos.

Marilyn sugirió que fuéramos a comer a su restaurante favorito, que estaba a orillas del Atlántico, cerca de Salem. Cuando llegamos vimos que el nombre del restaurante era Hawthorne Inn, hecho que me llevó a recordar a Nathaniel Hawthorne, su novela *La letra escarlata* y el tema de la brujería. Mientras comíamos, Christina le relató a Marilyn la historia del recuerdo de su vida pasada relativa a los juicios de Salem. Marilyn se quedó atónita, porque ella había revivido un episodio similar en una de sus meditaciones en el ashram de Siddha Yoga.

Dado que estábamos sólo a unos cuantos kilómetros de Salem, nos pareció que no estaría de más hacer una visita a la ciudad después de la comida y antes de partir hacia California. Cuando entrábamos en Salem, Christina le preguntó a Marilyn si sabía de la existencia de un estanque; y Marilyn, que había pasado toda su infancia en Salem, lo negó categóricamente. Pero, curiosamente, en aquel momento, cometió un error con el auto al dar un giro por un camino equivocado; algo sorprendente, puesto que conocía bien la ciudad. Aquel desvío imprevisto nos llevó inesperadamente hasta un estanque a orillas del océano. Era como si, originariamente, hubiera sido una bahía, separada ahora del mar por un viejo dique de piedra.

Christina salió del automóvil como aturdida. Miró alrededor y pareció decepcionada.

—No hay abedules —dijo, y comenzó a caminar alrededor del estanque.

—¿Adónde vas? —le preguntamos.

—Tiene que haber algo aquí —dijo, y siguió caminando.

Estacionamos el auto y la seguimos. Finalmente, en el otro extremo del estanque, Christina descubrió un abedul; tenía el tronco desgajado, y la copa estaba sumergida en el agua.

—Mirad. Estaban aquí —dijo—. Éste debe de ser el último.

Volvimos al auto con la intención de hacer una visita al juzgado, donde habían tenido lugar los juicios. De camino, Christina le contó a Marilyn que había reconocido a los dos jueces de su experiencia de vida pasada como a su exmarido y a su padre en su actual vida.

—¡Pero si en el juicio sólo había un juez! —objetó Marilyn.

—¡Había dos jueces! —dijo Christina convencida.

Cuando llegamos al juzgado nos encontramos con que estaba cerrado. Pero en la puerta principal había una placa grande en la que se hablaba de los juicios. Y no sólo confirmaba que había habido dos jueces, sino que uno de ellos se llamaba Corwin; algo que nos pareció una broma cósmica, puesto que el apellido del exmarido de Christina era Win.

Antes de volver al automóvil compré en una tienda de regalos una guía ilustrada de Salem, en la que se contaba también la historia de los juicios por brujería. Mientras Marilyn nos llevaba al aeropuerto, leí en voz alta algunos fragmentos de la guía. Nos enteramos de que las chicas a las que acusaron de brujería habían pasado mucho tiempo con una sirvienta esclava llamada Tituba, que había sido acusada de ser el vínculo con el demonio. Tituba era una india de una aldea arawak de América del Sur, que había sido capturada siendo niña y había sido llevada a Barbados, donde la habían vendido como esclava. Llegamos a la conclusión de que Tituba quizás les había enseñado algunas técnicas chamánicas, que habían sido mal comprendidas y malinterpretadas por sus ignorantes vecinos como obra del demonio.

La información más interesante que encontré en la guía fue que el Viejo Salem, donde habían acaecido muchos de los acontecimientos, se llamaba en la actualidad Danvers. Y esto nos impactó profundamente, pues Danvers era el lugar en el que habíamos celebrado un importante congreso de la International Traspersonal Association (ITA) en 1978. Allí habíamos presentado por vez primera nuestro concepto de emergencia espiritual, dando a entender que muchos de los episodios de estados no ordinarios de la consciencia que la psiquiatría oficial diagnostica como psicosis, y que se suelen tratar con métodos drásticos, como el coma insulínico o el electroshock, son en realidad crisis psicoespirituales.

En nuestra ponencia de Danvers, habíamos sugerido que estas crisis de apertura espiritual, adecuadamente comprendidas y asistidas, podían ser en realidad curativas, trasformadoras e, incluso, evolutivas. Habíamos dado nuestra conferencia en una sala desde la cual se podía ver, en el otro extremo del valle, un antiguo hospital psiquiátrico que tenía una de las peores reputaciones de todo el país. Todavía utilizaban métodos de choque, que tenían una gran similitud con las prácticas de la Inquisición y de la caza de brujas.

Nos quedamos atónitos con esta increíble sincronicidad. De todos los lugares posibles, habíamos presentado nuestro moderno alegato en defensa de un cambio radical de actitud respecto a los estados no ordinarios de la consciencia en un lugar que, sin saberlo Christina, había sido donde se la había juzgado y dado muerte por causa de la incomprensión y una mala interpretación de los estados no ordinarios de la consciencia.

La existencia de las experiencias de vidas pasadas, con todas sus características, es un hecho incuestionable que puede verificar cualquier investigador serio con la suficiente amplitud de miras como para tomarse la molestia de comprobar las evidencias. En este artículo he dado tres ejemplos de recuerdos de vidas pasadas experimentados por adultos en estados holotrópicos de la consciencia, pero existen materiales aún más convincentes y provocadores entre los trabajos de Ian Stevenson, un psiquiatra canadiense que llevó a cabo meticulosas investigaciones con más de tres mil niños que recordaban sus vidas pasadas. Stevenson fue capaz de demostrar la veracidad de un número sorprendente de estos recuerdos.

Aunque todos estos hechos, impresionantes por otra parte, no constituyen necesariamente una «prueba» definitiva de que sobrevivimos a la muerte y de que reencarnamos como la misma unidad de consciencia separada, o como la misma alma individual, sí que representan un formidable desafío conceptual para la ciencia tradicional, además de disponer de un fuerte potencial para derribar paradigmas. Es evidente que no existe una explicación plausible para estos fenómenos dentro del marco conceptual de la psiquiatría y la psicología oficiales. Después de haber observado cientos de experiencias de vidas pasadas y de haber experimentado por mí mismo muchas de ellas, tengo que coincidir con Chris Bache en que «las evidencias en esta área son tan ricas y extraordinarias que los científicos que no crean que el problema de la reencarnación merece un estudio serio es porque están mal informados o porque son "estúpidos"».[8]

CONCLUSIONES

Mis observaciones indican que podemos obtener información del universo de dos maneras radicalmente diferentes. Además de la posibilidad convencional de aprender mediante la percepción sensorial, y el análisis y la síntesis de los datos, también podemos investigar acerca de diversos aspectos del mundo mediante la identificación directa con ellos en un estado alterado de la consciencia. Cada persona parece ser, así pues, un microcosmos que tiene acceso también a la información del macrocosmos en su integridad. Esta situación se nos antoja una reminiscencia de las descripciones que se pueden encontrar en los antiguos sistemas espirituales de la India, particularmente en el jainismo y en el budismo Avatamsaka.

Según la cosmología jaina, el mundo de la creación es un sistema infinitamente complejo de unidades de consciencia ilusas, o *jivas*, atrapadas en diferentes aspectos y estadios del proceso cósmico. Cada jiva, a pesar de su aparente separatividad, permanece conectado con todos los demás jivas y tiene conocimiento de todos ellos. El *Avatamsaka Sutra* utiliza una imagen poética para ilustrar la interconexión de todas las cosas. Es el famoso collar del dios védico Indra: «En el cielo de Indra, se dice que hay una red de perlas de tal modo dispuesta que, si miras una de ellas, ves todas las demás reflejadas en ella. Del mismo modo, cada objeto del mundo no es simplemente él mismo, sino que en él se hallan todos los demás objetos y, de hecho, es todo lo demás». Conceptos similares se pueden encontrar en la escuela Hwa Yen budista de pensamiento, la versión china de la misma enseñanza.

Las mónadas de Gottfried Wilhelm von Leibniz (los elementos últimos del universo) se parecen a los jivas jainas, dado que cada una de ellas contiene la información de todas las demás.[9] En las tradiciones esotéricas, esto se expresó con frases tales como «como arriba, así es abajo» o «como afuera, así es dentro». En el pasado, este principio básico de las escuelas esotéricas, como el tantra, la tradición hermética, el gnosticismo y la cábala, parecía una confusión absurda de la relación entre la parte y el todo, y una violación de la lógica aristotélica. Sin embargo, en la segunda mitad del siglo XX, esta idea recibió un inesperado apoyo científico con el descubrimiento de los principios que subyacen a la holografía óptica.[10]

Recuerdos ancestrales, raciales, colectivos, kármicos; identificación experiencial con animales, plantas y materiales y procesos inorgánicos; y otros tipos de experiencias traspersonales satisfacen los criterios de «fenómenos anómalos». Su existencia y su naturaleza violan algunas de las suposiciones más básicas de la ciencia materialista. Implican nociones tan absurdas en apariencia como el carácter arbitrario de los límites físicos, las conexiones no locales en el universo, la comunicación a través de medios y canales desconocidos, la memoria sin un sustrato material, la no linealidad del tiempo, y la consciencia asociada a todo organismo vivo e, incluso, a la materia inorgánica. Muchas experiencias traspersonales implican acontecimientos del microcosmos y el macrocosmos, esferas que no pueden alcanzarse normalmente mediante los simples sentidos humanos, o períodos históricos que preceden al origen del sistema solar, a la formación del planeta Tierra, a la aparición de los organismos vivos, al desarrollo del sistema nervioso y a la aparición del *Homo sapiens.*

No conozco otro marco científico conceptual que pueda proporcionar una explicación razonable para estos hallazgos paradójicos salvo el de la hipótesis de conectividad de Ervin Laszlo y su concepto del campo akásico. Las observaciones realizadas en las investigaciones sobre los estados holotrópicos de la consciencia sugieren que la psique humana individual puede (al menos, en potencia) acceder a toda la información almacenada en el campo akásico. Y no sólo puede hacerlo desde el punto de vista de un observador no implicado, sino también desde el papel protagonista, identificándose experiencialmente con toda persona, animal, planta y objetos y procesos inorgánicos que forman parte de este campo.

Hasta el momento he estado hablando de fenómenos que pertenecen al mundo material, pero sigue abierta una cuestión fascinante para futuras exploraciones. El campo akásico de Laszlo es un excelente modelo para el aspecto histórico del inconsciente colectivo de C. G. Jung.[11] No obstante, el inconsciente colectivo de Jung abarca también otro dominio, que es radicalmente diferente del anterior: la esfera arquetípica, con sus moradas y seres mitológicos del más allá. Y, sin embargo, en los estados holotrópicos alterados, las visitas a las regiones arquetípicas y los encuentros con figuras arquetípicas suelen aparecer en el mismo continuo y en diversas combinaciones con experiencias que reflejan fenómenos del mundo material. Esto sugiere que, de algún modo aún no explicado, los rastros del mundo arquetípico forman parte del campo akásico, y el campo akásico media también el acceso experiencial a estos dominios.

DIECIOCHO

Diálogos con mi difunto hermano

Fr. François Brune

François Brune fue ordenado sacerdote de la Iglesia Católica Romana en 1960. Estudió Filosofía y Teología en París, Paderborn y Tubinga, y Escrituras Sagradas en Roma. Es graduado en Teología por el Institut Catholique de París, y en Escritura Sagrada por el Istituto Biblico de Roma. Fue profesor de Teología y de Escrituras Sagradas en diversos seminarios de Francia. Ha escrito doce libros que han sido traducidos a siete idiomas, y ha pronunciado conferencias en diversos países de Europa, Norteamérica y Sudamérica.

Desde la aurora de la humanidad, ha habido personas en todas las civilizaciones que se han comunicado con los muertos a través de los médiums. Pero, desde el desarrollo tecnológico, da la impresión de que los muertos han estado intentando hacer uso de distintas posibilidades técnicas con el fin de comunicarse.

En algunos casos, una persona viva, normalmente en presencia de un médium, ha mantenido una conversación telefónica con una persona fallecida. Es difícil saber con exactitud dónde y quién llevó a cabo este avance por vez primera; pero el primer caso que yo conozco tuvo lugar en Brasil, entre 1917 y 1925, y supuso una comunicación telefónica mediada por un hombre llamado Oscar d'Argonnel. Desde entonces, se ha informado de casos de comunicación telefónica *post mortem* en diversos países del mundo, pero siguen siendo casos excepcionales.

El contacto *post mortem* se ha logrado también a través de pantallas de televisión y de ordenadores, y con más frecuencia mediante magnetófonos. Estas formas de comunicación «con el más allá» a través de dispositivos electrónicos reciben el nombre de TransComunicación Instrumental o TCI. (Hay quien habla de Fenómenos Electrónicos de Voz o FEV, pero eso se aplica sólo a la comunicación por voz, en tanto que también se pueden recibir imágenes y textos). Las distintas formas de TCI se desarrollaron originariamente en Alemania e Italia.

Tras muchos años inmerso en este campo, creo que he llegado a conocer a los más importantes investigadores de TCI del mundo. He estado con ellos en numerosas ocasiones para observar cómo trabajan, pero nunca había intentado comunicarme por mí mismo; no es ése mi trabajo. Mi trabajo es estudiar los resultados, obtener la documentación y publicarlos. Y lo mismo se puede decir de las experiencias que voy a compartir contigo aquí, en las cuales el contacto lo realizaron dos de mis amigos con mi hermano fallecido, pero todo ello en presencia mía.

TRANSCOMUNICACIÓN CON MI HERMANO

Mi hermano mayor murió el 24 de abril de 2006, en París. El 27 de mayo, yo estaba en Caen, una ciudad de Normandía, para dar una charla en una reunión sobre muerte, vida después de la muerte y comunicación con el más allá. Al día siguiente, el 28 de mayo, exactamente un mes y cuatro días después del fallecimiento de mi hermano, yo estaba en el apartamento que mi hermana pequeña tiene en esta ciudad con algunos de los ponentes invitados. Dos amigos, que habían venido al congreso desde la ciudad de Toulouse, intentaron contactar con mi hermano. Ellos no sabían nada de mi familia; sólo sabían que Jean-Pierre Brune era mi hermano y que había fallecido.

Uno de mis amigos se recluyó en una habitación para intentar recibir noticias de mi hermano a través de lo que se conoce como escritura automática. El otro amigo estaba conmigo en el comedor, con un médium, mi hermana menor y otras personas. (Las demás personas no tenían ninguna función; estaban con nosotros sólo como testigos de lo que estábamos haciendo y quizás para ayudar con su amor y sus oraciones). En el comedor estábamos intentando obtener información de mi hermano a través de un magnetófono. De la habitación donde estaba el otro amigo nos separaba simplemente una puerta, a veces abierta y a veces cerrada. A cada lado de la puerta había un cámara para filmar el experimento.

El sistema era muy simple: teníamos una pequeña radio sintonizada para emitir, primero, en holandés, y después en alemán. (Al parecer, a los fallecidos les resulta más fácil trasformar las ondas sonoras ya existentes que crearlas desde cero). A unos cuarenta centímetros delante de la radio teníamos un pequeño magnetófono con un dispositivo que podía hacerlo funcionar más rápido o más lento. Esto es necesario, porque las voces suelen llegar con demasiada rapidez como para entenderlas bien. Cuando entrábamos en contacto con los muertos, el magnetófono registraba nuestras preguntas con una pequeña pausa entre ellas para dar la oportunidad de responder a los del otro lado. Durante el tiempo en que no se escuchaba nada «desde el más allá», el magnetófono grababa la emisión de la radio.

Luego, al cabo de quince o veinte minutos de haber concluido el contacto, rebobinábamos la grabación hasta el principio y escuchábamos. Escuchábamos la emisión de radio y nuestras preguntas, pero a veces también escuchábamos una voz que parecía venir desde el más allá. En ocasiones, el sonido de la emisión de radio desaparecía por completo y se trasformaba en una nueva voz, mientras que en otras ocasiones era posible escuchar la voz de la radio junto con otra voz que se sobreponía por encima, que no tenía relación alguna con la emisión de radio, pero que tenía sentido en lo relativo a nuestras preguntas.

No pasó mucho tiempo antes de hacérsenos evidente en el comedor que la comunicación había comenzado en el dormitorio: podíamos ver que el lápiz se iba deslizando por el papel. Pero, cuando quisimos poner en marcha el magnetófono, el cámara de nuestro lado nos pidió que esperáramos un poco: su equipo no podía recibir el sonido. Regresó a su automóvil en busca de otro equipo y reemplazó algo en su cámara, pero sin éxito. Volvió de nuevo al automóvil y sustituyó otras partes del equipo, pero en vano. Estaba muy decepcionado. Nos dijo que llevaba diez años trabajando como cámara, que tenía el mejor equipo disponible, y que nunca había tenido un problema como aquél. Finalmente, se dio por vencido y dejó el equipo sobre la mesa. No servía de nada tener imágenes de la gente hablando en la sala sin poder escuchar lo que decíamos.

No obstante, pusimos en marcha el magnetófono y comenzamos a hablarle a mi hermano, dejando una pausa de silencio tras cada pocas frases. Después de hablar durante cierto tiempo, el cámara, que no había estado manipulando su aparato, exclamó de repente sorprendido:

—¡Ahora funciona!

Y, acto seguido, se puso a filmar el resto del experimento.

Después de plantearle algunas preguntas a mi hermano, el amigo del dormitorio vino con nosotros. Habíamos terminado con una cara de la grabación, rebobinamos hasta el principio y comenzamos a escuchar y a tomar notas de lo que habíamos recibido. Fue después de esto cuando le pedimos a nuestro amigo de la habitación que nos mostrara lo que había escrito a través de la escritura automática.

Con el fin de comprender los mensajes que él había recibido con este tipo de escritura, tuve que explicar que la esposa de mi hermano había fallecido muchos años antes y que ellos habían tenido tres hijas. La mayor es actriz de la Comédie Française, la segunda estudia cine en la famosa escuela Lumière y la tercera trabaja en una compañía de *castings* para cine y teatro.

He aquí la traducción de lo que mi amigo recibió. Las palabras eran claras, aunque el estilo de la escritura no siempre era correcto y las palabras en sí no siempre eran las correctas.

Acordamos bien la cita, ¡y qué sorpresa poder conversar tan pronto! Cuando llegué, madre estaba allí, fielmente. Estaba muy diferente de antes. La reconocí de inmediato. Estaba más hermosa, más joven. Me miró como lo hacía cuando éramos niños, con una mirada protectora. No movía los labios, pero escuché lo que me decía y reconocí su voz. Dijo, «mi ángel rubio». Aquello me llevó de vuelta automáticamente al pasado. Yo era una cabeza más bajo; nada había cambiado. Ella me dijo que, ahora, ya nada podría impedirme respirar.

Estoy aprendiendo muy rápido aquí, pero tienes que ser paciente. Todavía no soy capaz de estar en dos lugares diferentes al mismo tiempo. Permanezco al principio aquí, contigo, y retraso la sesión espiritista para actuar aquí plenamente. Tus amigos son muy agradables. ¿Escucháis la melodía? La interpretarán para vosotros mis amigos, que tocan el piano, sin la clave de sol. Estoy tocando miles de obras musicales en el corazón, sobre todo en los corazones de mis hijas. También las ayudo, porque a veces viven momentos de gran dolor; pero no sé todavía qué hacer para auxiliarlas. Mamá quiere ayudarme; ella quiere que sean artistas. Ella preparó para ellas cientos de estrellas. En un mes espero poder hacer mucho, pero todavía no puedo hacerlo todo. Bajo para trabajar por ellas, así como por el teatro. Estoy bloqueando el sonido, tendré que ir allí...

Dile a François que sus pensamientos son fuerzas y energías muy útiles para aquellos que, como yo, están descubriendo los horizontes infinitos. Al padre [el sacerdote], el amigo de François, dile que se acuerde de Paolo. Mamá os quiere a todos.

El sonido no pasa; tengo que ir allí y luego volver.

En este punto, la mano de mi amigo dejó de recibir impulsos durante unos cuantos segundos, y fue en ese preciso instante cuando el equipo del cámara comenzó a funcionar en el comedor. La referencia de mi hermano a Paolo resultó plenamente pertinente, pues es un ingeniero aeronáutico italiano que está especializado en altas frecuencias. Trabaja con Daniele Gulla en el laboratorio de Bolonia de TCI. Le conozco desde hace muchos años, y me había encontrado de nuevo con él unas semanas antes, en Vigo, España, en un congreso internacional sobre TCI en el que ambos habíamos sido ponentes. Yo no les había hablado de él, ni a mi hermana ni a mis amigos de Toulouse, que eran los que estaban haciendo el contacto con mi hermano.

La escritura automática comenzó de nuevo:

«Pon el piano [la música] de fondo».

El amigo que estaba haciendo la escritura automática se levantó y vino al comedor para eso. Mi hermana puso de inmediato una grabación de música de piano. La reacción de mi hermano fue:

«Es mejor que antes, las vibraciones de la música están más cerca de nosotros, pueden ser útiles para encontrarme».

Luego, llegó una respuesta por escrito a una pregunta que habíamos formulado en la grabación.

«Sí, soy yo, y junto a la pintura será más mágico. Sí, reza por mí, estoy vivo, no te olvides de Paolo».

Mi hermano nos había contado que sus nuevos amigos en el más allá interpretarían una melodía para nosotros. En el comedor, sólo uno de nosotros, el médium, escuchó su música. Mis amigos no sabían que mi hermano era rubio, que tocaba el piano muy bien, y que tuvo su propio piano en el dormitorio hasta el fin de sus días.

Comparado con lo que recibimos a través de la escritura automática, el contenido de nuestra recepción a través del magnetófono se nos antojó pobre: sólo había unas cuantas palabras. No obstante, aquellas palabras eran importantes, porque eran respuestas directas a preguntas que habíamos planteado. También convendría resaltar el acuerdo entre los mensajes recibidos mediante escritura automática y mediante magnetófono.

Algunos de los mensajes sonoros que recibimos resultaron difíciles de comprender, en tanto que otros fueron muy claros. En ocasiones, parecía que era mi hermano quien respondía, y en otras ocasiones parecía otra persona. Y hubo veces en que las respuestas no se correspondían con la pregunta. Pongo aquí sólo los casos más claros y más importantes.

A nuestra primera pregunta, mi hermano respondió sólo: «*He llegado*». Algunos segundos después, una voz femenina dijo, «*Él ha respirado*», y un poco después, «*Es libre*». Al final de su vida, mi hermano tenía dificultades para respirar, y a través de la escritura automática nuestra madre había dicho que nada le impediría ya respirar.

Luego, pregunté: «Si mi hermano no puede hablar, ¿puede alguien darnos alguna noticia de él?». Cuatro o cinco segundos más tarde, una voz femenina dijo: «*Amor*». Luego, dije yo, «Estamos en el apartamento de nuestra hermana en Caen; tú también venías aquí con frecuencia». Unos diez segundos más tarde, una voz femenina confirmó, «*Él vino*».

A mi hermano le gustaba mucho el whisky. Al final de su vida, sabiendo que no le quedaba mucho tiempo aquí, bebía aún más. De modo que le pregunté, «¿Quieres una copa de whisky para facilitar la conversación?». Y él respondió en tono jocoso, «*Acepto el whisky*». Estas palabras fueron particularmente claras. (Como veremos, las anécdotas sobre el whisky continuaron en los dos contactos posteriores).

Uno de mis amigos le preguntó a mi hermano si tenía algo que contarme, pero una voz femenina respondió: «*Yo quería a François*». La última pregunta: «¿Quieres que te llamemos de nuevo?», y la respuesta: «*Sí, estoy esperando, sí*».

SEGUNDO CONTACTO CON MI HERMANO

El segundo contacto lo establecimos el 28 de enero de 2007; una vez más, tras un congreso en Caen, pero se organizó de un modo un tanto diferente. La sesión de escritura se hizo primero, y no fue automática, sino telepática; es decir, mi amigo escuchaba las palabras en su cabeza y luego las plasmaba con su propia mano.

Para la sesión de grabación vinieron dos de las tres hijas de mi hermano, así como algunos amigos; uno de ellos, un médico anestesista interesado en las experiencias cercanas a la muerte. En total, éramos catorce personas. Ofrezco aquí sólo los elementos más importantes, dejando fuera pasajes que eran demasiado personales. Palabra por palabra, el mensaje que recibió el amigo que escuchaba y escribía decía:

He escuchado vuestra llamada para una nueva reunión. Me siento mucho más ligero, fluido. El aprendizaje es tan variado como posible; el conocimiento es universal.

Ahora conozco el significado profundo de la espiritualidad. Lo que no podía alcanzar en la Tierra es ahora mi punto fuerte aquí. En efecto, François, he comprendido. Ahora puedo comprender tu vida y tu devoción, que antes me resultaban imposibles de comprender...

Os escuché ayer, a ti también, François, lo he escuchado todo, vuestras investigaciones acerca de la mediumnidad y la santidad. Estaré con vosotros también esta noche, en ese lugar lleno de vibraciones intensas. Ahí también están unidas la santidad y la mediumnidad...

Después venía un largo párrafo sobre Mont Saint Michel, un famoso emplazamiento sagrado de Francia. La hija pequeña de mi hermano se echó a reír. «¡Claro! –exclamó–. ¡Papá era profesor de Geografía e Historia! Está dando lecciones de nuevo». (Debo añadir que mis amigos de Toulouse, que estaban haciendo el contacto, no sabían que aquella tarde yo había decidido ir con otros dos amigos a Mont Saint Michel por la noche).

Sí, hijas mías, gracias por vuestros esfuerzos, vuestro amor. Vosotras tenéis que reconocer cuándo estoy ahí; puedo manifestarme con facilidad a través de la música y la electricidad. ¡Vosotras lo sabéis!

Aquí hacía referencia a que, en el apartamento de mis sobrinas, tenían lugar de vez en cuando fenómenos anormales relacionados con la luz y los altavoces. Y entonces, al final, llegaron estas palabras: «*Me uniré a vosotros para tomar una coupe, aunque no va a haber para todos*». (Tengo que explicar que, en Francia, la palabra *coupe* se utiliza sólo para las copas de champán; la palabra para las copas de vino normales es *verre*. Aunque las copas de vino pueden adoptar diferentes formas, las copas que tienen la forma particular de una *coupe* [o *flûte*] se utilizan sólo para champán). Nos quedamos atónitos, porque el champán no estaba «en nuestro programa» durante aquel contacto. Pero, entonces, dos de los amigos a los que habíamos invitado sacaron dos botellas de champán de una bolsa. Nadie sabía que las habían traído para nosotros, pero mi hermano sí. Evidentemente, mi hermana no tenía catorce «coupes» a mano. De modo que algunos bebimos el champán en copas normales.

Durante el segundo contacto recibimos quince mensajes a través del magnetófono. He aquí algunos de ellos.

Pregunta: «Estamos llamando a Jean-Pierre Brune. Jean-Pierre, ¿te complace que te estemos llamando de nuevo? ¿Esperabas este momento?».

«*Os estoy esperando*».

Pregunta: «Jean-Pierre, ¿puedes decirnos algo acerca de tu evolución en el más allá? ¿Estás autorizado para decírnoslo?».

«*Hay alguien que me enseña a amaros... es alguien que me gusta...*».

Una de sus hijas preguntó: «Papá, ¿encontraste a mamá?».

«*Estamos juntos, y gracias, gracias, ¡es hermoso!*».

Pregunta: «Jean-Pierre, ¿sigues echando de menos el whisky?». (Esta vez no fui yo quien hizo la pregunta, sino uno de mis amigos).

«*La bouteille!*» [¡la botella!].

EL TERCER CONTACTO

El tercer contacto con mi hermano se desarrolló en dos fases. Se organizó de nuevo un congreso en Caen en marzo de 2008. Mis amigos de Toulouse llegaron a su hotel el día antes y, a poco de llegar, uno de ellos sintió que iba a recibir un mensaje desde el más allá a través de escritura telepática. Inmediatamente, tomó un lápiz y un papel, y llegó un mensaje de mi hermano:

¡Habría tanto que decir! No sabemos con qué tema podríamos comenzar. Estáis todos juntos en esa ciudad, donde la historia ha dejado su huella. Esta ciudad tenía que aprender a reconstruirse de nuevo. A François le impresionan profundamente estos tejados, muros, la fortaleza, la historia con los alemanes, tanto sufrimiento...

Luego vinieron varios párrafos que son demasiado personales como para incluirlos aquí.

Claro que estaremos ahí con vosotros durante estos días, como las otras veces. Debéis saber que, cuando estáis dando, compartiendo, dais un sentido a vuestros problemas, y los demás utilizarán vuestros testimonios para seguir avanzando. Esta historia es vuestra, pero es también de vuestros hermanos.

Convendrá explicar que, durante este contacto, mi hermano no estaba solo: estaba hablando en plural. También recibimos mensajes de voz de otras personas, tanto masculinas como femeninas, que estaban con él en el más allá durante este contacto.

El congreso de Caen tuvo lugar el 29 de marzo, y a la mañana siguiente nos reunimos de nuevo en el apartamento de mi hermana para intentar comunicarnos con mi hermano a través del magnetófono. Incluso antes de que pudiéramos formular la primera pregunta, recibimos dos frases, aunque no vinieron directamente de mi hermano.

«*Está vivo... estáis esperando*».

«*Él tiene razón*».

Pregunta: «¿Ha cambiado algo en tu vida desde nuestro último contacto?». Llegaron tres respuestas con una pequeña pausa entre ellas.

«*Te quiero más y estoy aquí*».

«*Es el mundo perfecto que os está hablando*».

«*Me siento bien*».

Mi hermana preguntó: «¿Todavía estás con mamá?».

«*Muy cerca de mi madre... La quiero*».

Una pregunta de uno de nuestros amigos: «Siento que tienes algo que decirle a tu hija».

«*Está sola... ayudadla con agrado... Oh, comprendo bien, no necesitaremos diez años*».

Pregunta: «¿Te hace feliz que te llamemos?».

«*Me hace bien*».

Y, entonces, sin esperar una pregunta:

«*Yo había pedido whisky*». (¡Parece que hay sentido del humor en el más allá!).

Creo que estas anotaciones trasmiten los elementos más importantes de nuestros contactos. Para mí es evidente que mi hermano inició una evolución espiritual, haciendo un progreso más rápido de lo que, en términos generales, cabría esperar en la Tierra. Lo dijo él mismo al comienzo de nuestro segundo contacto y al final del tercero. Nos animó a comunicar estos mensajes a los demás, a nuestros «hermanos». Parece que estos mensajes no sólo se nos dieron para nuestra familia y nuestros amigos, sino para toda la humanidad.

Una evolución de este tipo es algo completamente novedoso para mi hermano. Yo sabía que era posible, pero no hubiera esperado que sucediera con tanta rapidez.

También es evidente que mi hermano estaba reaccionando a lo que nosotros estábamos haciendo en la Tierra. Estaba intentando interactuar con nuestra vida, pero evidentemente no es fácil. Él está vivo, pero en otra dimensión, una dimensión que quizás nos sea accesible a través del campo akásico.

Cuarta Parte

El examen y la valoración
de la experiencia

DIECINUEVE

Epifanía en el espacio y en la Tierra

REFLEXIONES SOBRE LA EXPERIENCIA AKÁSICA

Edgar Mitchell

Edgar D. Mitchell fue miembro de la misión lunar del Apolo 14, y fue el sex-
to hombre en caminar por la Luna. Ostenta, junto a Alan Shepard, el récord
del paseo espacial más prolongado (9 horas y 17 minutos). Es el fundador del
Instituto de Ciencias Noéticas, cofundador de la Asociación de Exploradores
del Espacio, y autor de varios libros y más de 100 artículos en revistas cientí-
ficas y populares. Mitchell recibió una licenciatura en Gestión Industrial de
la Carnegie Mellon University, otra licenciatura en Ingeniería Aeronáutica
de la Escuela de Posgrado Naval de Estados Unidos, y un doctorado en Aero-
náutica y Astronáutica del Instituto Tecnológico de Massachusetts. Tiene
cuatro doctorados honoris causa *y fue nominado para el Premio Nobel de*
la Paz en 2005.

En febrero de 1971, durante el vuelo de regreso del Apolo 14, tras la
exploración de la superficie lunar, tuvo lugar mi ya muchas veces rela-
tada epifanía, una epifanía que cambió mi vida. Han sido muchos los
años de estudio empleados hasta encontrar un marco científico coherente capaz de explicar en profundidad este acontecimiento, mientras
disfrutaba de las muchas satisfacciones emocionales, estéticas y profesionales que me había proporcionado. ¿Qué hubo en el hecho de ver
nuestro planeta desde la distancia que llevó a mi mente a dar tan gran

giro en mi percepción de los valores, y que me llevó a reorientar mi vida hacia intereses más esotéricos? ¿Qué hay en la naturaleza que pudiera estimular en mí esa sensación de maravilla, de sobrecogimiento, de excitación y éxtasis en los niveles más profundos? El famoso astrónomo británico Fred Hoyle predijo en los comienzos de la era espacial que las imágenes de la Tierra desde el espacio darían lugar a importantes cambios de percepción en la humanidad, en la manera de vernos a nosotros mismos. Y, hasta cierto punto, esto es lo que ha sucedido, dado que las imágenes de nuestro planeta desde el espacio profundo se siguen demandando y publicando, tanto de forma impresa como electrónica, desde que se tomara aquella primera fotografía en las inmediaciones de la Luna, desde el Apolo 8, en 1968.

Me viene a la cabeza la palabra ágape,[1] tanto en su significado de sensación de asombro como en su concepto griego de amor asexual por todo cuanto existe en la naturaleza. Las investigaciones que realicé tras mi regreso a la Tierra me hicieron ver que tales acontecimientos, profundamente trasformadores, vienen sucediendo a lo largo de la historia y en todas las culturas entre muy diferentes personas; normalmente entre líderes tribales y espirituales; pero también, aunque no con tanta frecuencia, entre la población en general. La antigua frase sánscrita *savikalpa samadhi* describe muy bien la experiencia que tuve. Yo veía con mis propios ojos la separatividad y la individualidad de los objetos físicos, como las estrellas, los planetas y las galaxias. Pero, al mismo tiempo, experimentaba en un nivel visceral una sensación de conexión o unidad en toda la materia nacida en los hornos de los sistemas estelares, incluidas nuestras biomoléculas. Aquella experiencia vino acompañada por una intensa sensación de éxtasis y dicha.

Todo aquel que ha viajado por el espacio y ha echado la vista atrás para contemplar este magnífico refugio de vida azul y blanco se ha preguntado maravillado por el sentido de la existencia de unos seres vivos en un pequeño planeta aislado, que gira alrededor de una estrella corriente, que no es más que una entre los miles de millones de estrellas de nuestra galaxia. ¿Cuántos otros planetas portadores de vida existen alrededor de esas estrellas? La reacción que teníamos nosotros, los primeros exploradores del espacio, recibió el nombre de «efecto de visión de conjunto» en un libro de Frank White (1998). El autor y todos cuantos aparecíamos a modo de referencia en su libro veníamos a coincidir en la idea de que, cuantos más seres humanos tengan la oportunidad de ver nuestro planeta desde la distancia, mayores y mejores serán las trasformaciones de la vida en la Tierra.

Si esta idea es cierta, ¿por qué lo es? ¿Qué es lo que hace que los seres humanos renunciemos a un fuerte ego movido por el interés propio, incluso por la codicia, con el fin de ir en pos de una idea, un sueño, una meta que quizás alcancemos o no, pero que ofrece la esperanza de un mundo más pacífico y armonioso para todos? Todos los viajeros espaciales de los primeros cincuenta años de vuelos tripulados han hablado de un mundo en el que no veían fronteras obvias, un mundo que se les antoja armonioso y acogedor bajo las blancas nubes y los azulados matices de la atmósfera que lo rodea. Esa apariencia externa de nuestro mundo contradice lo que sabemos acerca de los conflictos y las luchas que, históricamente, se han dado entre las culturas y las naciones.

DE LO CÓSMICO A LO CUÁNTICO

En mi caso, me vi arrastrado por la idea de que seres humanos de todas las épocas contemplaran los cielos y se hicieran preguntas sobre nuestro origen y nuestra relación con el amplio cosmos. Me di cuenta de que la cosmología de la ciencia moderna estaba ciertamente incompleta, y que podría tener graves defectos; y que las cosmologías de nuestras creencias culturales, arraigadas en antiguas religiones locales, resultaban arcaicas y, asimismo, llenas de defectos. La principal diferencia entre la ciencia y las cosmologías culturales radica en que la ciencia ha estado evitando el problema de «qué es la consciencia» desde hace cuatrocientos años; desde que el filósofo René Descartes tranquilizara a la Inquisición declarando que el cuerpo y la mente pertenecían a esferas diferentes de la realidad. De este modo, Descartes propició que la ciencia se convirtiera en una búsqueda materialista en el mundo occidental, lejos del influjo religioso y de sus persecuciones. Como consecuencia de ello, la mayor parte de la ciencia ha asumido un enfoque reduccionista durante estos cuatro siglos, considerando la consciencia como un epifenómeno de la complejidad molecular, y viendo la evolución como un proceso aleatorio de la naturaleza. Afortunadamente para nosotros en el período moderno, hemos podido traspasar el error del dualismo cartesiano (la separación entre mente y cuerpo) y hemos encontrado en la disciplina de la física cuántica respuestas que nos ayudan a resolver las difíciles preguntas existentes en cuanto a las interacciones mente-materia.

El antiguo concepto hindú del Akasha como fundamento del cosmos, ese éter que contiene tanto las sustancias materiales como las inmateriales, portaba en sí la idea metafísica de que la experiencia no se pierde en la naturaleza, sino que se preserva. A esto le dieron el nombre de *Registros Akásicos,* si bien no se especificaba de qué modo se preservaba la experiencia. La ciencia no generó un concepto similar, ni tampoco un mecanismo para validarlo, hasta finales del siglo XX, con el trabajo de Ervin Laszlo y con el descubrimiento del holograma cuántico realizado por el profesor Walter Schempp. Schempp, mientras investigaba cómo mejorar el proceso de imágenes por resonancia magnática (IRM) –un tema poco relacionado con el asunto del que estoy hablando, o así al menos se pensó en un principio–, abrió nuevas perspectivas al entendimiento. Tal como lo describe Laszlo en su sección titulada «Resumiendo», al final de este libro, el holograma cuántico es una estructura de información cuántica no local que se deriva de los estudios de Max Planck, a finales del siglo XIX, sobre la sorprendente radiación emitida por las sustancias materiales, denominada «radiación del cuerpo negro». Durante la mayor parte del siglo XX, se creyó que tal radiación era una curiosa emisión aleatoria de fotones de la materia, una cuestión que no revestía mayor interés; hasta que Schempp demostró que las emisiones estaban entrelazadas, eran coherentes y portaban información no local acerca del objeto emisor. Estudios posteriores han demostrado que tal información no local es fundamental, no sólo en lo relativo a las facultades perceptivas normales, sino también en cuanto a que constituye la base de la información de nivel intuitivo.

En inglés, *intuition (intuición)* hace referencia a un «sexto sentido». Sin embargo, ahora sabemos que la intuición se basa en información cuántica –la cual ya estaba ahí antes de que se formaran el sistema solar y nuestro planeta, que nos dieron la base para los cinco sentidos normales–, por lo que deberíamos decir que la intuición es nuestro «primer sentido».

RELEVANCIA PARA LA VIDA Y LA EXISTENCIA HUMANA

Alguien podría preguntar, con toda razón, «¿Y qué tiene esto que ver con cambios súbitos en nuestra visión del mundo y, particularmente, con un cambio en nuestro sistema de valores que ponga el énfasis en la unidad y el servicio al mayor bien de todos?». Para responder a esta pregunta habría que tomar en consideración dos enfoques convergentes, ambos arraigados en temas antiguos sobre el origen y la naturaleza de la existencia.

En primer lugar, en la existencia humana a gran escala, es evidente que la unidad, la paz y la cooperación son valores y objetivos más conducentes a la supervivencia de las especies que el conflicto y la violencia. Al menos, el intelecto debería de sugerirnos esto. Sin embargo, el conflicto y su resultante, la violencia, han existido y se han racionalizado a lo largo de toda la historia de la humanidad, así como en la prehistoria, donde las tribus combatían entre sí por el territorio, el alimento, el apareamiento y la abundancia material. Y también constituyen una realidad histórica la cadena alimenticia –que supone que unas especies se coman a otras– y el canibalismo –donde ciertas especies, incluida la especie humana, se comen o son comidas por sus semejantes. Los temas de la existencia y de los comportamientos en la naturaleza apuntan directamente a las fuerzas que conforman nuestras visiones del mundo y nuestros sistemas de valores en la Tierra.

En segundo lugar, e igual de importante, en la base de todo sistema de pensamiento evolucionado podemos encontrar ideas de transcendencia en los que la persona tiene una experiencia tan profunda que se hacen impensables los viejos valores que consienten y racionalizan la violencia hacia uno mismo y hacia los demás. Nuestra pregunta pertenece al ámbito de la causa de la trascendencia y la trasformación. ¿Realmente, necesitamos de explicaciones religiosas tradicionales en las que se habla de deidades? ¿O podemos descubrir aquí un mecanismo más natural?

La disciplina de la meditación, en sus muchas formas, le permite a uno aprender a silenciar y controlar los incansables movimientos de la mente y a alcanzar un estado de calma y concentración. Es un método utilizado desde hace siglos para aprender a gestionar y controlar comportamientos no deseados y a conseguir un estado de paz y de felicidad interior. Y, ciertamente, las facultades creativas florecen mejor en el terreno de una mente en calma, concentrada y disciplinada. La trascendencia y la trasformación de la consciencia de aquellas personas que, perteneciendo a órdenes religiosas, seguían tales prácticas meditativas es algo de lo que se viene hablando desde hace siglos. Avatares y sabios surgen de tales prácticas, y los hemos admirado y seguido por su sabiduría y su servicio al mayor bien de la humanidad.

Las órdenes religiosas consagradas al servicio de la humanidad y de la naturaleza derivan normalmente su autoridad y su dirección de la creencia en una deidad o deidades y de un largo linaje de prácticas tradicionales. Aunque no podemos negar larga historia de guerras y de violencia derivadas de la influencia política de determinadas creencias religiosas, el núcleo interior de la vida del claustro se centra con más frecuencia en prácticas consagradas a la paz y al servicio al mayor bien de las personas y de la sociedad. Percepciones y epifanías relativas al servicio a los demás no son inusuales entre las personas que utilizan estas prácticas, y son de esperar como parte de la disciplina. Sin embargo, esto no explica por qué las personas que no pertenecen a una orden religiosa o que no realizan estas prácticas tienen experiencias espontáneas que les traen cambios de percepción y modificaciones del comportamiento similares, que es lo que me pasó a mí cuando vi los cielos infinitos desde la posición ventajosa del espacio.

Se puede encontrar una respuesta en los Registros Akásicos, más concretamente en el campo akásico, que crece constantemente a través de la información holográfica cuántica. Para acceder de forma rutinaria a este profundo nivel de información intuitiva hace falta una apertura natural a tal información, que se fortalecerá con la práctica, y aprender a confiar en la validez de tal experiencia. Como se indica arriba, deberíamos considerar la intuición como una fuente básica de información (como nuestro «primer sentido»), que tenemos a nuestra disposición de forma natural desde mucho antes de que desarrolláramos el lenguaje, los llamados procesos del hemisferio izquierdo. La información intuitiva nos afecta a nivel celular y está más asociada con el sentimiento que con el pensamiento, el intelecto y el lenguaje.

A partir de distintas investigaciones, se ha evidenciado suficientemente que los animales utilizan esta información de entrelazamiento cuántico de forma rutinaria y en modo prelingüístico. Obsérvense, por ejemplo, los movimientos coordinados de los vuelos de los pájaros o de los bancos de peces mientras se desplazan colectivamente por su entorno. De forma similar, en el deporte, un equipo bien entrenado parece funcionar como una única unidad cuando están «enchufados» y emocionalmente conectados en estos niveles. Cuando los seres humanos funcionamos como organismos intelectuales individuales, esta información y esta percepción afectivamente cargadas quedan suprimidas. Pero, como demuestran los informes publicados en este libro, cambios similares en la visión de la realidad y en el comportamiento personal tienen lugar también en las experiencias cercanas a la muerte y en las experiencias extracorpóreas.

En lo relativo a los cambios radicales y repentinos de creencias, valores y comportamiento, sostengo que la exposición mental a una experiencia excepcionalmente asombrosa o de una belleza abrumadora, como la clásica experiencia en la cumbre de una montaña o la experiencia de ver la Tierra desde el espacio profundo, abre el cerebro a la información de nivel cuántico. A lo largo de la historia, el impacto de tales experiencias akásicas sobre el mundo emocional de la persona ha demostrado ser en gran medida irreversible. La sensación de sobrecogimiento, de paz, de bienestar y de dicha que acompaña a tales experiencias es simplemente incapaz de aceptar la violencia, el conflicto y la desarmonía como opciones de comportamiento viables a nivel personal, social o cultural. Cualquier adaptación que haya podido hacer la mente con anterioridad para racionalizar, justificar o pasar por alto tales comportamientos es, ya, de todo punto imposible.

Es todo un reto diseñar un protocolo dentro del método científico para poner a prueba, validar o falsear esta hipótesis. Sin embargo, tanto si podemos validar como si no la causa propuesta de estas trasformadoras experiencias akásicas con los protocolos de la ciencia, es probable que sigan teniendo lugar mientras los seres humanos sigan explorando nuevos campos de la naturaleza que inspiren sobrecogimiento y maravilla, y expandan nuestra perspectiva.

VEINTE

La mente no local, la sanación y el fenómeno akásico

Larry Dossey

Larry Dossey es médico de medicina interna y fue jefe de personal del Medical City Dallas Hospital. Es autor de once libros que tratan de la consciencia, la espiritualidad y la sanación. Dossey fue copresidente del comité sobre Intervenciones Cuerpo/Mente del Centro Nacional para las Medicinas Complementarias y Alternativas, Institutos Nacionales de Salud. El doctor Dossey es editor ejecutivo de la revista académica Explore: The Journal of Science and Healing *(Explora: La Revista de Ciencia y Sanación). Larry Dossey pronuncia conferencias por todo el mundo.*

La experiencia akásica, tal como explica Ervin Laszlo en este libro, refleja las dimensiones más amplias de la realidad. Esta experiencia no debería considerarse meramente de una forma metafórica o poética, sino como un aspecto universal de la experiencia humana.

LAS DOS CARAS DE LA MENTE NO LOCAL

La experiencia akásica refleja lo que he denominado *mente no local:* mente que es infinita en el espacio y el tiempo, no confinada y no confinable al aquí y ahora.[1] Como médico que soy, mi atención se ha visto atraída de forma espontánea hacia la vertiente curativa de estas experiencias. De este modo, he encontrado útil dividirlas en dos tipos. En uno de ellos, *adquirimos* información del mundo; y, en el otro, *insertamos* información en el mundo. Estas dos categorías trascienden los sentidos físicos y son inexplicables para la ciencia convencional, clásica. En ambas situaciones, las acostumbradas barreras del espacio y el tiempo se desvanecen, y nos manifestamos como seres no locales o infinitos cuya consciencia opera de formas que no se confinan al aquí y ahora.

Como comprendieron los sabios hindúes que forjaron el concepto akásico, se trata de aspectos de la mente humana que son ilimitados en el espacio, y por tanto omnipresentes, y que tampoco respetan los límites del tiempo, siendo por tanto eternos e inmortales. La omnipresencia y la eternidad son cualidades que se han atribuido siempre a lo Divino; de ahí el aforismo hindú *Tat tvam asi*, «Tú eres eso», que afirma que compartimos cualidades con la Divinidad o el Absoluto, como se le quiera llamar.[2]

Una de las formas más comunes de adquirir información de manera no local es en la precognición, en las premoniciones, literalmente «un saber que viene antes». Los estudios demuestran que la gran mayoría de las personas tiene premoniciones, normalmente durante sus sueños. En recientes experimentos computerizados de laboratorio realizados por los investigadores Dean Radin, Dick Bierman y otros, se ha demostrado que la capacidad para sentir el futuro puede ser, hasta cierto punto, intrínseca en la mayoría de las personas. En estos estudios, rigurosamente controlados, las personas respondían fisiológica e inconscientemente a ciertos tipos de imágenes pocos segundos antes de que el ordenador las seleccionara aleatoriamente y las exhibiera. Esta capacidad innata recibe el nombre de presentimiento, «un sentimiento que viene antes».[3, 4] Estos experimentos son ciertamente importantes, porque demuestran concluyentemente que el conocimiento humano no está limitado por el tiempo ni está limitado al presente.

La capacidad para adquirir información de forma no local no es una mera curiosidad de laboratorio, puesto que se le ha dado también un uso práctico. El arqueólogo Stephan A. Schwartz, fundador del campo conocido como «visión remota», ha utilizado esta técnica repetidas veces para encontrar barcos hundidos y emplazamientos arqueológicos enterrados que se habían perdido a lo largo de la historia.[5]

La probabilidad de que estos descubrimientos se deban al azar es simplemente ridícula, y es una evidencia de que el conocimiento no local puede proporcionar beneficios prácticos a todos aquellos que tengan el coraje de reclamarlo y de darle uso en su vida. De hecho, el conocimiento no local se viene utilizando con éxito desde hace décadas en el campo de la arqueología. Esta historia, poco conocida por otra parte, viene detallada por el mismo Schwartz en su fascinante libro *The Secret Vaults of Time (Las bóvedas secretas del tiempo).*[6]

La capacidad para funcionar mentalmente de forma no local puede haberse codificado en nuestros genes a lo largo de nuestra evolución, porque es probable que esta capacidad contribuyera poderosamente a la supervivencia de aquellos individuos que la poseyeran. Saber de antemano dónde se halla el peligro, o dónde encontrar comida o refugio, constituiría una ventaja obvia en el juego de elevadas apuestas que es la supervivencia. Y el poder sentir el futuro debería de seguir operando de este modo incluso en nuestra vida moderna. En *The Power of Premonitions (El poder de las premoniciones),* ofrezco muchos ejemplos de personas que sintieron un desastre inminente, lo evitaron y sobrevivieron.[7]

Existe una gran cantidad de información que sugiere que podemos adquirir información no local de otras personas que están más allá de todo contacto sensorial. Se han documentado cientos de estas experiencias. Las personas implicadas suelen tener cierta cercanía emocional; pueden ser cónyuges, padres e hijos, hermanos, enamorados.[8] El autor británico David Lorimer denomina a estas conexiones «resonancia empática», resaltando así los sentimientos íntimos que subyacen al fenómeno. El investigador Guy Playfair ha documentado la ocurrencia frecuente de estos fenómenos en gemelos.[9] El investigador psi Dean Radin considera que estas experiencias son una evidencia de «mentes entrelazadas», haciendo referencia al fenómeno del entrelazamiento cuántico que, según sus hipótesis (y como Laszlo confirma más abajo), ofrecen una posible explicación para ellas.[10]

Las conexiones transespaciales entre personas distantes han quedado demostradas en estudios donde se examinaron las funciones cerebrales correlacionadas entre individuos distantes. En resumen, cuando se estimula el cerebro de una persona de determinada manera, el cerebro de otra persona distante con la que mantiene un vínculo muestra el mismo cambio. Las dos personas distantes suelen tener cierta cercanía emocional. Estas correlaciones se han demostrado en los experimentos mediante la utilización del electroencefalógrafo (EEG), el cual mide la actividad eléctrica del cerebro, y de las imágenes por resonancia magnética funcional (IRMf), que indican la actividad metabólica del cerebro.[11] La cara B de la *adquisición* no local de información es la *inserción* no local de información. Como demuestran los experimentos de sanación remota de los que se da cuenta en este libro, podemos insertar información a distancia, no sólo en el espacio, sino también en el tiempo. Radin ha revisado docenas de experimentos que sugieren la retrocausalidad, la «influencia hacia atrás» de intenciones sobre acontecimientos del pasado, los cuales suponemos que ya han ocurrido, pero que pueden ser modificados bajo determinadas condiciones.[12]

La posibilidad de que la intención mental de una persona pueda ejercer su influencia fuera del aquí y el ahora se considera, en términos generales, una blasfemia científica. Como dice Radin:

> *Sugerir esto [la acción mental no local] es, evidentemente, una herejía de primer orden. Pero creo que, si las evidencias científicas se siguen acumulando, las acusaciones de herejía serán una conclusión inevitable que tendremos que terminar afrontando. También creo que las implicaciones de estos trabajos están lo suficientemente alejadas de formas de pensamiento demasiado arraigadas como para que la primera reacción a este estudio sea la del convencimiento de que se trata de un error. La segunda reacción será la del espanto ante la posibilidad de que los resultados sean correctos. La tercera será la de la confianza ante lo que es obvio.[13]*

LA SANACIÓN MEDIANTE LAS INTENCIONES

Una de las formas más antiguas en las cuales los seres humanos han intentado insertar información de manera no local en el mundo ha sido a través de las intenciones curativas. Cuando este empeño se desarrolla en un contexto espiritual o religioso se le suele denominar oración.

La idea de que la oración puede afectar a los organismos vivos es una creencia universal que atraviesa ideologías, religiones, culturas y razas, y perdura desde al menos los últimos cincuenta mil años. Como afirma Schwartz:

El arte rupestre chamánico de Altamira, Tres Frères y Lascaux ofrece un convincente testimonio de que nuestros antepasados genéticos tenían una compleja visión de la renovación espiritual y física, una visión que ha sobrevivido inmutable hasta el presente en al menos un aspecto fundamental. La intención de sanar, sea a uno mismo o a otro, se exprese como Dios, como una fuerza, una energía o uno entre muchos dioses, se ha tomado sistemáticamente como un factor capaz de generar un resultado terapéutico.[14]

Pero, ¿qué es la espiritualidad? Para mí es la sensación de conexión con «algo más elevado», con una presencia que trasciende el sentido individual del yo. Yo diferencio entre espiritualidad y religión, que es un sistema codificado de creencias, prácticas y comportamientos que tienen lugar, normalmente, en una comunidad de creyentes de mentalidad similar. La religión puede incluir, o no, un sentido de lo espiritual; y las personas espirituales pueden ser, o no, religiosas. Considero que la oración es una comunicación con el Absoluto, o como se le quiera llamar, y no importa la forma que esta comunicación pueda tomar. La oración puede ser dirigida a un Ser Supremo o puede no hacerse así. Por ejemplo, hay muchas formas de budismo que no son teístas y, sin embargo, la oración, dirigida al universo, es una parte fundamental de la tradición budista.

Investigaciones sobre la sanación

¿Funciona la oración en un sentido empírico? Rudolf Otto, el eminente teólogo y experto en religiones comparadas, afirmó que es «una convicción fundamental de todas las religiones» que «lo sagrado» interviene «activamente en el mundo fenoménico».[15] Se trata de una declaración empírica, y la ciencia es el método más aceptado para decidir en tales asuntos.

El primer intento moderno de poner a prueba la eficacia de la oración fue el innovador aunque defectuoso estudio que llevó a cabo sir Francis Galton en 1872.[16] El campo languideció hasta la década de los sesenta, cuando varios investigadores pusieron en marcha estudios clínicos y de laboratorio diseñados para responder a dos preguntas fundamentales: (1) ¿Pueden las intenciones compasivas y curativas de la oración afectar las funciones biológicas en individuos remotos que pueden no ser conscientes de estos esfuerzos? (2) ¿Pueden demostrarse estos efectos en procesos no humanos, como el crecimiento microbiano, reacciones bioquímicas específicas o en el funcionamiento de objetos inanimados?

La respuesta a ambas preguntas parece que es un sí. En un análisis realizado en el año 2003, Jonas y Crawford descubrieron

> *...más de 2.200 informes publicados, entre libros, artículos, tesis, resúmenes y otros escritos, sobre sanación espiritual, medicina energética y los efectos de la intención mental. Entre ellos había 122 estudios de laboratorio, 80 pruebas controladas aleatorizadas, 128 resúmenes de revisiones, 95 informes de estudios de observaciones y de pruebas no aleatorizadas, 271 estudios descriptivos, informes de casos y encuestas, 1.286 escritos de otros tipos, entre los que hay opiniones, declaraciones, anécdotas, cartas a editores, comentarios, críticas e informes de reuniones, y 259 libros seleccionados.*[17]

¿Son buenos los estudios clínicos y de laboratorio? Utilizando estrictamente los criterios CONSORT (Consolidated Standards of Reporting Trials, Estándares Consolidados de Informe de Pruebas), Jonas y Crawford dieron el grado más alto posible (el A) a los estudios que trataban del efecto de las intenciones sobre objetos inanimados, tal como los sofisticados generadores de números aleatorios.[18] Le dieron una B a los estudios de oración de intercesión relacionados con seres humanos, así como a los experimentos de laboratorio con no humanos, como plantas, células y animales. Los estudios de religión y salud, que evalúan el impacto sobre la salud de los comportamientos religiosos (tal como la asistencia a misa), fueron calificados con una D, porque la inmensa mayoría de ellos habían sido estudios observacionales con pruebas controladas aleatorizadas de baja calidad.

En términos generales, las investigaciones sobre la sanación siguen siendo poco conocidas entre los profesionales de la atención sanitaria, inclusive entre muchos de los que han hecho críticas o análisis sobre ella. Por desgracia, estas críticas no suelen partir de análisis exhaustivos y son ciertamente infundadas. Los críticos se basan normalmente en uno o dos estudios que resultan problemáticos, ignoran el resto y generalizan su condena a todo el campo. O bien se fundan en propuestas filosóficas o teológicas sobre si la oración y la sanación remota deberían funcionar o no, y sobre si los experimentos sobre la oración son heréticos o blasfemos.[19] ¿Son legítimos estos estudios? ¿Deberían hacerse? Dossey y Hufford examinaron estas cuestiones e hicieron una crítica de las veinte críticas más comunes dirigidas hacia este campo.[20]

Es cierto que la investigación sobre la sanación no ha alcanzado todavía su madurez, y que todo aquel que pretenda encontrar estudios perfectos no va a ir a ninguna parte. (La verdad sea dicha, los estudios perfectos puede que no existan en ningún campo de la ciencia médica). Sin embargo, este campo ha madurado ya mucho y es de esperar que continúe haciéndolo.

¿Por qué estos estudios reciben unas críticas tan mordaces? Porque es un artículo de fe en la mayoría de círculos científicos que la consciencia humana es un derivado del cerebro y que sus efectos se limitan al cerebro y al cuerpo de un individuo. Así pues, se acepta ampliamente que las intenciones conscientes no pueden actuar de forma remota en el espacio y el tiempo. Sin embargo, los estudios sobre sanación de los que he hablado arriba ponen en cuestión esta suposición, y sospecho que este desafío se halla en la base de gran parte de las respuestas viscerales que evoca este campo.

Pero, ¿acaso conocemos los orígenes y la naturaleza de la consciencia? Como dice el filósofo Jerry Fodor, «Nadie tiene ni la más remota idea de cómo algo material puede ser consciente. Es más, nadie sabe siquiera lo que sería tener la menor idea de cómo algo material puede ser consciente. Y otro tanto se puede decir de la filosofía de la consciencia».[21] Y el filósofo John Searle afirma, «En el estado actual de la investigación de la consciencia no sabemos cómo funciona ésta, y necesitamos probar con todo tipo de ideas».[22]

¿Son blasfemos los estudios sobre la oración y la sanación? Estos experimentos no pretenden demostrar o probar la existencia de Dios, como suelen esgrimir los críticos. Por encima de todo, estos estudios son exploraciones de la naturaleza de la consciencia. A la vista de nuestra atroz ignorancia sobre este tema, parecería prudente que estas investigaciones siguieran adelante, pues podrían llenar algunos de los inmensos vacíos que existen en el actual mapa científico.

Otra crítica que se suele hacer a estos estudios es que son tan poco plausibles teóricamente que no deberían llevarse a cabo. Dicho de otro modo, estos estudios violan radicalmente los cánones aceptados de la ciencia y de las leyes conocidas de la consciencia, y esto los sitúa tan lejos del mapa científico que no merecen ser tenidos en consideración. Y, sin embargo, no existen tales leyes inviolables de la consciencia. Como dijo sir John Maddox, exeditor de *Nature,* «En qué consiste la consciencia... es... un enigma. A despecho de los maravillosos logros de la neurociencia realizados durante el último siglo... parece que estemos tan lejos de comprender el proceso cognitivo como lo estábamos hace un siglo».[23] Estos estudios no violentan las leyes de la consciencia; más bien, parece que lo que violentan son prejuicios muy arraigados y en gran medida inconscientes.

Otra crítica habitual es que estos estudios son metafísicos, que invocan una agencia trascendente o poder superior, lo cual los sitúa fuera de los dominios de la ciencia empírica. Este argumento no resiste el más mínimo análisis, porque los investigadores de este campo no hacen afirmaciones acerca de entelequias, dioses o agentes metafísicos a la hora de interpretar sus hallazgos. Lo que buscan son correlaciones entre intenciones y efectos observables en el mundo. Casi siempre posponen la cuestión del mecanismo, lo cual es una estrategia aceptada dentro de la ciencia. Harris *et al.,* por ejemplo, en su estudio de 1999 sobre la oración en pacientes con enfermedades coronarias, concluía:

> *No hemos demostrado que Dios responda a las oraciones, ni siquiera que Dios exista. [...] Lo único que hemos hecho ha sido observar que, cuando los individuos fuera del hospital pronuncian (o piensan en) los nombres de los pacientes hospitalizados con una actitud de oración, estos últimos parecen tener una experiencia «mejor» en la unidad de cuidados coronarios.*[24]

El factor espiritual en la sanación

¿Deberían preocuparse los médicos por la vida espiritual de sus pacientes? ¿Deberían rezar por ellos? Estas preguntas no se pueden responder sin conocer en primer lugar los datos existentes en este campo. ¿Qué correlaciones tiene la oración y otros comportamientos religiosos con la salud y la longevidad? ¿Cuál es el alcance de sus efectos? ¿Qué se puede decir de riesgos, costes, disponibilidad y aceptación del paciente? Si estuviéramos hablando de penicilina en lugar de hablar de oración, no responderíamos a la pregunta de su uso antes de formularnos preguntas como éstas.

Incluso, si se concediera que la oración y otros comportamientos religiosos afectan de forma positiva a la salud, ¿qué pasaría entonces? ¿Deberían los médicos implicarse en temas espirituales? Yo creo que podemos decidir sobre estos asuntos de manera similar a como lo hemos hecho en otros temas sensibles en el pasado. Por ejemplo, no hace demasiado tiempo, muchos médicos creían que no debían interrogar a sus pacientes acerca de su vida sexual. Era algo demasiado personal, algo que suponía una falta de respeto a su privacidad. Posteriormente, se dispararon las epidemias de las enfermedades de trasmisión sexual y el SIDA; y, de la noche a la mañana, los médicos comenzaron a ver el tema de una forma muy diferente. Como consecuencia de ello, la mayoría de los médicos han aprendido a indagar sobre los comportamientos sexuales de sus pacientes de una forma respetuosa y sensible. Las indagaciones sobre las prácticas espirituales y religiosas de las personas se pueden hacer con la misma delicadeza. Existen ya códigos éticos y de conducta entre los sacerdotes de hospitales que prohíben la evangelización, el proselitismo, la severidad y el intrusismo grosero, y líneas directrices similares pueden ayudar a los médicos a navegar por estos terrenos. De hecho, esto está ocurriendo ya, en la medida en que muchos estudiantes de medicina de todo el país están aprendiendo a cumplimentar historiales espirituales de los pacientes de maneras que respetan la privacidad y la elección personal.[25]

Además, la consulta es siempre una opción, y los médicos pueden remitir a los pacientes que dan cuenta de preocupaciones espirituales a un profesional de la religión. Dicho esto, los médicos que no se sientan a gusto con el hecho de indagar en asuntos espirituales pueden quedarse al margen.

Nadie espera que el médico sea un experto en estas materias, pero eso no significa que no podamos desarrollar una pericia mínima. Les enseñamos a los legos los rudimentos de la resucitación cardiopulmonar, sin esperar de ellos que sean cardiólogos o cirujanos cardíacos; del mismo modo, los médicos pueden aprender los rudimentos de la indagación espiritual sin tener las habilidades de un sacerdote hospitalario.

Pero este asunto puede verse también como una cuestión de educación pública. Los médicos trasmiten rutinariamente a los pacientes las circunstancias que rodean al hábito de fumar, al uso de los cinturones de seguridad y a la protección en las relaciones sexuales. También pueden dar información acerca de los últimos hallazgos en espiritualidad y salud, y pueden animar a los pacientes a tomar sus propias decisiones en estos temas.

La sensibilidad y la delicadeza no serán empresas inaccesibles si los médicos permanecen centrados en el paciente. Un amigo mío, internista, se interesó en los estudios sobre oración y sanación y, con el tiempo, llegó a la decisión de que tenía la obligación moral de rezar por sus pacientes. Hizo un folleto con tres frases que su recepcionista le daba a cada paciente cuando entraba en la sala de espera. Simplemente decía: «He estado estudiando las evidencias relativas a la oración y la salud, y creo que la oración puede ser beneficiosa para usted. Como médico suyo, he decidido rezar por usted. Sin embargo, si usted se siente incómodo o incómoda con esto, firme abajo, devuelva este folleto a la recepcionista y no le añadiré a mi lista de oración». Han pasado muchos años desde que mi amigo hizo este folleto y, hasta el momento, nadie ha estampado su firma en él.

Hay investigadores que están explorando actualmente hipótesis de diversas áreas de la ciencia que guardan relación con los efectos remotos de la oración y la intencionalidad.[26] A medida que vaya emergiendo un marco teórico, la espiritualidad y los efectos remotos de la sanación comenzarán a parecer menos extraños, y los médicos del futuro quizás lleguen a preguntarse por qué se nos indigestaron estos temas.

La cosa no ha hecho más que empezar; este campo de investigación apenas existía hace unos cuantos años. A la Marina Británica le llevó alrededor de doscientos años requerir el uso de cítricos para la prevención del escorbuto en sus barcos, a pesar de las abrumadoras evidencias de su efectividad. La idea de que una simple cucharadita de zumo de lima al día pueda prevenir una enfermedad tan letal se consideraba cosa de lunáticos: la no plausibilidad teórica era patente.

Allí donde asome la espiritualidad, esperemos no ser tan obstinados.[27]

UNA MIRADA ADELANTE

No podemos saber qué forma adoptarán con el tiempo nuestros conocimientos acerca de la consciencia; pero parece que los puntos de vista convencionales que identifican la consciencia exclusivamente con el funcionamiento cerebral y que confinan las manifestaciones de la consciencia al aquí y ahora han desaparecido para ya jamás volver. ¿Por qué? El motivo es bastante simple: porque estas perspectivas convencionales no pueden explicar el fenómeno akásico ni otras formas en las cuales se manifiesta la consciencia en el mundo. Los viejos modelos no son adecuados para lo que estamos viendo y experimentando, ni para lo que la ciencia está demostrando. Ése es el motivo por el cual los viejos modelos pueden llegar a ser desbancados por las hipótesis que se detallan en este libro.

¿Podemos los seres humanos abordar la tarea de comprender la consciencia y su papel en el universo? ¿Podemos conocer la mente con la misma mente? William James dijo:

No creo, en absoluto, que la experiencia humana sea la forma más elevada de experiencia existente en el universo. Creo, más bien, que mantenemos una relación similar con el conjunto del universo a la que mantienen nuestras mascotas caninas y felinas con el conjunto de la vida humana. Viven en el salón de nuestra casa o en la biblioteca. Forman parte de situaciones de cuya importancia no tienen ni la más remota idea. Pasan tangencialmente por las curvas de la historia cuyos comienzos, finales y formas son absolutamente incomprensibles para ellas. Del mismo modo, nosotros también pasamos de forma tangencial por la vida, mucho más amplia, de las cosas.[28]

James defendía la idea de un «universo pluralista» tan vasto, tan rico en posibilidades, misterios y sorpresas, que pensaba que los mortales jamás podríamos desentrañarlo por completo.[29] Pero está en nuestra naturaleza intentarlo.

Reconocer nuestras limitaciones no es una concesión, ni tampoco la admisión de la derrota. Después de todo, lo más importante es el viaje, no el destino. Como decía Browning, «¡Ah!, pero la capacidad de un hombre debería exceder su comprensión; pues, si no, ¿para qué existe un cielo?».[30]

O bien, a la luz de los fenómenos akásicos y otros relativos, podemos optar por un punto de vista alternativo basado en la naturaleza no local de la consciencia, en su infinitud en el espacio y el tiempo. Éste es el punto de vista de la «completitud», de la «yaidad» y la «ahoridad», la realización del *Tat tvam asi*, «Tú eres eso». Esta toma de conciencia supone el ser consciente de que el viaje ya se ha hecho y se ha llegado al destino. Nuestro objetivo es despertar a esta toma de conciencia. De ahí la magnífica declaración de Wittgenstein: «Si entendemos la eternidad no como una duración temporal infinita, sino como la mera intemporalidad, entonces la vida eterna pertenecerá a aquellos que vivan en el presente».[31]

La ciencia y la experiencia akásica

Esta colección de informes de primera mano sobre la experiencia akásica cubre una gran parte del terreno. Cubre el aspecto vivencial de la experiencia, así como su utilidad práctica. Hace una revisión de las investigaciones actuales, diseñadas para aportar luz sobre la naturaleza y las raíces de la experiencia, y ofrece una revisión y una valoración de lo que esta experiencia es y de cómo podemos entenderla. Atestigua que la experiencia akásica la vive una amplia variedad de personas y llega con una gran diversidad de formas. Aunque, para un propósito documental en ciencias sociales, las experiencias de veinte personas (con el autor, veintiuna) no constituyen una base suficiente para la evaluación –el tamaño de la muestra es muy pequeño–, sí son, no obstante, significativas en el contexto del tipo de experiencias; unas experiencias en general desatendidas, cuando no duramente contestadas. Ofrece evidencias de que la experiencia akásica no es algo que se limite a los místicos, los psíquicos, los chamanes o los gurús. Pueden encontrarse con ella personas de orígenes muy diversos y con una gran diversidad de intereses.

EL RECONOCIMIENTO DE LA EXPERIENCIA

Si la experiencia akásica está tan difundida, ¿por qué no existe un conocimiento generalizado de ella? El motivo no es difícil de discernir, y ha sido citado ya en varios de estos informes. Desde la perspectiva de la mentalidad materialista moderna, la experiencia akásica es extraña, por lo que es desechada o, incluso, relegada a una categoría que la gente considera como esotérica, espiritual o New Age. Desde el pensamiento modernista, las personas no sólo rechazan la experiencia cuando alguien la verbaliza, sino que también la reprimen cuando les sucede a ellas.

Pero, al mismo tiempo, también hay que decir que, cuando se afirma la realidad de la experiencia, muchas personas tienen un instante de «Ajá»: *De modo que lo que experimenté en un momento u otro de mi vida no era mera imaginación después de todo.* Esto, al menos, es lo que he descubierto en los quince años que han pasado desde que publiqué la teoría de un campo de información y memoria en la naturaleza accesible a través de la experiencia, y desde que comencé a hablar de ello en conferencias y seminarios. Aparentemente, lo que hay que hacer para elevar la experiencia akásica al nivel del reconocimiento consciente es generar una explicación para ella que la haga creíble.

Para la mente moderna, una explicación creíble es una explicación científica. Así pues, como ya dije en la introducción, voy a explorar ahora la posibilidad de conectar el fenómeno de la experiencia akásica con las teorías y conceptos de la ciencia, tomando en consideración los últimos hallazgos científicos. (A los lectores interesados en profundizar sobre la relación de esta experiencia con la física cuántica, la cosmología, la biología, la investigación cerebral y de la consciencia, y disciplinas relacionadas, les remito a mis libros previos).[1]

LOS ELEMENTOS DE UNA EXPLICACIÓN CIENTÍFICA

¿Existe una auténtica explicación científica para la experiencia akásica? ¿Puede el aspecto vivido y empíricamente probado y comprobado de esta experiencia estar conectado de un modo creíble con lo que la ciencia nos cuenta acerca de la naturaleza de la realidad «objetiva»?

Sugiero que la explicación científica es completamente posible. Los trabajos en las fronteras de la física cuántica, la biología cuántica y la investigación cerebral cuántica demuestran que el cerebro es físicamente capaz de suscitar experiencias basadas en información procedente del mundo exterior pero que no ha sido trasmitida a través de los sentidos exteroceptivos del organismo. Este hallazgo es ciertamente novedoso y, a primera vista, sorprendente. Y, sin embargo, las evidencias son muy sólidas. El cerebro humano, con su complejísimo e integrado sistema neuronal, no es sólo un sistema bioquímico clásico. Es también, y por encima de todo, un «sistema cuántico macroscópico»; es decir, un sistema que en algunos aspectos actúa como los sistemas de micropartículas (llamados cuantos), aunque su dimensión sea macroscópica. Este hallazgo arroja serias dudas sobre el principio clásico de que toda experiencia extrasensorial o no sensorial no puede ser otra cosa que pura fantasía.

El principio clásico puede definirse como sigue. El cerebro es un sistema bioquímico que recibe y envía información en la forma de impulsos que viajan a través del sistema nervioso. Según este concepto, la información relativa al mundo exterior se trasmite hasta la consciencia a través, y sólo a través, de los órganos que registran los estímulos externos, a saber, ojos, oídos, nariz, paladar y piel. Todo pensamiento, intuición, imagen o experiencia que no sea trasmitido de una forma clara y evidente por estos receptores sensoriales debe ser, necesariamente, una fantasía generada por la recombinación de estos elementos percibidos por los sentidos.

La razón científicamente válida de por qué este principio ha dejado de ser convincente es el hallazgo expresado arriba de que el cerebro es (también) un sistema cuántico macroscópico. El cerebro lleva a cabo funciones y procesos que, con anterioridad, se pensaba estaban limitados al mundo submicroscópico de los cuantos. Y, como veremos más abajo, existen estructuras en el cerebro que son de una dimensión cuasi-cuántica, y estas estructuras reciben y envían información en el llamado modo de resonancia cuántica. Esto es una forma multidimensional y cuasi-instantánea de procesamiento y trasmisión de la información que constituye un rasgo básico de las funciones vitales de todos los organismos biológicos. Este modo está claramente reconocido en las ciencias físicas: es la «no localidad».

La no localidad contradice otro de los principios del paradigma que sigue dominando el mundo moderno y que hace mucho impera en la ciencia: el «realismo local». El realismo local es básico para el concepto lógico moderno del mundo. Tiene dos elementos principales: una suposición de localidad y una suposición de realidad. La *suposición de localidad* dice que los efectos físicos se propagan por el espacio a una velocidad finita, y se reducen hasta su final desaparición con la distancia. La *suposición de realidad,* a su vez, dice que todas las cosas del mundo real tienen valores y características que son intrínsecos a ellas, en lugar de ser creados por sus relaciones y por la observación que hacemos de ellas.

Ninguna de estas suposiciones se tiene en pie en lo relativo a la no localidad. No localidad significa que los efectos físicos no se propagan por el espacio a velocidades finitas, sino que se difunden instantáneamente (o bien a una velocidad mayor de la que pueden medir los instrumentos actuales); y que las características de las cosas, tal como el estado de las partículas, no son intrínsecas a ellas, sino que están vinculadas a (y, en cierto sentido, son generadas por) el estado de otras cosas. Y estos estados pueden estar determinados también por nuestro mero acto de observación.

Se trata de sorprendentes hallazgos, pero que han sido aceptados por la física contemporánea. Los repetidos experimentos de laboratorio muestran que las partículas que en algún momento ocuparon el mismo estado cuántico siguen correlacionadas entre sí más allá de todo tiempo y distancia finitos. Los cambios en el estado de una de las partículas dan como resultado un cambio instantáneo en la otra partícula, aunque ya no estén conectadas de un modo convencional. La distancia espacial y la distancia en el tiempo demuestran ser irrelevantes con respecto a la correlación de sus estados: las partículas pueden estar en cualquier parte, y pueden existir, o pueden haber existido, en cualquier momento. Esa correlación que trasciende el espacio y el tiempo indica la realidad física de la no localidad; es decir, ese tipo de «conexión a distancia» que Einstein consideraba «espeluznante» y con el que nunca llegó a reconciliarse del todo.

La correlación que trasciende el espacio y el tiempo (lo que Erwin Schrödinger llamaba «entrelazamiento») tiene lugar cuando las partículas –las más pequeñas unidades medibles del mundo físico, conocidas como cuantos– están en estados coherentes. En su prístino estado, previo a cualquier interacción, los cuantos están de hecho en estos estados. Sin embargo, cuando se somete a los cuantos a una interacción (y la medición, en sí, constituye una interacción, y posiblemente también la observación), se hacen decoherentes, es decir, asumen las características de los objetos ordinarios, «locales» en vez de «no locales». Según la teoría cuántica clásica, los objetos del mundo cotidiano están sometidos constantemente a la interacción, y de ahí que estén en permanente estado decoherente. Pero, según se ha podido observar, resulta que esto no tiene por qué ser necesariamente así. Con la entrada del siglo XXI, los científicos pudieron correlacionar el estado cuántico de átomos enteros, aparentemente no comunicados, a lo largo de muchos kilómetros. Y, en los últimos años, se han descubierto también correlaciones que trascienden el espacio y el tiempo en los organismos vivos.

Al parecer, las interacciones en el cuerpo, incluso aquellas que mantienen la temperatura corporal de las especies de sangre caliente, no destruyen la coherencia de los organismos vivos. Esto ha supuesto una gran sorpresa pues, anteriormente, los físicos creían que el movimiento browniano (movimiento aleatorio) de partículas en el cuerpo las hacía decoherentes y, por tanto, incapaces de «entrelazamiento» más allá del espacio y el tiempo. Pero recientes investigaciones (como las de Kitaev y Pitkanen, entre otros) demuestran que el problema del «calor-decoherencia» no es insuperable.[2] Las redes de partículas cuánticas, organizadas de una forma específica (por ejemplo, «tejiendo» o «trenzando» las partículas que las componen) parecen ser suficientemente robustas como para mantener la coherencia cuántica incluso a temperaturas normales. Como señaló Parsons, «el trenzado es robusto: del mismo modo que una ráfaga de viento que pasa puede agitar los lazos de tus zapatos sin llegar a desatarlos, los datos almacenados en una trenza cuántica pueden sobrevivir todo tipo de perturbaciones».[3]

Aunque aún no se ha dicho la última palabra al respecto, la división fundamental entre el micromundo de lo cuántico y el mundo de los objetos a macroescala parece hallarse en peligro.

La correlación cuántica y el organismo

En el organismo vivo, los efectos cuánticos no sólo son teóricamente posibles, sino que son esenciales en el mantenimiento de los procesos de la vida. Es poco probable que las innumerables reacciones químicas y físicas que tienen lugar en el organismo estén coordinadas exclusivamente por una limitada y relativamente lenta trasmisión de señales bioquímicas. Se ha demostrado que una de las funciones básicas de las células –su comunicación con otras células en el organismo– implica la trasmisión de información a través de efectos cuánticos, que supone una mayor cantidad de información, y una trasmisión más rápida, que cualquier otra forma convencional con la que pudiéramos pretender explicarla.

A través de los efectos cuánticos, las células crean un campo coherente de información por todo el organismo. Este «biocampo» suplementa el flujo ordinario de información con la información multidimensional cuasi-instantánea necesaria para asegurar el funcionamiento coordinado de todo el organismo.

Pero los efectos cuánticos del biocampo no se circunscriben a los límites físicos del organismo, sino que se extienden al entorno. A través de este biocampo, el organismo vivo interactúa con todos los campos que lo rodean. Gracias a esta interacción, el organismo está en comunicación constante con el entorno. Y, debido a que esta comunicación incluye efectos cuánticos, el organismo consigue comunicarse con mucho más que su entorno inmediato: se comunica con otros organismos, estén cerca o lejos. En conclusión, está conectado con toda la esfera de la vida.

Al igual que la información sensorial, la información que llega al organismo a través de los efectos cuánticos se origina en el mundo real y cartografía acontecimientos y condiciones en ese mundo. Aunque esta información extrasensorial espontánea se niega habitualmente en el mundo moderno, se trata de una información que ha sido bien conocida entre los pueblos tradicionales –chamanes, curanderos, profetas y líderes espirituales. Incluso hoy, una persona con una elevada sensibilidad –un «místico», un «médium», o una persona normal muy intuitiva– es consciente de estar recibiendo información de carácter no sensorial. Obtener este tipo de información no supone necesariamente una ilusión, pues no necesariamente la *genera* el cerebro; podría haber sido *trasmitida* por el cerebro. Y esto constituye una diferencia fundamental. La información *creada* por el cerebro podría ser fantasía, en tanto que la información *trasmitida* por el cerebro tiene su origen en el mundo real.

Cómo se conserva la información en el universo

Veamos ahora cómo se puede conservar la información en la naturaleza. Entramos aquí en un territorio que resulta familiar para las culturas de la sabiduría tradicional, pero que es nuevo para la ciencia moderna.

Comenzamos por hacer notar que la información que llega a la mente de un modo extrasensorial o no sensorial no parece tener los límites convencionales del espacio y el tiempo. Tal información podría llegar de cualquier parte, y podría originarse en cualquier tiempo del pasado. Esto sugiere que la información es no local, pero es universal. Se distribuye información en un campo que está presente en toda la naturaleza.

Se trata de una hipótesis novedosa que quizás sorprenda, pero que surge de la física y la cosmología de vanguardia. Podría existir en la naturaleza un campo universal de información y memoria, asociado con el elemento fundamental de la realidad física que los físicos llaman el campo unificado. El campo unificado, como se explicó en la introducción, es el terreno donde tienen su origen todos los campos, fuerzas y energías del universo. Es lógico suponer que no sólo conserva y trasmite energía, sino que también registra y trasmite *información*. Haciendo honor a la sabiduría antigua, éste es el aspecto o dimensión del campo unificado que he denominado campo akásico.

La hipótesis más lógica y menos especulativa es que el campo akásico registra, conserva y trasmite información de un modo holográfico. Sabemos que el holograma creado con láseres o con rayos de luz ordinaria es capaz de codificar, conservar y trasmitir una ingente cantidad de información en un espacio mínimo; se dice que todos los contenidos de la Biblioteca del Congreso de Washington se podrían codificar en un holograma multiplexado del tamaño de un terrón de azúcar. Funcionando en modo holográfico, el campo de información de la naturaleza podría registrar y trasmitir información sobre todo lo que ha tenido lugar en el espacio y el tiempo, desde el Big Bang (o quizás antes) hasta el Big Crunch (y quizás más allá).*

Podemos concretar de qué modo operaría esta codificación de información. Sabemos que todo objeto móvil emite cuantos de energía, y que estos cuantos portan información sobre el objeto que los emite. Los cuantos forman ondas coherentes que se propagan por el espacio y, dado que el espacio no es un campo vacío, sino un campo complejo, las ondas se propagan por el campo unificado.

Los frentes de onda que se expanden en el campo interactúan y generan patrones específicos. Estos patrones de interferencia de ondas son parecidos a los patrones generados mediante la interacción de los rayos de luz en los hologramas normales; se pueden modelar con las mismas matemáticas. Esto es importante; pues sabemos que, en los hologramas, los nodos de los patrones de interferencia conservan información de los elementos y los procesos que generaron los rayos de luz que interfieren, o que los informaron entre su emisión y su recepción.

En el campo unificado, las ondas se generan mediante ondas de cuantos y no ondas de luz. Las ondas de cuantos son completamente coherentes y no locales, se «entrelazan» por todo el campo. Así, los patrones de interferencia resultantes son hologramas cuánticos, y no ordinarios.

El físico matemático Walter Schempp ha demostrado que los hologramas cuánticos son coherentes y se entrelazan mutuamente, del mismo modo que los vórtices que aparecen en el helio supercongelado. A temperaturas extremadamente bajas –por debajo de los 2,172 en la escala Kelvin– el helio se convierte en un medio superconductor: todo se mueve a través de él sin fricción alguna. Tal como informa, entre otros, Russell Donnelly, de la Universidad de Oregón, los vórtices aparecen en el medio superconductor conocido como helio-II, y se difunden por todo él.[4] Y los vórtices se entrelazan en todo el helio-II; es decir, lo que le ocurre a uno de los vórtices tiene un efecto inmediato en todos los demás.

---

* El Big Crunch, la Gran Implosión o Gran Colapso, es una de las teorías cosmológicas que se barajan acerca del destino final del universo. (N. del T.)

El campo akásico es un campo de hologramas cuánticos, una especie de medio superconductor cósmico. No hay nada en ese campo que pueda obstaculizar una difusión sin fricción y el entrelazamiento de los hologramas que surgen en él. Los hologramas cuánticos creados por las ondas que emiten los objetos en el espacio y el tiempo se entrelazan por todo el campo; es decir, por todo el espacio y el tiempo. Los hologramas producen frecuencias de patrones de interferencia, culminando en un superholograma que es la integración de todos los demás hologramas. Y el superholograma porta información sobre todo cuanto existe y haya existido: es el «holograma del universo».

La recepción de información de hologramas cuánticos en el cerebro

El proceso

Existen evidencias de que el cerebro humano puede intercambiar información con los hologramas de los campos del entorno. Tal como especifica la teoría del cerebro holonómico de Karl Pribram, las funciones receptoras y de memoria del cerebro operan esencialmente en un modo holográfico.[5] Schempp afirma también que «las condiciones que hacen posible la holografía cuántica se adaptan de manera ideal a la hipótesis de que el cerebro funciona… mediante holografía cuántica».[6]

El proceso a través del cual el cerebro puede intercambiar información con hologramas en los campos que rodean al organismo es un proceso de «conjugación de fase»; o, más exactamente, de «resonancia cuántica de fase conjugada». Esto significa que la fase de los frentes de onda de un holograma en el campo se sincroniza con la fase de los receptores holográficos del cerebro, provocando una resonancia que permite la trasmisión efectiva de la información desde el holograma hasta el cerebro.

Las estructuras

Las estructuras fisiológicas que reciben y procesan la información cuántica en el cerebro son de una escala minúscula. Estas estructuras forman parte del llamado citoesqueleto. Las proteínas del citoesqueleto se organizan en una red de microtúbulos interconectados estructuralmente mediante enlaces proteínicos y funcionalmente mediante junturas de intervalo.[7] La red microtubular es una red subcelular que contiene muchísimos más elementos que la red neuronal. El cerebro humano tiene aproximadamente 10^{11} neuronas y 10^{18} microtúbulos, de tal modo que la red microtubular no tiene 10 o 100, sino 10 millones de veces más elementos que la red neuronal. Con filamentos de no más de 5 o 6 nanómetros de diámetro –el llamado enrejado microtubular–, la red microtubular opera en una escala cercana a la escala cuántica.[8]

El citoesqueleto proporciona soporte estructural y conforma un medio de trasporte para los materiales subcelulares en el cerebro y en todo el organismo. Anteriormente se pensaba que su papel era meramente estructural, pero evidencias recientes indican que también trasmite señales y procesa información.

El físico Roger Penrose y el neurofisiólogo Stuart Hameroff sugieren que toda consciencia emerge de las estructuras citoesqueléticas.[9] El neurocientífico Ede Frecska y el antropólogo Luis Eduardo Luna afirman que las redes ultramicroscópicas del citoesqueleto son las estructuras que más probablemente realizan los cómputos que trasforman las señales de nivel cuántico en información dentro del cerebro. Cada vez son más los científicos que sostienen que la red de microtúbulos, con su enrejado de escala cuántica, es la base fisiológica de la holografía cuántica en el cerebro humano.

Los dos modos de percepción

Dado que la holografía cuántica se realiza de forma efectiva en el cerebro, podemos acceder a dos tipos de percepciones del mundo, y no sólo a uno. Además de percibir el mundo exterior a través de los sentidos, también podemos percibir algunos de sus aspectos y elementos de manera no local. Este modo de percepción, denominado por Frecska y Luna como modo «directo-intuitivo-no local», es tan real como el modo «perceptivo-cognitivo-simbólico» de la percepción sensorial ordinaria.[10]

A las mismas conclusiones llegó, en términos generales, Stanislav Grof. Como dice en este mismo libro, «Mis observaciones indican que podemos obtener información del universo de dos maneras radicalmente diferentes. Además de la posibilidad convencional de aprender mediante la percepción sensorial, y el análisis y la síntesis de los datos, también podemos investigar acerca de diversos aspectos del mundo mediante la identificación directa con ellos en un estado alterado de la consciencia». Además, como afirman Frecska y Luna, la información a la que se accede mediante el modo directo-intuitivo-no local puede ser «tan descomunal como para contener información holográfica acerca de la totalidad del universo a través de una interacción no local». Esto concuerda con la afirmación de Grof de que «Cada persona parece ser… un microcosmos que tiene acceso también a la información del macrocosmos en su integridad».

La lectura de los hologramas cuánticos en el campo akásico

Si todo genera ondas en el campo unificado y la interferencia de ondas genera hologramas cuánticos en él, nuestro cerebro podrá recibir, en principio, información sobre algunos aspectos o elementos de todas las cosas y acontecimientos del universo. Sin embargo, es evidente que no recibimos información de todo lo que hay en el universo al mismo tiempo, ni con el mismo grado de facilidad. Debe haber grados de acceso a la información almacenada en el campo akásico. Se trata de una limitación similar a la que tenemos cuando accedemos a información en Internet: no lo obtenemos todo a la vez, sino sólo aquello para lo cual tenemos el código, para lo cual hemos indicado una URL. Con respecto a la información en el campo akásico, las finas estructuras citoesqueléticas de nuestro cerebro son las que nos proporcionan el código de acceso. Es decir, se nos concede el acceso cuando estas estructuras se sincronizan con un holograma cuántico en el campo; o, lo que es lo mismo, el cerebro y el holograma entran en resonancia cuántica de fase conjugada.

También es evidente que existen diversos grados de acceso al intercambio de información de fase conjugada con el campo akásico. Es más probable que el cerebro entre en resonancia cuántica con el holograma que él mismo ha creado: éste es el acceso más privilegiado. Derivar información del holograma del propio cerebro significa acceder a los rastros que él mismo ha generado en el campo. Ésta es la base física de la memoria a largo plazo, y también del almacén de memoria increíblemente detallada que sale a la luz en la «revisión de vida» de la que dan cuenta muchas personas en las experiencias cercanas a la muerte.

También se puede acceder a los hologramas de otras personas, especialmente si existe entre ellas una estrecha relación física, como en el caso de los gemelos idénticos, o si guardan una gran cercanía emocional, como amantes y amigos. Cuando el cerebro de una persona entra en resonancia de fase conjugada con el holograma cuántico de otro cerebro, la persona puede intuir algunos elementos o aspectos de la consciencia de esa persona. (Hay que señalar que tales intuiciones no necesariamente llegan a la parte consciente de la persona; como ocurre con todos los elementos de la experiencia humana, pueden ignorarse o reprimirse).

Los experimentos evidencian que varias personas pueden comunicarse al mismo tiempo a través del campo akásico. Cuando el cerebro de una persona entra en resonancia de fase conjugada con el cerebro de otra persona, se genera entre ellas una sutil forma de comunicación no local que puede englobar a todo un grupo de personas, creando lo que Bache llama mente grupal. En estos casos, las personas del grupo pueden dar cuenta del tipo de experiencias que Bache menciona en este mismo libro: sueños compartidos, presentimientos comunes o percepciones vinculadas.

La intención consciente puede hacer que la comunicación espontánea entre personas dé lugar a efectos concretos. Por ejemplo, hay sanadores naturales que sanan a distancia enviando a sus pacientes lo que ellos llaman «energía curativa». En estos casos, podemos suponer que el cerebro del sanador es capaz de establecer una relación de resonancia cuántica con el cerebro y el cuerpo del paciente.

La efectividad de la sanación remota ha sido analizada en estudios estadísticos con cientos de casos y ha quedado demostrada más allá de toda duda razonable. A su vez, se ha sometido a prueba la base física del proceso de sanación mediante la medida de la actividad eléctrica del cerebro, tanto del sanador como del paciente. Como demuestra el informe de Maria Sagi (en la segunda parte) de su experimento sobre sanación remota, las ondas cerebrales que aparecen en el cerebro del sanador se reproducen con una demora de pocos segundos en el cerebro del paciente. Estos patrones tienen lugar en las regiones más bajas del espectro del EEG: en la región alfa, o incluso en la delta. Dado que estas regiones sólo muestran actividad durante el sueño profundo, o bien durante estados meditativos de profunda relajación, todo apunta a que el cerebro humano entra en resonancia cuántica de fase conjugada con más facilidad cuando se halla en un estado alterado de consciencia.

Cuando dos o más personas tienen una estrecha relación entre sí, sus cerebros resuenan con más frecuencia y de una forma más global. En las pruebas de los laboratorios de parapsicología, se les pide frecuentemente a los sujetos que interactúen antes del experimento con el fin de que generen una conexión empática entre ellos. Después, se somete a uno de los sujetos a algún tipo de estimulación (se le expone a fogonazos de luz o a leves descargas eléctricas), en tanto que del otro sólo se toman sus registros EEG. Sin embargo, el patrón de actividad cerebral desencadenado por la estimulación no sólo se incrementa en el EEG de la persona sometida a la estimulación, sino también en el de la otra persona, aunque entre ellas no haya ningún contacto sensorial. El amor y una profunda buena voluntad incrementan la frecuencia y la profundidad del entrelazamiento. También lo hace el que las personas entren juntas en meditación profunda. En los experimentos realizados por el doctor Montecucco (experimentos que ha podido presenciar quien esto escribe), doce personas en meditación profunda y sin contacto sensorial consiguieron sincronizar sus ondas electroencefalográficas en más de un 90 por 100.

También se ha estudiado la comunicación no local con imágenes por resonancia magnética funcional (IRMf). En un experimento que se ha convertido en un hito, llevado a cabo por Jeanne Achterberg y sus colegas de Hawái, once sanadores y sanadoras eligieron a cierto número de personas con las que sentían una conexión empática.[11] Cada receptor fue situado en un escáner de IRM, aislado de todo contacto sensorial con el sanador. Los sanadores enviaban energía, oraciones o buenas intenciones (lo que denominamos intencionalidad distante) a intervalos aleatorios y no conocidos previamente por los receptores. Se encontraron diferencias significativas entre los períodos de «envío» y los de «no envío» (período control) en la actividad de distintas partes del cerebro de los receptores; concretamente, en las áreas cinguladas anterior y media, en la precuña y en las áreas frontales. La probabilidad de que esta correlación entre la entrada del sanador y la función cerebral hubiera ocurrido por pura casualidad se calculó en 1 entre 10.000.

LAS DESCONCERTANTES VARIEDADES DE LA EXPERIENCIA AKÁSICA

La resonancia cuántica de fase conjugada entre el cerebro humano y la información almacenada en el campo unificado ofrece un prometedor fundamento para la explicación científica de las variedades más habituales de la experiencia akásica. Normalmente, podemos acceder a hologramas cuánticos en el campo gracias a que nuestro cerebro puede funcionar en modo cuántico. Pero, ¿qué hay de las experiencias akásicas de aquellas personas cuyo cerebro está temporalmente «fuera de servicio»? ¿O de los casos en los que el sujeto que tiene la experiencia está realmente muerto? Como atestiguan las experiencias cercanas a la muerte, las experiencias extracorpóreas y las comunicaciones *post mortem*, de todas las cuales se habla en este libro, la comunicación tiene lugar incluso durante tales circunstancias improbables.

En las experiencias cercanas a la muerte (ECM), el cerebro deja de estar operativo temporalmente; en las experiencias extracorpóreas (EEC), se halla en un estado en el cual deja de ser el centro físico de la consciencia; y en las comunicaciones *post mortem* (CPM, en las que se incluyen las TCI, la variedad de trascomunicación instrumental), el cerebro está definitivamente fuera de servicio. Sin embargo, se dan percepciones conscientes y, en algunos casos, comunicaciones en dos sentidos. En la ECM, algunas personas tienen percepciones claras y lúcidas que pueden ser verificadas como percepciones del entorno; en la EEC, se detallan percepciones verificables que proceden de fuera (normalmente de arriba) del cuerpo; y en las CPM, las personas fallecidas parecen ser capaces de recibir y de enviar información desde más allá de la tumba.

Antes de terminar, me gustaría mencionar un experimento de trascomunicación instrumental (TCI) que no sólo presencié, sino en el cual participé. Pude hablar con lo que en apariencia eran voces desencarnadas que se emitían a través de una vieja radio en completa ausencia de las habituales frecuencias electromagnéticas y de su modulación electrónica. Incluso conversé en mi lengua nativa, el húngaro (una de la voces dijo, «Aquí hablamos todos los idiomas»), aunque la persona sensitiva que facilitaba el contacto por radio con mis supuestamente fallecidos contertulios no hablaba el húngaro.

Las experiencias cercanas a la muerte y las experiencias extracorpóreas constituyen una variedad desconcertante de la experiencia akásica. Son desconcertantes para el sentido común moderno, y desconcertantes incluso para la ciencia de vanguardia. No lo eran para las culturas tradicionales, donde los estados alterados de consciencia en los cuales tienen lugar eran de sobra conocidos e intencionadamente fomentados. Pero esta desconcertante variedad de la experiencia está siendo sometida a observación y a prueba actualmente, y esto puede darnos nuevos datos.

En *El cambio cuántico*,* dije que la trascomunicación tiene lugar a través de la resonancia cuántica no local entre los hologramas que persisten en el campo akásico y el cerebro del experimentador. Un intercambio de información tiene lugar cuando el cerebro del experimentador sintoniza con (es decir, entra en relación de resonancia cuántica de fase conjugada con) el holograma cuántico que porta las experiencias de la persona fallecida. El experimentador no produce las voces que llegan a través de la radio, el televisor o cualquier otro instrumento electrónico (como pretenden algunas hipótesis), sino que simplemente las trasmite.

Una radio sintonizada con regiones vacías de la banda de onda corta, al igual que un televisor sintonizado en regiones vacías de la banda de emisión, es un sistema en un estado de caos que produce una estática aleatoria. En estas circunstancias es ultrasensible, y es ciertamente posible que pueda trasformar los impulsos que llegan del cerebro y del

---

* Publicado en español por Editorial Kairós, Barcelona, 2010.

sistema nervioso del experimentador en el rango audible del espectro de las ondas sonoras.[12]

El campo akásico no sólo contiene un registro pasivo de la consciencia de la persona, creado durante la vida de ésta y que perdura a través del tiempo, sino que alberga también un paquete dinámico de información basada en las experiencias acumuladas en esa vida. Bajo las circunstancias adecuadas, este paquete de información u holograma cuántico es capaz de desarrollarse, incluso en ausencia del cerebro y del cuerpo vivos que lo crearon. De ahí que piense, como conclusión, que «dadas las herramientas teóricas, las matemáticas y los métodos de estimulación electrónica de los que disponemos, sería posible descubrir cómo unas series complejas de elementos coherentes, dentro de un campo extremadamente complejo y rico en información, puede funcionar con una forma y un nivel de autonomía que permita la creación de información nueva basada en la información existente».[13]

Descubrir el modo en que esta creatividad autónoma se hace posible es un importante desafío para la ciencia. Sin embargo, no sería descabellado que tal descubrimiento se produjera, dados los grandes pasos que se han dado ya en la comprensión de las modalidades de información que se procesan en los sistemas complejos. Se han adelantado algunas hipótesis prometedoras. Stuart Hameroff, por ejemplo, sugiere que «cuando se pierde el metabolismo [es decir, el cuerpo vivo]... la información cuántica se filtra en la geometría espaciotemporal del universo en general. Siendo holográfica y entrelazada, esta información no se disipa. De ahí que la consciencia (o una subconsciencia similar al sueño) pueda persistir».[14] De hecho, tal consciencia puede persistir, por cuanto existe un campo en la naturaleza que registra información de todo lo que sucede, y todo cuanto ha sucedido, en el espacio y el tiempo.

El hecho de buscar una explicación creíble de la experiencia akásica, incluso cuando tiene lugar en ausencia de un cerebro funcional, no significa que renunciemos a la ciencia para lanzarnos al esoterismo y a la metafísica. Significa, según creo, un llamamiento a una investigación prolongada en los campos pertinentes de la ciencia más vanguardista, en primer lugar en la física de los hologramas cuánticos y la coherencia no local, así como en la teoría de la autorregulación y la evolución en los sistemas complejos.

Para la ciencia oficial, la experiencia akásica es desconcertante y enojosa; ni siquiera debería existir. Pero los horizontes de la investigación científica, siempre en expansión, son más accesibles y complacientes. Aquí, los hallazgos experimentales, las hipótesis y las teorías que salen a la luz ofrecen un terreno sólido para el reconocimiento de la experiencia akásica en todas sus formas.

La experiencia akásica, concluyo, es una experiencia extrasensorial o no sensorial auténtica, el descubrimiento y la revalidación de percepciones e intuiciones espontáneas que han acompañado e inspirado a la cultura y la consciencia humanas a lo largo de los siglos y milenios de nuestra historia.

Una nota sobre
mis experiencias akásicas

Mis propias experiencias akásicas han sido más modestas que la mayoría de las experiencias de las que se habla en este libro, pero han sido notablemente constantes y esclarecedoras. Comencé a tener experiencias de éstas cuando aún era concertista de piano profesional, pues comenzaron a llegarme mientras tocaba el piano.

Yo me gané la vida en una sala de conciertos hasta el otoño de 1966. Aunque la carrera de músico profesional es una ocupación a tiempo completo, hacia 1959 comenzó a desarrollarse en mí un intenso interés por la naturaleza fundamental del mundo, por lo que empecé a dedicarle a este empeño todo el tiempo que podía librar. Tenía la presunción juvenil de que, con persistencia y dedicación, podría descubrir más cosas de las que ya se habían descubierto. Estudiaba a fondo todos los libros que caían en mis manos, iba a conferencias y especulaba incesantemente sobre el significado de todo cuanto escuchaba o leía.

Y, mientras tocaba el piano, sentía mi mente particularmente libre para explorar todo cuanto emergía en mi consciencia. Como confirmará cualquier instrumentista consumado, cuando uno ejecuta una obra bien ensayada y se absorbe por completo en ella, la interpretación no precisa de esfuerzo consciente alguno. De hecho, el esfuerzo consciente socava la espontaneidad de la interpretación, y la hace árida y mecánica. Es mucho mejor apartarse y dejar que la música emprenda el vuelo por sí sola. En ese estado, pensamientos, intuiciones y sentimientos fluyen libremente; uno entra, ahora soy consciente de ello, en un estado alterado de consciencia.

Con anterioridad a esta época de intensa búsqueda intelectual por un conocimiento de la realidad más profundo, aquel estado alterado de consciencia en el que entraba mientras tocaba el piano me servía como fuente de inspiración para mis interpretaciones musicales. En ese estado, las manos siguen los patrones aprendidos; uno interpreta la partitura del compositor. Pero el sentido de ese patrón, la manera de interpretarlo, surge de manera espontánea. Esta sensación es lo que diferencia una interpretación inspirada de una que no lo es.

En ocasiones, mientras tocaba en casa, surgía en mí esa «sensación» espontánea de la música, pero me ocurría con más frecuencia mientras interpretaba ante el público. Cuando todo va bien, el espíritu emprende el vuelo, y el público hace de caja de resonancia, amplificando las sensaciones que aparecen en la mente del intérprete.

Pero cuando me sumergí en esa búsqueda por comprender la naturaleza de la realidad, la afluencia de la interpretación musical se veía sobrecargada por la afluencia de conceptos e ideas relativos a los problemas que ocupaban mi mente. Algunas de las ideas que me surgían venían a validar mis planteamientos; otras llegaban con la sensación de que estaba equivocado; y otras más se derivaban en ideas novedosas, en frescas aportaciones a las preguntas que me preocupaban.

Poco a poco, a lo largo de los años, las ideas «correctas» fueron conformando un concepto del mundo pleno de sentido. Era el concepto de un mundo orgánico y dinámico, donde todos sus elementos estaban vinculados con todos los demás, y donde todo cambiaba y evolucionaba conjuntamente hacia formas superiores de complejidad, de armonía y de totalidad.

Evidentemente, mi experiencia con la música había influido fuertemente en el desarrollo de este concepto pues, también aquí, los elementos individuales pierden su separatividad y se aglutinan en un todo integral, armonioso y pleno de sentido.

Pero en mi idea del mundo había ejercido también una intensa influencia la lectura del filósofo Alfred North Whitehead, especialmente de su principal obra, *Proceso y realidad.** La «metafísica orgánica» de Whitehead me resultaba muy atractiva; era coherente e intuitivamente correcta. Yo no había conseguido validar por completo esta metafísica compleja: había elementos de ella que no engranaban con mi intuición, como el concepto de Whitehead de las ideas platónicas que el llamaba «objetos eternos», y algunos aspectos de su concepto de lo Divino. Pero, en general, la metafísica orgánica de Whitehead era el factor principal en mis intentos por articular el concepto de una realidad dinámica e integral.

Mis experiencias akásicas, que comenzaron hace casi cincuenta años mientras tocaba el piano, se han prolongado a lo largo de los años y siguen enriqueciendo mi vida hasta el día de hoy. Por desgracia, actualmente, sólo toco el piano de cuando en cuando, debido a que mis días están ocupados con otras preocupaciones, pero hay momentos en que entro en ese estado tranquilo y reflexivo que lleva al flujo espontáneo de las ideas. En el estado semiconsciente de ensoñación que precede al despertar, la revisión de los problemas que ocuparon mi mente durante el día anterior suele desencadenar una certeza intuitiva de que algunas de mis teorías y suposiciones están en el camino correcto, en tanto que otras no. Aparecen nuevas ideas, sugiriendo soluciones creativas a los problemas que me desconciertan, pero la sensación de que la realidad es orgánicamente integral y dinámicamente evolutiva nunca ha variado, ni ha menguado tampoco.

Este epílogo no es el lugar para hacer una revisión de todos los conceptos e ideas que me han llegado de esta intuitiva manera, pero sí que debería de mencionar algunas ideas que considero especialmente importantes.

Un concepto claro y fundamentalmente cierto ha sido siempre el de la unidad integral del mundo en toda su diversidad. El universo no es un pastel de varias capas con cosas y procesos inherentemente diferentes, sino un sistema autoevolutivo. En última instancia sólo existe un tipo de cosa que emerge y evoluciona en el espacio y el tiempo, así como sólo un tipo de proceso. Merced a mi amistad con el biólogo Ludwig von Bertalanffy y el físico Ilya Prigogine, y merced también al

---

* Existe una traducción al español de esta obra realizada por la Editorial Losada de Buenos Aires en 1956.

estudio de sus respectivas teorías, he llegado a considerar el «único tipo de cosa» como un *sistema natural:* un sistema complejo que está en comunicación constante con su entorno. El «único tipo de proceso» en el mundo es aquel que sustenta la evolución –más concretamente, la coevolución– de estos sistemas.

Pero existe otra idea que guarda relación con los elementos fundamentales de la realidad física. Me di cuenta de que estos elementos son energía e información. Por otra parte, la materia es una ilusión, generada exclusivamente por nuestra observación de los sistemas abiertos que evolucionan conjuntamente a través de la energía y la información.

En la década de 1970 descubrí que, en los sistemas complejos, el proceso evolutivo va a saltos, generándose cambios abruptos o «bifurcaciones» de cuando en cuando. Estos saltos son en esencia impredecibles, pero no incontrolables: el resultado de una bifurcación dependerá en gran medida de los miembros o componentes del sistema que se bifurca. Este concepto tenía para mí un aroma inmediato de verdad, y me di cuenta de que era de una relevancia fundamental para nuestros tiempos, estando como estamos en el umbral de una decisiva bifurcación.

Otra intuición básica fue la idea de que la interconexión entre los sistemas abiertos en la naturaleza es universal y físicamente real. Las interconexiones son intrínsecas y mutuamente constituyentes: Whitehead las llamaba «relaciones internas». Son más fundamentales que las causas y los efectos que relacionan las cosas y los acontecimientos en las dimensiones manifiestas del espacio y el tiempo. Gracias a la certeza que proporciona dicha intuición, nunca he tenido la más mínima duda de que los seres humanos, destacados sistemas abiertos evolucionados, se comunican entre sí y con otros sistemas complejos de formas que van más allá de los límites ordinarios del espacio y el tiempo. Y no me sorprende que tal comunicación se esté descubriendo en las distintas disciplinas científicas, sobre todo en la física cuántica, la cosmología, la biología y la investigación de la consciencia.

Desde hace tiempo, tengo la absoluta certeza intuitiva de que todo cuanto ha sucedido en el universo permanece presente de un modo u otro, que nada se desvanece del todo. Una noche de verano, a orillas del Mediterráneo, un amigo me dio la noticia del fallecimiento de un científico al que yo admiraba, y cuyo último libro, aún inacabado, había estado anhelando leer. Y yo le respondí, con una certeza que me sorprendió a mí no menos que a él, que las ideas de aquel científico no habían muerto, que sus ideas pervivirían, y que podríamos acceder a ellas. (Este incidente, dicho sea de paso, me dio la motivación necesaria para indagar a fondo en la física de la conservación de la información en la naturaleza).

Otra intuición fundamental que nunca ha abandonado mi mente es que *psique* y *physis*, mente y materia, no son dos realidades separadas, ni siquiera elementos separados de una misma realidad. Son la *misma* realidad. La diferencia se halla en el ojo que las contempla: vistas de un modo –con una variedad de presuposiciones– la realidad parece física; vistas de otro modo, parece mental. De hecho, es ambas cosas a la vez.

No me gustaría dejar la impresión de que todo cuanto he estado pensando y escribiendo durante el último medio siglo me ha llegado a través de las experiencias akásicas. Sólo me ha llegado de este modo el concepto básico de realidad, si bien este concepto ha sido decisivo: ha hecho el papel de la prueba de tornasol para aceptar las teorías y los conceptos que he ido encontrando. Si un concepto o teoría pasaba esta prueba, la estudiaba con mayor profundidad en un intento por integrarla en mi concepto de un universo integral y dinámico. Si no lo hacía, no le dedicaba mucho más tiempo.

La realidad sugerida en mis experiencias akásicas no es un concepto formulado explícitamente; es el marco y el fundamento de un concepto explícito. Ha sido para mí un terreno fértil y pleno de sentidos. Y no soy el único que está construyendo sus ideas sobre ella; cada vez más científicos y mentes creativas están teniendo experiencias akásicas. El empeño por construir un concepto explícito y comprobable de la naturaleza fundamental de la realidad seguirá vivo; es una «obra en curso». Y este empeño lo llevan adelante personas que, como yo, han sido bendecidas (o maldecidas) con una pasión desbocada por descubrir todo lo posible sobre la vida, la mente y el universo; y que, al igual que yo, tienen la certeza intuitiva de que el mundo de la vida, la mente y el universo es dinámico e integral, e intrínsecamente cognoscible.

Notas

Introducción

1. Ervin Laszlo (2004). *La ciencia y el campo akásico. Madrid: Nowtilus.*

Capítulo 3: Regreso a Amalfi y al hogar akásico

1. Ervin Laszlo (2004). *La ciencia y el campo akásico.Madrid: Nowtilus*
2. David Loye (2007). *3,000 Years of Love: The Life of Riane Eisler and David Loye.* Carmel, CA: Benjamin Franklin Press.
3. David Loye (1984). *The Sphinx and the Rainbow: Brain, Mind, and Future Vision.* Boston: New Science Library; Nueva York: Bantam New Age / David Loye (2000). *An Arrow Through Chaos: How We See Into the Future.* Rochester, VT: Park Street Press.
4. Russell Targ y Harold E. Puthoff (1977). *Mind-Reach: Scientists Look at Psychic Ability.* Nueva York: Delacorte Press.
5. David Loye (2007). *Return to Amalfi.* Carmel, CA: Benjamin Franklin Press.
6. Riane Eisler (1987). *The Chalice and the Blade: Our History, Our Future.* San Francisco: Harper & Row.
7. Riane Eisler (2007). *Sacred Pleasure: Sex, Myth, and the Politics of the Body.* San Francisco: HarperSanFrancisco.

Capítulo 4: Corriendo con Spotted Fawn en el campo akásico

1. El autor expresa su gratitud a la Cátedra para el Estudio de la Consciencia de la Saybrook Graduate School por su apoyo en la preparación de este ensayo.
2. Stanley Krippner (2000). «Spotted Fawn's Farewell». En L. Lawson (ed.), *Visitations from the Afterlife: True Stories of Love and Healing.* San Francisco: HarperSanFrancisco, pp. 57-58.
3. Ervin Laszlo (2004). *La ciencia y el campo akásico.* Madrid: Nowtilus.

4. W. G. Roll (1965). «The Psi Field». En W. G. Roll y J. G. Pratt (eds.), *Proceedings of the Parapsychological Association, 1957-1964.* Durham, N.C.: Parapsychological Association, pp. 32-65.

5. D. M. Stokes (1987). «Theoretical Parapsychology». En S. Krippner (ed.), *Advances in Parapsychological Research* 4. Jefferson, N.C.: McFarland, pp. 77-189.

6. R. Cheney (1996). *Akashic Records: Past Lives and New Directions.* Upland, CA: Astara.

Capítulo 6: Los encuentros de un periodista con la experiencia akásica

1. Logchempa (2000). *You Are the Eyes of the World.* Ithaca, N.Y.: Snow Lion Publication. / Tulku Thondup (2005) *Peaceful Death, Joyful Rebirth.* Boston: Shambhala / Dzogchen Ponlop (2006). *Mind Beyond Death.* Ithaca, N.Y.: Snow Lion Publications.

2. Robert Monroe (2008). *Viajes fuera del cuerpo: La expansión de la consciencia más allá de la materia.* Madrid: Palmyra / Robert Monroe (1985). *Far Journey.* Nueva York: Souvenir Press / Robert Monroe (2009). *El viaje definitive.* Barcelona: Luciérnaga / Rusell Targ (2004). *Limitless Mind.* Novato, CA: New World Library / Russell Targ (2006). *The End of Suffering.* Charlottesville, VA: Hampton Roads.

Capítulo 7: El aula viva

1. La historia de este viaje y su correspondiente expansión en la teoría y en la práctica pedagógica se cuenta en mi libro *The Living Classroom: Teaching and Collective Consciousness. Albany: State University of New York Press, 2008.*

2. S. Blackman (1997). *Graceful Exits.* Boston: Shambala Publications.

3. C. Bache (2000). *Dark Night, Early Dawn.* Albany: State University of New York Press.

4. R. Sheldrake (2011). *Una nueva ciencia de la vida.* Barcelona: Kairós / R. Sheldrake (2006). *La presencia del pasado.* Barcelona: Kairós / R. Sheldrake (1994). *El renacimiento de la naturaleza: La nueva imagen de la ciencia y de Dios.* Barcelona: Paidós Ibérica.

5. E. Laszlo (2007). *El universo informado.* Madrid: Nowtilus / E. Laszlo (2003). *The Connectivity Hypothesis.* Albany: State University of New York Press / E. Laszlo (2004). *La ciencia y el campo akásico.* Madrid: Nowtilus.

6. S. Strogatz (2003). *Sync.* Nueva York: Hyperion Books.

Capítulo 10: Una visita al centro del omniverso

1. La siguiente descripción es una versión resumida de una charla de 1994, que se puede encontrar online en www.inwardboundvisioning. com/Docs/MONTREALOmniverseSpeech.htm

2. Willis Harman, Oliver Markley y Russel Rhyne (1973). «The Forecasting of Plausible Alternative Future Histories: Methods, Results, and Educational Policy Implications». En *Long-Range Policy Planning in Education*. Paris: Organization for Economic Cooperation and Development, cap. 3.

3. Posteriormente descubriría que Olaf Stapledon, en su clásico de la ciencia ficción, *Hacedor de estrellas (1937)*,* denominó a este fenómeno «mindedness», a través del cual todos los individuos de una especie, planeta, etc., se experimentan simultáneamente como individuos y como consciencia de grupo. Stapledon lleva al lector a un viaje a través de diferentes mundos que son comparables de un modo u otro al planeta Tierra, llegando a la conclusión de que mindedness es un probable requisito evolutivo previo a la sostenibilidad ecológica en un planeta cuya especie dominante sea competitiva y belicosa.

4. Esta idea basada en el centro del omniverso llevó directamente al intensamente positivo escenario que aparece en el libro *Seven Tomorrows: Toward a Voluntary History*, de Paul Hawkins, Jay Ogilvy y Peter Schwartz. Nueva York: Bantam Books, 1982.

Capítulo 11: Cantando con el campo

1. Raffi Cavoukian y Sharma Olfman (eds.) (2006). *Child Honouring: How to Turn This World Around*. Westport, Conn.: Homeland Press.

Capítulo 14: Dando forma a campos creativos

1. Masahisa Goi (1916-1980), llamado frecuentemente «Goi Sensei», fue un filósofo japonés que puso en marcha un movimiento internacional de oración por la paz mundial. En japonés, *Sensei* significa «maestro». Masahisa Goi fue el mentor de la autora, y se convirtió en su padre adoptivo cuando la designó su sucesora espiritual.

2. Para más información sobre la teoría de *efecto-y-causa*, véase M. Saionji (2004), *You Are the Universe*. AuthorHouse / Ervin Laszlo (2004). *Tú*

---

* Editado en español por Minotauro: Barcelona, 2003.

puedes cambiar el mundo. Madrid: Nowtilus / Masami Saionji (2005). *Vision for the 21st Century*. AuthorHouse.

3. En lo referente a afirmaciones útiles, ver M. Saionji (2005), *Think Something Wonderful: Exercises in Positive Thinking*. BookSurge.

Capítulo 15: La exploración de la experiencia akásica

1. T. Kuhn (2005). *La estructura de las revoluciones cient*íficas. Madrid: Fondo de Cultura Económica de España.
2. E. Mitchell (1977). *Psychic Exploration. A Challenge for Science*. Nueva York: G.P. Putnam.
3. Russell Targ y Harold E. Puthoff (1977). *Mind-Reach: Scientists Look at Psychic Ability*. Nueva York: Delacorte Press.
4. M. Schlitz y Gruber (1980). «Transcontinental remote viewing». *Journal of Parapsychology*, 44, pp. 305-317 / M. Schlitz y Gruber (1981). «Transcontinental remote viewing: A rejudging». *Journal of Parapsychology*, 45, pp. 233-237.
5. M. Schlitz y Haight (1984). «Remote viewing revisited: An intrasubject replication». *Journal of Parapsychology*, 48, pp. 39-49.
6. M. Schlitz y C. Honorton (1992). «A ganzfeld ESP study within an artistically gifted population». *Journal of the American Society for Psychical Research*, 86, pp. 83-98.
7. D. Bem y C. Honorton (1994). «Does psi exist? Replicable evidence of an anomalous process of information transfer». *Psychological Bulletin*, 115 (1), pp. 4-18.
8. W. Braud y M. Schlitz (1983). «Psychokinetic influence on electrodermal activity». *Journal of Parapsychology*, 47, pp. 95-119.
9. M. Schlitz y W. Braud (1997). «Distant intentionality and healing: Assessing the evidence». *Alternative Therapies*, 3 (6), pp. 62-73.
10. M. Schlitz, D. I. Radin, B. F. Malle, S. Schmidt, J. Utts y G. L. Yount (2003). «Distant healing intention: Definitions and evolving guidelines for laboratory studies». *Alternative Therapies in Health and Medicine*, 9 (3), pp. A31-A43 / M. Schlitz y Durkin (2008). «Compassionate Intention, Prayer, and Distant Healing». *A Self-Paced Learning Program*, DVD. Institute of Noetic Sciences.
11. M. Schlitz y S. LaBerge (1997). «Covert observation increases skin conductance in subjects unaware of when they are being bbserved: A replication». *Journal of Parapsychology*, 61, pp. 185-196 / W. Braud y

M. Schlitz (1983). «Psychokinetic Influence on Electrodermal Activity». *Journal of Parapsychology*, 47, pp. 95-119.

12. M. Schlitz, S. Schmidt, R. Schneider, J. Utts y H. Walach (2004). «Distant intentionality and the feeling of being stared at: Two meta-analysis». *British Journal of Psychology*, 95, pp. 235-247.

13. R. Wiseman y M. Schlitz (1997). «Experimenter effects and the remote detection of staring». *Journal of Parapsychology*, 61, pp. 197-207

14. R. Wiseman y M. Schlitz (1999). «Experimenter effects and the remote detection of staring: A replication». *Journal of Parapsychology*, 63, pp. 232-233.

15. M. Schlitz, R. Wiseman, C. Watt y D. Radin (2006). «Of two minds: Skeptic-proponent collaboration within parapsychology». *British Journal of Psychology*, 97 (3), pp. 313-322.

16. M. Schlitz (2005). «The discourse of controversial science: The skeptic-proponent debate on remote staring». *Journal of Consciousness Studies,* 12 (6), (junio 2005), pp. 101-105.

17. M. Schlitz, T. Amorok y C. Vieten (2008). *Living Deeply: Transformational Practices from the World's Wisdom Traditions.* DVD. Oakland, CA: New Harbinger.

18. F. Vaughan, entrevistado por Cassandra Vieten y Tina Amorok. Grabación de vídeo (10 diciembre 2002). Mill Valley, CA.

19. J. Campbell (2005). *El héroe de las mil caras.* Madrid: Fondo de Cultura Económica de España.

20. R. N. Remen, entrevistado por Marilyn Schlitz. Grabación de vídeo (12 mayo 2003). Mill Valley, CA.

21. William James (2006). *Las variedades de la experiencia religiosa.* México, D. F.: Lectorum.

22. A. H. Maslow (1994). *Religions, Values, and Peak Experiences.* Nueva York: Penguin.

23. C. G. Jung (1972). *The Structure and Dynamics of the Psyche,* 2nd. ed. Princeton, N.J.: Princeton University Press.

24. M. Schlitz, T. Amorok y C. Vieten (2008). *Living Deeply: Transformational Practices from the World's Wisdom Traditions.* DVD. Oakland, CA: New Harbinger.

25. W. R. Miller y J. C'de Baca (2011). *Quantum Change: When Epiphanies and Sudden Insights Transform Ordinary Lives.* Nueva York: The Guilford Press.

26. R. A. White (1994). «Working classification of EHEs (Exceptional Human Experiences)». En *Exceptional Human Experience: Background Papers*. Dix Hills, N.Y.: Exceptional Human Experience Network, pp. 149-150.

27. William James (2006). *Las variedades de la experiencia religiosa*. México, D. F.: Lectorum, p. 380.

28. Ibíd.

29. M. Schlitz, Amorok y Micozzi (2005). *Consciousness and Healing: An Integral Approach to Mind Body Medicine*. Ámsterdam: Elsevier/Churchill Livingston.

30. Howard Gardner (2010). *Inteligencias múltiples*. Barcelona: Paidós Ibérica

31. M. Schlitz (2008). «Worldview literacy». *Shift Magazine* (verano 2008).

32. Starhawk, entrevistada por Tina Amorok. Grabación en vídeo (25 abril 2006). Petaluma, CA: Institute of Noetic Sciences.

Capítulo 16: El acceso al campo

1. G. G. Ritchie (1986). *Regreso del futuro*. Viladecavalls: Clie.

2. R. A. Moody (1984). *Vida después de la vida*. Madrid: EDAF.

3. D. Kennedy y C. Norman (2005). «What we don't know». *Science*, 309 (5731), p. 75.

4. P. van Lommel, R. van Wees, V. Meyers e I. Elfferich (2001). «Near-death experiences in survivors of cardiac arrest: A prospective study in the Netherlands». *Lancet*, 358, pp. 2039-2045.

5. K. Ring (1980). *Life at Death: A Scientific Investigation of the Near-Death Experience*. Nueva York: Coward, McCann & Geoghegan.

6. B. Greyson (2003). «Incidence and correlates of near-death experiences in a cardiac care unit». *General Hospital Psychiatry*, 25, pp. 269-276

7. K. Ring (1984). *Heading Toward Omega: In Search of the Meaning of the Near-Death Experience*. Nueva York: Morrow.

8. B. Greyson (2003). «Incidence and correlates of near-death experiences in a cardiac care unit». *General Hospital Psychiatry, 25, pp. 269-276*.

9. S. Parnia, D. G. Waller, R. Yeates y P. Fenwick (2001). «A qualitative and quantitative study of the incidence, features and aetiology of near death experience in cardiac arrest survivors». *Resuscitation*, 48, pp. 149-156.

10. P. Sartori (2006). «The incidence and phenomenology of near-death experiences». *Network Review* (Scientific and Medical Network), 90, pp. 23-25.

11. J. W. De Vries, P. F. A. Bakker, G. H. Visser, J. C. Diephuis y A. C. Van Huffelen (1998). «Changes in cerebral oxygen uptake and cerebral electrical activity during defibrillation threshold testing». *Anesth Analg*, 87, pp. 16-20 / H. Clute y W. J. Levy (1990). «Electroencephalographic changes during brief cardiac arrest in humans». *Anesthesiology*, 73, pp. 821-825 / T. J. Losasso, D. A. Muzzi, F. B. Meyer y F. W. Sharbrough (1992). «Electroencephalographic monitoring of cerebral function during asystole and successful cardiopulmonary resuscitation». *Anesth Analg*, 75, pp. 12-19 / S. Parnia y P. Fenwick (2002). «Near-death experiences in cardiac arrest: Visions of a dying brain or visions of a new science of consciousness». *Resuscitation*, 52, pp. 5-11.

12. M. Massimini, F. Ferrarelli, R. Hubet, S. K. Esser, H. Singh y G. Tononi (2005). «Breakdown of cortical effective connectivity during sleep». *Science*, 309 (5744), pp. 2228-2232.

13. P. Van Lommel (2004). «About the continuity of our consciousness». *Adv Exp Med Biol*, 550, pp. 115-132 / C. Machado y D. A. Shewmon (eds.) (2004). *Brain Death and Disorders of Consciousness*. Nueva York: Springer / P. Van Lommel (2006). «Near-death experience, consciousness and the brain: A new concept about the continuity of our consciousness based on recent scientific research on near-death experience in survivors of cardiac arrest». *World Futures, The Journal of General Evolution*, 62, pp. 134-151.

14. P. Van Lommel (2012). *Conciencia más allá de la vida.* Vilaür: Atalanta.

Capítulo 17: Evidencias del campo akásico desde la moderna investigación de la consciencia

1. J. D. Barrow y F. J. Tipler (1986). *The Anthropic Cosmological Principle*. Oxford: Clarendon Press / E. Cardeña, S. J. Lynn y S. Krippner (eds.) (2000). *Varieties of Anomalous Experience: Examining the Scientific Evidence*. Washington: APA Books / A. Goswami (1995). *The Self-Aware Universe: How Consciousness Creates the Material World*. Los Angeles, CA: J. P. Tarcher / D. Bohm (2008). *La totalidad y el orden implicado*. Barcelona: Kairós / K. Pribram (1971). *Languages of the Brain*. Englewood Cliffs, N.J.: Prentice Hall / I. Prigogine (1980). *From Being to Becoming: Time and Complexity in the Physical Universe*. Gordonsville, VA: W. H. Freeman & Co. / R. Sheldrake (2011). *Una*

nueva ciencia de la vida: la hipótesis de la causación formativa. Barcelona: Kairós / I. Stevenson (1987). *Children Who Remember Previous Lives.* Charlottesville, VA: University of Virginia Press / I. Stevenson (1997). *Reincarnation and Biology: A Contribution to the Etiology of Birthmarks and Birth Defects.* Westport, Conn.: Praeger.

2. E. Laszlo (2008). *El cosmos creativo: hacia una ciencia unificada de la materia, la vida y la mente.* Barcelona: Kairós / E. Laszlo (2003). *The Connectivity Hypothesis: Foundations of an Integral Science of Quantum, Cosmos, Life, and Consciousness.* Albany: SUNY Press / E. Laszlo (2004). *La ciencia y el campo akásico.* Madrid: Nowtilus.

3. S. Grof (2011). *Psicología transpersonal: nacimiento, muerte y trascendencia en psicoterapia.* Barcelona: Kairós / S. Grof (2003). *La psicología del futuro: integrando el espíritu en nuestra comprensión de la enfermedad mental.* Barcelona: La Liebre de Marzo.

4. S. Grof y C. Grof (2008). *El poder curativo de las crisis.* Barcelona: Kairós / C. Grof y S. Grof (1998). *La tormentosa búsqueda del ser.* Barcelona: La Liebre de Marzo.

5. S. Grof (2011). *Psicología transpersonal: nacimiento, muerte y trascendencia en psicoterapia.* Barcelona: Kairós / S. Grof (2003). *La psicología del futuro: integrando el espíritu en nuestra comprensión de la enfermedad mental.* Barcelona: La Liebre de Marzo.

6. S. Grof (2006). «The Akashic Field and the dilemas of modern consciousness research». En Ervin Laszlo (ed.), *Science and the Reenchantment of the Cosmos.* Rochester, VT: Inner Traditions.

7. S. Grof (2008). *Cuando ocurre lo imposible: aventuras en realidades no ordinarias.* Barcelona: La Liebre de Marzo.

8. C. M. Bache (1988). *Lifecycles: Reincarnation and the Web of Life.* Nueva York: Paragon House.

9. J. G. W. Leibniz (2003). *Monadología.* Barcelona: Folio.

10. M. Talbot (2007). *El universo holográfico: Una visión nueva y extraordinaria de la realidad.* Madrid: Palmyra.

11. C. G. Jung (1970). *Arquetipos e inconsciente colectivo.* Barcelona: Paidós

Capítulo 19: Epifanía en el espacio y en la Tierra

1. *Agape* (adjetivo inglés que significa asombrado o boquiabierto). *(N. del T.).*

Capítulo 20: La mente no local, la sanación y el fenómeno akásico

1. L. Dossey (1989). *Recovering the Soul.* Nueva York: Bantam, pp. 1-20.
2. L. Dossey (2000). «Immortality». *Alternative Therapies in Health and Medicine,* 6 (3), pp. 12-17, 108-115.
3. D. I. Radin (1996). «Unconscious perception of future emotions». *Journal of Consciousness Studies Abstracts* (1996), Tucson II Conference, University of Arizona.
4. D. Radin (2006). *Entangled Minds.* Nueva York: Paraview/Simon & Schuster.
5. S. A. Schwartz (2007). *Opening to the Infinite.* Buda, TX: Nemoseen Media.
6. S. A. Schwartz (2005). *The Secret Vaults of Time.* Charlottesville, VA: Hampton Roads Publishing Company.
7. L. Dossey (2009). *The Power of Premonitions.* Nueva York: Dutton Adult
8. D. Lorimer (1991). *Whole in One.* Nueva York: Penguin / I. Stevenson (1970). *Telepathic Impressions: A Review and Report of Thirty-five New Cases.* Charlottesville: University of Virginia Press.
9. G. Playfair (2003). *Twin Telepathy.* Walnut Creek, CA: Vega.
10. D. Radin (2006). *Entangled Minds.* Nueva York: Paraview/Simon & Schuster.
11. L. J. Standish, L. C. Johson, T. Richards y L. Kozak (2003). «Evidence of correlated functional MRI signals between distant human brains». *Alternative Therapies in Health and Medicine,* 9, pp. 122-128 / L. Standish, L. Kozak, L. C. Johnson y T. Richards (2004). «Electroencephalographic evidence of correlated event-related signals between the brains of spatially and sensory isolated human subjects». *Journal of Alternative and Complementary Medicine,* 10 (2), pp. 307-314 / J. Wackerman, C. Seiter, H. Keibel y H. Wallach (2003). «Correlations between brain electrical activities of two spatially separated human subjects». *Neuroscience Letters,* 336, pp. 60-64 / J. Achterberg, K. Cooke, T. Richards, L. Standish, L. Kozak y J. Lake (2005). «Evidence for correlations between distant intentionality and brain function in recipients: A functional magnetic resonance imaging analysis». *Journal of Alternative and Complementary Medicine,* 11 (6), pp. 965-971.
12. D. Radin. «Time-reversed human experience: Experimental evidence and implications». BoundaryInstitute.org. Accedido 31 julio 2000.
13. Ibíd.
14. S. A. Schwartz (1990). «Therapeutic intent and the art of observation». *Subtle Energies and Energy Medicine Journal,* 1, pp. ii-viii.

15. R. Otto (2012). *Lo santo: lo irracional y lo racional en la idea de Dios.* Madrid: Alianza Editorial.

16. L. Dossey (1997). *Palabras que curan.* Barcelona: Ediciones Obelisco.

17. W. B. Jonas y C. C. Crawford (2003). *Healing, Intention and Energy Medicine.* Nueva York: Churchill Livingstone, pp. xv-xix.

18. D. Moher, K. F. Schulz y D. Altman, COSORT group, The CONSORT statement (2001). «Revised recommendations for improving the quality of reports of parallel-group randomized trials». *Journal of the American Medical Association,* 285, pp. 1987-1991.

19. J. T. Chibnall, J. M. Jeral y M. A. Cerullo (2001). «Experiments in distant intercessory prayer: God, science, and the lesson of Massah». *Archives of Internal Medicine,* 161, pp. 2529-2536 / K. S. Thomson (1996). «The review of experiments in prayer». *American Scientist,* 84, pp. 532-534.

20. L. Dossey y D. B. Hufford (2005). «Are prayer experiments legitimate? Twenty criticisms». *Explore,* 1, pp. 109-117.

21. J. Fodor (1992). «The big idea». *The Times Literary Supplement* (3 julio 1992), p. 20.

22. J. Searle, cita de portada, *Journal of Consciousness Studies,* 2 (1995).

23. J. Maddox (2005). «The unexpected science to come». *Scientific American,* 281, pp. 62-67. Disponible en: http://hera.ph1.uni-koeln.de/~heintzma/Weinberg/Maddox.htm. Accedido: 19 abril 2005.

24. W. Harris, M. Gowda, J. W. Kolb, et al. (1999). «A randomized, controlled trial of the effects of remote, intercessory prayer on outcomes in patients admitted to the coronary care unit». *Archives of Internal Medicine,* 159, pp. 2273-2278 / W. S. Harris y W. L. Isley (2002). «Massah and mechanisms», carta al editor. *Archives of Internal Medicine,* 162, pp. 1420

25. V. Sierpina. «Taking a spiritual history? Four models». Disponible en: http://atc.utmb.edu/altmed/spirit-cases02.htm. Accedido 7 marzo 2005 / H. G. Koenig. *Taking a Spiritual History.* Disponible en: http://jama.ama-assn.org/cgi/content/full/291/23/2881. Accedido 7 Marzo 2005.

26. D. I. Radin (1997). «Theory». En D. I Radin, *The Conscious Universe.* San Francisco: HarperSanFrancisco, pp. 278-287 / D. I. Radin (2006). *Entangled Minds.* San Francisco: HarperSanFrancisco.

27. D. M. Berwick (2003). «Disseminating innovations in health care». *Journal of the American Medical Association,* 289, pp. 1969-1975.

28. W. James (1992-2004). *The Correspondence of William James,* vol. 11, John J. McDermott (ed.), con Ignas K. Skrupskelis, Elizabeth Ber-

keley y Frederick H. Burkhardt (eds.). Charlottesville: University of Virginia Press, pp. 143-144.

29. W. James (2009). *El universo pluralista*. Buenos Aires: Cactus.
30. Robert Browning, «Andrea del Sarto», línea 98. Wikiquote.com.
31. L. Wittgenstein, Proposition 6.4311, *Tractatus Logico-Philosophicus*, 2.ª edición, traducción David Pears y Brian McGuinness. Nueva York: Routledge Classics, p. 85.

Resumiendo: La ciencia y la experiencia akásica

1. E. Laszlo (2008). *El cosmos creativo: hacia una ciencia unificada de la materia, la vida y la mente*. Barcelona: Kairós / E. Laszlo (1995). *The Interconnected Universe*. River Edge, N.J.: World Scientific / E. Laszlo (1996). *The Whispering Pond*. Rockport, Mass.: Element Books / E. Laszlo (2003). *The Connectivity Hypothesis. Albany: SUNY Press* / *E. Laszlo* (2004). La ciencia y el campo ak*ásico*. Madrid: Nowtilus / E. Laszlo (2006). *Science and the Reenchantment of the Cosmos*. Rochester, VT: Inner Traditions / E. Laszlo (2010). *El cambio cuántico: cómo el nuevo paradigma científico puede transformar la sociedad*. Barcelona: Kairós / E. Laszlo y Jude Currivan (2008). *Cosmos: A Co-Creator's Guide to the Whole-World*. Nueva York: Hay House.
2. Alexei Kitaev (1997). «Quantum error correction with imperfect gates». En O. Hirota, A. S. Holevo y C. M. Caves (eds.), *Proceedings of the Third International Conference on Quantum Communication and Measurement*. Nueva York: Plenum Press / Matti Pitkanen (2006). *Topological Geometro-dynamics*. Frome, UK: Lunilever Press.
3. Paul Parsons (2004). «Dancing the quantum dream». *New Scientist*, 2431, pp. 31-34.
4. Russel J. Donnelly (2001). «Quantized vortex dynamics and superfluid turbulence». En Carlo Barenghi, Russell J. Donnelly y W. F. Vinen (eds.), *Proceedings of a Workshop held at the Isaac Newton Mathematical Institute*. Nueva York: Springer-Verlag.
5. Karl Pribram (1991). *Brain and Perception: Holonomy and Structure in Figural Processing*. John M. Maceachran Memorial Lecture Series. Mahwah, N.J.: Lawrence Erlbaum.
6. Walter Schempp (1997). «Quantum holography and magnetic resonance tomography: An ensemble quantum computing approach». *Informatica* (Eslovenia), 21 (3).

7. Stuart Hameroff (1987). *Ultimate Computing*. Ámsterdam: North Holland Publishing.

8. Un nanómetro es 10^{-9} metros, es decir, un metro dividido por 1.000.000.000: una millonésima parte de un milímetro.

9. Roger Penrose (2007). *Las sombras de la mente: hacia una comprensión científica de la consciencia*. Barcelona: Editorial Crítica / Stuart Hameroff (1996). «Orchestrated reduction of quantum coherence in brain microtubules: A model for consciousness?». En Stuart Hameroff y Roger Penrose, *Toward a Science of Consciousness, The First Tucson Discussions and Debates,* S. R. Hameroff, A. W. Kaszniak y A. C. Scott (eds.). Cambridge, MA: MIT Press.

10. Ede Frecska y Luís Eduardo Luna (2006). «Neuro-ontological interpretation of spiritual experiences». *Neuropsychopharmacologia Hungarica,* 8 (3).

11. J. Achterberg, K. Cooke, T. Richards, L. Standish, L. Kozak y J. Lake (2005). «Evidence for correlations between distant intentionality and brain function in recipients: A functional magnetic resonance imaging analysis». *Journal of Alternative and Complementary Medicine,* 11 (6).

12. En una carta al autor, la doctora Anabela Cardoso, una de las más respetadas y serias investigadoras en este campo, escribió que una de las voces desencarnadas que había grabado dijo: «Nosotros interactuamos con los dispositivos electrónicos a través de tu cerebro… Sólo necesitamos la onda corta» (una radio sintonizada en la banda de onda corta). La doctora Cardoso concluyó, «Desde mi punto de vista, su hipótesis de no localidad es una de las más impresionantes y más creíbles de las muchas teorías que se han propuesto hasta el momento para intentar explicar los fenómenos de TCI». (Carta fechada el 17 de noviembre de 2008).

13. Ervin Laszlo (2008). *Quantum Shift and the Global Brain*. Rochester, VT: Inner Traditions.

14. Stuart Hameroff (1987). *Ultimate Computing*. Ámsterdam: North Holland Publishing.

Índice analítico

Índice